한 손에 바로 잡히는
전직지원 2030년

전문가의 전직지원 경력과 경험을 녹여낸…
전직지원 컨설턴트, 직업상담사, 취업알선원,
커리어 코치의 커리어 나침반

전직지원 2030년

펴 낸 날 2020년 6월 12일

지 은 이 노애경, 표성일
펴 낸 이 이기성
편집팀장 이윤숙
기획편집 윤가영, 정은지
책임마케팅 강보현, 류상만
펴 낸 곳 도서출판 생각나눔
출판등록 제 2018-000288호
주   소 서울 잔다리로7안길 22, 태성빌딩 3층
전   화 02-325-5100
팩   스 02-325-5101
홈페이지 www.생각나눔.kr
이 메 일 bookmain@think-book.com

- 책값은 표지 뒷면에 표기되어 있습니다.
  ISBN   979-11-7048-101-0(13320)

- 이 도서의 국립중앙도서관 출판 시 도서목록(CIP)은 서지정보유통지원시스템 홈페이지
  (http://seoji.nl.go.kr)와 국가자료공동목록시스템(http://www.nl.go.kr/kolisnet)에서 이
  용하실 수 있습니다(CIP2020022410).

Copyright ⓒ 2020 by 노애경, 표성일 All rights reserved.
- 이 책은 저작권법에 따라 보호받는 저작물이므로 무단전재와 복제를 금지합니다.
- 잘못된 책은 구입하신 곳에서 바꾸어 드립니다.

"대한민국 고용 시장에 선한 영향력을 끼치는
전직지원 컨설턴트, 직업상담사, 취업알선원
그리고 커리어 코치의 노고에 항상 감사드리며,
이 책을 드립니다."

_____님에게

추천사(가나다순)

"전직지원 서비스에 관한 저자의 경험과 노하우가 잘 녹아있는, 그리고 서비스 전반을 잘 정리한 책을 보는 기분이다. 전직지원 서비스에 관심이 있는 전문기업이나 전직지원 컨설턴트에게 추천할 만한 지침서로서 훌륭한 책이다."

김기완, ㈜이음길 대표이사

"저자를 잘 아는 한 사람으로서 이 책을 볼 때 정말 우리나라 전직지원의 한 획을 긋는 공헌을 한 것 같다. 그동안 외국에서 들어온 전직지원 관련 책자뿐이었는데, 한국적 실정에 맞는 전문 서적이 탄생하게 되었다. 반갑다. 옥동자 같은 책을 탄생시킨 저자가 부럽기도 하고 존경스럽기도 하다. 전직지원의 A~Z까지 모두 망라한 과히 전직지원의 종합 백과사전이라 해도 손색이 없을 정도다."

김득제, 직업 상담하는 남자 솔로몬(전, 남양주고용센터 소장)

"현재는 한 번의 취업으로 일생을 끝내는 시대가 아니고 취업 전직 재취업이 계속되는 시대이다. 이러한 취업, 전직, 재취업이 계속되는 시대에, 전직이 일상화된 시대에 전직에 필요한 모든 내용을 제시한 책자가 나왔다는 것은 매우 반가운 소식이다. 『전직지원 2030년』 책자는 전직에 필요한 이론뿐만 아니라 실제를 겸비한 책자이다. 또한 저자들도 현장에서 다년간 실전과 경험을 가지고 있는 자들이다. 모든 전직자뿐만 아니라 전직 컨설턴트에게도 꼭 필요한 책자라고 생각해서 이 책을 주저 없이 추천한다."

김종표, 한국평생교육HRD연구원장(전, 백석대학교 교육대학원장)

"저자는 전직지원의 행정과 현장 실무를 두루 경험하고 이론을 겸비한 보기 드문 통합적 전직지원 전문가로 끊임없는 열정과 도전 정신을 바탕으로 성공적인 전직이란 무엇인지를 본인 스스로 몸소 입증하고 있다. 이 책은 전직지원 업무를 수행하는 컨설턴트, 직업 상담, 취업알선원이 전직지원의 기본적인 개념 및 이론을 이해하고 전직지원 프로그램과 전직지원 사례, 전직지원 행정 등을 실무에 활용하는 데 필수적인 내용들을 종합적으로 담고 있어, 전직지원의 어둡고 거친 파도를 헤쳐나가려는 모든 전직지원 실무자들에게 한줄기 빛을 제공하는 등대가 될 것으로 기대한다."

박가열, 한국고용정보원 박사

"전직지원 2030년은 전직의 개념부터 다양한 사례, 전직지원을 위한 기업 차원뿐 아닌 전문가로서도 어떤 방향성을 가지고 역량을 갖추어야 하는 지에 대한 개념 및 방법론이 수록되어있다. 현장에서 뿌리 깊은 경험과 해외 선진 사례까지도 다양하게 접목이 되어서 전직지원의 미래 방향성을 읽을 수 있으며, 이를 통하여, 진직지원이 기존의 직업적 관점 외에 삶을 설계하고, 실천을 하는 가이드로서의 통찰을 얻을 수 있을 것으로 적극 추천한다."

박예진, 한국아들러협회 회장

"일은 자아실현이며 삶 자체이다. 인간은 일을 통해 보람을 얻고 더 나아가 일을 발전시켜 자아를 확장해나간다. 일을 위한 직업은 이제 정년이 사라지고, 삶의 수단에서 행복한 삶의 전략으로 그 개념이 바뀌고 있다. 이 책은 인생 설계 전문가 두 분이 오랜 기간 동안 전직지원 현장의 문제를 성찰하고 통찰한 결과를 일목요연하게 정리한 전직지원 컨설팅 매뉴얼이자 지침서이다."

엄준하, 한국HRD협회 회장(일생경영학교 이사장, 월간HRD 발행인)

"저자는 전직지원에 대한 열정과 사명감으로 오랫동안 현장을 고집하였고, 이제는 수많은 전직지원 컨설턴트들을 양성해오고 있는, 분야의 산 증인이요 최고의 전문가이다. 그의 풍부한 경험과 깊은 통찰에서 집필된 이 책은 전직지원의 A to Z 까지 현장에서 필요한 모든 것을 담고 있는 있으며 우리가 지향해가야 할 방향을 제시하고 있기에, 특히 기업의 전직지원 의무화가 시행되는 이 시점에 전직 산업 분야에 종사하는 모든 이들에게 매우 귀한 선물이다."

윤경희, 윤스코칭앤컨설팅 대표

"사회적으로 정말 필요한 지침서가 발간된 느낌이다. 4차 산업혁명 시대가 도래됨에 따라 신입 지원 교육도 필요하지만 더욱 필요한 부분이 전직지원에 대한 방향성을 알려주는 이정표가 절실했던 것이 사실이다. 저자는 평생교육 HRD 부문에 전문가이며 전직지원이 어떤 것인지, 어떻게 하는 것인지에 대한 바이블적 가치가 있는 책이다. 공공 전직지원 및 민간 전직지원 절차가 이해하기 쉽게 정리가 되어 있으며, 현장에서 기획이나 관리 진행에 참고가 될 수 있는 현장 경험 중심적인 내용으로 알차게 구성되어 있다."

윤동현, KG에듀원 부원장

"이 책은 우리나라 전직지원 교과서다. 업계에 대한 이해, 서비스에 대한 이해, 정부 정책에 대한 이해를 바탕으로 전직지원의 가이드라인을 잘 제시해주고 있다. 이 분야 최고의 전문가들이 그 지식과 경험을 제대로 우려내어 만든 책인 만큼, 기업의 인사 담당자나 컨설턴트는 물론, 전직을 준비하는 분들에게도 훌륭한 나침반 역할을 제공하고 있다."

윤종만, ㈜제이엠커리어 대표이사

"저자는 현장의 재취업 관련 실무에서부터 센터 전체를 책임지는 일까지 여러 가지 업무를 두루 경험하였다. 이 저서는 재취업(전직) 실무를 담당하는 분에게는 여타의 저서보다 많은 도움을 주는 내용을 담았으므로, 사막의 오아시스와 같다. 재취업(전직) 프로세스, 성취 업적, 전직 구성 요소 등 현장 경험을 중심으로 새로이 정립한 내용과 사례를 중심으로 서술하여 재취업 서비스에 대한 탄탄한 안내서가 될 것이다."

이석기, ㈜인덱스루트코리아 대표이사

머리말

들어가면서

   1997년도에 아시아 재정 위기(Asian Financial Crisis)를 겪으면서 미국계 디비엠(DBM)사를 통해 '아웃플레이스먼트 서비스(outplacement service)'라는 이름으로 대한민국에 처음 소개된 '전직지원 서비스'는 1998년 한국 피엔지(P&G)에서 최초의 서비스를 성공적으로 실시한 이래 기업의 희망퇴직(구조조정)을 지원하는 다양한 서비스를 제공하면서, 2020년도에 '재취업(전직)지원 의무화'라는 새로운 변곡점을 맞이하였다. 비즈니스를 위한 기업이 존재하는 한 미래에도 여러 가지 긍정적인 형태의 전직지원 서비스가 영원히 남아있을 것으로 믿어 의심치 않는다.

   이 책을 저작하게 된 첫째 이유는 저자에게 "전직지원이 어떤 것이고, 어떻게 하는 것이죠?"라고 하는 컨설팅 분야에서 일하는 많은 컨설턴트의 질문에 답하고, 전직지원 분야로 사업을 확장하고 싶은 경영진의 질문에 답하기 위한 것이다. 지금까지는 한정된 서비스와 관련된 세부적인 내용이 몇 사람의 구전 혹은 일부 컨설팅 전문업체의 신입 직원 교육 시에만 전수되었던 관계로 서비스를 실제 진행하거나, 기타 관심을 가진 분이 참고할 만한 명실상부한 책자가 없었다. 둘째, 2020년 재취업(전직)지원 의무화에 따라서 기업의 희망퇴직자, 정년퇴직자에게 제공되는 서비스가 이전과 달리 크게 확대되어 진행되고 있으므로 일종의 표준을 제시하기 위한 것이다. 물론 여러 가지 상황에 따라서 그 표준은 유연하게 변화될 수 있다. 셋째, 궁극적으로는 분야의 발전과 컨설턴트의 역량 향상을 통한 직업 안정성을 도모하기 위한 것이다. 이는 서비스의 질 향상으로 이어지고, 다시 컨설턴트의 직업 안정성으로 선순환된다고 믿기 때문이다.

더불어 이 책은 이론 중심이 아닌 현장 중심으로 저작되었다는 점을 말씀드리고 싶다. 우리 분야의 전문성을 도모하고자 하는 책이 주로 이론 중심으로 전개되어 현장 적용이 어려운 면이 있었다. 때문에 여기에서는 현장 실무에 필수적이거나 새로이 정립한 콘텐츠, 그리고 공동 저자의 사례를 포함한 많은 사례를 제시하여 실무에 도움이 되게 하였다.

저자 소개

공동 저자 표성일은 군 생활 중에 국방부 전직 컨설팅 프로그램을 책임지면서 그 진행의 조정 업무를 실시하였을 뿐만 아니라 전역 이후에는 각종 공공 및 민간 재취업 및 퇴직 프로그램의 프로젝트 매니저 업무를 실시하였다. 더불어 「군 전직지원 프로그램의 발전 방안에 관한 연구」라는 제목의 석사 논문도 쓰는 등 분야의 발전에 이바지하였다. 특히 2015년부터 전직지원 전문가 양성 과정 강사로서 몇백 명의 수강생을 배출한 바 있으며, 최근에는 '라이프앤커리어디자인스쿨' 대표로서 '생애경력 설계'와 '전직지원 컨설턴트' 민간 자격증 과정도 개발하여 운영하고 있다.

공동 저자 노애경은 웹 디자이너, 그리고 마케터로서 일의 경력을 이어오던 중 뜻한 바 있어서, 커리어 컨설팅 분야로 진입한 재원이다. 그동안 여성 관련 기관과 서울특별시에서 일자리 관련 업무를 수행하면서, 많은 재취업 및 전직지원 성과를 낳았으며, 현재는 '서울특별시 서울일자리센터 운영 담당'과 '한국평생교육HRD연구원'으로 일하고 있다. 미래에는 청장년 생애설계와 관련된 책자도 저작하여 평생교육의 새로운 장을 열고 싶은 꿈도 가지고 있다.

용어 사용

이 책에서 사용하는 용어를 몇 가지 설명하여 독자의 이해에 도움이 되고자 한다.

첫째, '전직'이란 용어이다. '전직'이란 '직업을 바꾸어 옮김'이란 의미로 해석되는바, 여러 가지 형태의 일자리, 일거리로 옮김을 의미하기 때문에 재취업보다는 훨씬 광범한 의미이다. 말하자면 '전직'이란 포괄적인 의미이고, 재취업이란 '전직'의 한 구성 요소로서 알선과 같이 국부적인 행동을 나타낼 따름이다. 또 '전직'은 궁극적으로 고객의 '생애설계'를 지향하는, 생애설계로 가는 디딤돌로 이해해야 한다.

둘째, '희망퇴직'이란 용어는 희망퇴직 대상 근로자가 회사의 퇴직 권유에 따라 스스로 희망퇴직원을 제출한다는 의미에서 정리해고보다는 대상 근로자가 선택권을 가진다. 근로자가 희망퇴직에 동의하지 않을 경우에는 정리해고 절차에 들어간다.

셋째, '전직지원 서비스'란 용어는 퇴직자의 '희망퇴직'을 지원하는 서비스로서 '집중 교육 및 컨설팅 기간'과 '사후관리 기간'으로 구분된다.

넷째, 희망퇴직을 시행하는 기업을 '희망퇴직 기업'으로, 서비스를 제공하는 전직지원 전문 회사는 '전직지원 전문 업체'로 표현하였다.

다섯째, 기타 '전직' 고유의 그리고 긍정적 의미를 살리기 위해서 '해고'를 '희망퇴직', '직업탐색 활동'을 '전직탐색 활동', '입사 서류'를 '전직 서류', '상담'을 '컨설팅'으로 그리고 '상담사'는 '컨설턴트'로 표현하였다.

내용 개관

이 책의 전체적인 구성은 아래와 같다.

제1장 '전직지원 개요'에서는 전직지원의 정의, 관련 법령, 경과, 전직지원 전문 업체를 소개하고, 전직지원의 현 위치에 대해 이야기한다.

제2장 '전직지원 서비스 이해'는 서비스의 운영에 대한 세부 사항으로서 운영 사유, 종류 및 진행, 서비스 운영 구성 요소 5C, 프로세스, 서비스 전달 형태, 그리고 전직지원 사업 관리에 대해 이야기한다.

제3장 '전직 컨설팅 이론'에서는 전직지원 고객을 분류해보고, 컨설팅 기법에 대해 기본적인 사항을 이야기하며, 컨설팅 회차 구성 방법론, 컨설팅 일지 작성법, 그리고 다양한 사례를 제시한다.

제4장 '전직지원 스킬'에서는 말 그대로 현장에서 필요한 스킬을 이야기하는데, 먼저 기업 채용에 대해 간단히 설명하고, 실질적인 현장 진행 프로세스와 도구, 성취 업적, 전직 서류 작성, 네트워킹, 연봉 협상,

그리고 전직탐색 활동 지원 등 서비스를 제공하는 데 필요한 스킬 전반에 대해 이야기한다.

제5장 '전직지원 프로그램'에서는 요구 조사에서부터 해외 전문가가 발전시킨 프로그램 기본 모델 3가지, 개발 접근법에 대해서 이야기하면서 민간, 공공, 현장 실습 사례 등도 제시하는데, 실제로 저자가 현장에서 주로 사용하는 프로그램 구성 기법 몇 가지를 설명한다.

제6장 '전직지원 사례'에서는 사례관리에 관한 이론적인 설명을 하고, 사례 작성 시의 주제를 제시하면서, 민간과 공공 전직지원 사업 사례 3가지를 실었다. 더불어 개인의 전직지원 사례 5가지와 수기형 개인 전직 사례 2가지, 그리고 해외 전직 사례 및 컨설팅 모듈 구성 사례 몇 가지를 제시하면서 생각의 확장을 돕는다.

제7장 '전직지원 컨설턴트'에서는 컨설턴트의 역할, 역량, 전문성 개발 방법론, 채용 및 일하는 방식, 윤리 규정, 그리고 스트레스 관리에 대해 이야기한다.

제8장 '전직지원 행정'에서는 서비스의 질을 높이는 각종 행정에 관한 내용을 제시하는데, 서비스 마케팅, 서비스 준비 및 실행 관련 사항, 그리고 행정 서류 목록 순으로 제시한다.

제9장 '미래 전직지원'에서는 제도적 차원의 미래 발전과 현장 중심적 차원의 미래 발전에 관해서 공동 저자가 생각하는 바를 5C라는 서비스 구성 요소 하나하나에 비추어 비교적 상세하게 이야기해본다.

별지 3가지는 컨설턴트 역량 표준, 윤리 표준 그리고 전직 서류 작성 사례를 제시하였고, 전직 서류 작성 사례는 제4장 '전직지원 스킬' 내용에 부가하여 작성에 참고할 수 있도록 부족하지만 저자의 전직 서류 몇 가지를 제시한다.

각 장의 마지막에는 '생각의 발산과 수렴을 위한 질문 모음'을 넣어서 간단히 재학습하도록 하였다.

감사의 글

이 책자는 전직지원에 종사하는 여러 전문가의 지원과 격려 그리고 협조를 받아서 탄생한 협업의 결과물이다. 아낌없이 지원해주신 모든 분의 성함을 거론하고 싶지만, 적어도 다음 분에게는 감사를 표하고 싶다.

먼저 공동 저자가 운영하는 밴드인 '라이프앤커리어디자인스쿨'의 밴친들에게 감사드린다. 종종 밴드에 게시하였거나, 저자의 세미나를 통해서 발표한 창의적인 콘텐츠가 새로이 변신하여 여기에 일부 실렸기 때문이고, 그에 대한 여러 밴친의 논평도 많은 참고가 되었다.

둘째, 여러 가지 명칭으로 진행된 전직지원 과정의 수강생 여러분에게도 감사드린다. 부족한 강사지만 항상 믿어주고, 지지해주고, 그리고 여러 가지 혜안으로 콘텐츠의 발전을 도모해주셨기 때문이다.

셋째, 이 업계에 발을 디딘 이래 항상 성원을 아껴주신 분들에게도 감사드리고 싶다. 김기완 ㈜이음길 대표이사님, 윤종만 ㈜제이엠커리어 대표이사님, 이석기 ㈜인덱스루트코리아 대표이사님, 김종표 한국평생교육HRD연구원장님, 박가열 한국고용정보원 박사님, 박예진 한국아들러협회 협회장님, 엄준하 한국HRD협회 회장님, 윤경희 윤스코칭앤컨설팅 대표님, 윤동현 KG에듀원 부원장님, 그리고 김득제 '직업 상담하는 남자 솔로몬'님이 그런 분들이다. 더불어 전직지원과 관련된 여러 가지 법적인 부분의 자문을 해주신 정봉수 강남노무법인 대표님에게 심심한 감사를 드린다.

넷째, 저자와의 인터뷰를 통해서 자신의 현장 경험 사례를 가감 없이 제시해주시면서 본 책자의 내용을 더욱 풍부하게 해주신 동료 컨설턴트, 동료 강사들에게도 심심한 감사를 드린다.

다섯째, 마지막으로 공동 저자인 노애경 님에게도 감사드린다. 그는

9개 장 중에서 4개 장의 초안을 작성해주셨고, 다양한 사례와 현장의 이야기, 그리고 그래픽을 제공해주셨다. 더불어 저작 중에 내용의 보충과 교정 작업, 그리고 카피킬러를 통한 저작권 관련 문제도 해결해주시면서 책자의 질을 한 단계 높여주었다.

맺으면서

모든 이의 욕구를 충족시킬 수는 없지만, 이 책자가 대한민국에서 미래 전직지원 발전의 기반을 다지는 데 도움이 되고, 전직지원에 대한 이해를 높이거나 분야에서 일하는 전직지원 컨설턴트, 직업상담사, 취업알선원, 그리고 커리어 코치에게 도움이 되는 기본서가 되었으면 하는 것이 공동 저자의 바람이다. 더불어 그동안의 경험을 통해 본 책자가 그런 기능도 해줄 것이라는 확신도 가지고 있다.

마지막으로 책자 명을 '전직지원 2030년'으로 붙인 이유는 2030년까지의 서비스 발전을 지향하고, 이후의 시간에 대해서는 다른 전문가가 더욱 발전된 전직지원 책자로 이어나가 주시기를 원하는 마음에서이다. 분야 발전을 위한 여러분의 지원에 감사드리고, 대한민국 전직지원의 발전을 소망해본다.

감사합니다.

2020년 봄날에 선릉 사무실에서,
공동 저자 대표 표성일

목차

머리말_ 9

제1장 전직지원 개요
1. 전직지원 정의 … 21
2. 전직지원 관련 법령 … 22
3. 전직지원의 경과 … 27
4. 주요 전직지원 전문 업체 … 33
5. 전직지원의 위치 … 37

제2장 전직지원 서비스 이해
1. 전직지원 서비스 운영 … 43
2. 전직지원 사전 컨설팅 … 70

제3장 전직컨설팅 이론
1. 전직지원 고객 … 78
2. 컨설팅 기법 … 81
3. 컨설팅 회차 구성 … 88
4. 컨설팅 일지 작성 … 94

제4장 전직지원 스킬
1. 기업 채용에 대한 이해 … 101
2. 현장 프로세스와 도구 … 105
3. 성취 업적 … 112

4. 각종 전직 서류   118
5. 면접 기법   129
6. 네트워킹   139
7. 전직탐색 활동 지원   147
8. 연봉 협상   154
9. 사후관리   159
10. 집단 서비스   169
11. 검사   178

제5장 전직지원 프로그램

1. 요구 조사   190
2. 프로그램 기본 모델   195
3. 프로그램 개발 접근법   203
4. 현장 프로그램 구성 기법   208
5. 프로그램 구성 사례   216

제6장 전직지원 사례

1. 사례관리   228
2. 사례 작성   231
3. 민간 및 공공 전직지원 사업 사례   233
4. 개인 전직(지원) 사례   248
5. 수기형 개인 전직 사례   254
6. 해외 전직 사례 및 컨설팅 모듈 구성 사례   262

제7장 전직지원 컨설턴트

1. 역할   274
2. 역량 및 자격   277
3. 전문성 개발   282
4. 채용 및 일하는 방식   288

    5. 윤리 규정   293
    6. 스트레스 관리   298

제8장 전직지원 행정
    1. 서비스 마케팅   306
    2. 서비스 준비 및 실행 관련 사항   313
    3. 행정 서류 모음   319

제9장 미래 전직지원
    1. 제도적 차원의 미래 발전   325
    2. 현장 중심적 차원의 미래 발전   328

            별지 A. 전직지원 컨설턴트 역량 표준_ 338
            별지 B. 전직지원 컨설턴트 윤리 표준_ 341
            별지 C. 전직 서류 작성 사례 모음_ 347
                          참고문헌_ 365

제1장

전직지원 개요

제1장
전직지원 개요

📌 1997년 아시아 금융 위기(Asian Financial Crisis)로 인해서 우리 앞에 그 모습을 드러낸 전직지원(outplacement)은 오랜 시간이 지난 지금에 이르면서, 공공 및 민간에서 다양한 형태로 발전하였고, 또 발전을 지속하고 있다. 아시아 금융 위기 이전에는 사실상 대규모 희망퇴직(구조조정)이 없었기 때문에 국내에는 그 방법론이 잘 알려지지 않았으나, 아시아 금융 위기의 해결책으로 도입한 이후에는 하나씩 한국화되면서 현시점에 이르렀다. 더불어 최초에는 기업의 경영 상황 악화 등으로 인한 희망퇴직자를 대상으로 시작되었던 전직지원이 이제는 정년퇴직자도 대상에 포함하는 등 그 영역을 넓혀가면서 긍정적인 서비스로서 그 위치를 공고히 다지고 있다.

본 장에서는 전직지원의 정의, 경과 그리고 주요 전직지원 전문 업체를 소개하고, 여러 가지 다른 형태의 지원과 비교도 하면서 전직지원 개념에 대한 이해를 공고히 하고자 한다.

1. 전직지원 정의

사전적인 정의로 '전직'이란 '직장이나 직업을 바꾸어 옮김' 혹은 '공무원의 직렬을 변경하여 임명함'이다. 쉽게 이야기하면 기존의 직장이나 직업에서 다른 곳으로 옮기는 상황이나, 직무의 변경을 의미한다. 본 장 후부에서 이야기하는 바와 같이, 전직지원은 재취업을 포함하는 더 큰 개념으로 보아야 한다. 즉 기존의 일자리에서 재취업을 포함하는 여러 가지 다른 형태의 일하는 방식으로 옮겨가는 것인데, 재취업, 창업, 귀농/귀촌, 사회 공헌, 제3섹터, 그리고 자유롭게 일하는 프리랜서 등으로 옮겨가는 과정을 지원한다. 더불어 그 대상이 희망퇴직 기업에서 나오는 희망퇴직자였으나, 이제는 기업 정년퇴직자와 공공 분야의 퇴직자까지 포함하면서 그 범위가 크게 확대되고 있다.

'전직지원'을 다시 정리해보면 '실직이나 퇴직으로 인한 좌절감을 심리적 안정, 자신감 고취 등을 통해 회복하고, 효과적 전직탐색 전략 및 기법을 익혀서 성공적인 전직탐색 활동을 돕는 것'이다.

위와 같이 큰 개념으로 해석해보면 전직지원은 취업 알선, 직업 상담의 범위를 포함하는 전방위적인 경력 관련 사안을 다루는 서비스로 볼 수 있으며, 아래와 같은 포괄적인 서비스를 제공한다.

① 실직, 퇴직 등으로 인한 감정적인 이슈를 다루는 심리적 안정
② 경력 평가 이후 이력서, 자기소개서, 전직 제안서 그리고 기타 마케팅 문서 등을 포함하는 전직 서류 작성
③ 효과적인 마케팅 전략 도출과 모의 면접 훈련
④ 네트워킹을 포함하는 다양한 전직탐색 활동 기법 교육

⑤ 채용 공고 해석과 대응 방법, 서치펌과 고용 관련 기관 이용 방법
⑥ 목표 기업, 직무와 관련된 네트워킹에 필요한 효과적인 접근법
⑦ 동기부여 및 격려
⑧ 전직탐색 활동 극대화를 위한 사무실과 행정 지원 서비스 제공 등

2. 전직지원 관련 법령

전직지원과 관련된 법령은 근로기준법을 중심으로 전개된다. 기타 법령의 해석과 관련된 내용은 강남노무법인 대표 정봉수 저『인력구조조정매뉴얼』(2018년)과『해고매뉴얼』(2019년)을 참고하였다. 여기에서는 컨설팅 업무를 수행하는 전직지원 전문 업체나 현장 전직 컨설턴트가 참고할 수 있는 핵심 내용만 이야기해본다. 기타 세부적인 내용은 근로기준법과 참고 문헌을 참고하기 바란다.

경영상 해고

경영상 이유에 의한 해고란, '경제적, 산업 구조적, 기술적 성격에 기인한 기업 합리화 계획에 따라 근로자의 인원수를 줄이거나 인원 구성을 바꾸기 위하여 행하는 해고로 일반적으로 정리해고'라고 한다. 정리해고는 통상해고, 징계해고와는 달리 근로자에게 직접적인 귀책 사유가 없음에도 사용자 측의 경영 사정으로 행하여진다는 특성이 있다.

정리해고가 정당한 해고가 되기 위해서는 근로기준법 제24조에 명시한 아래의 4가지 필수 요건을 모두 갖추어야만 한다. 사용자가 이러한

조건을 모두 충족하여야만 근로기준법 제23조 제1항에 의한 정당한 이유가 있는 해고로 사용자는 그 책임을 면할 수 있다.

① 긴박한 경영상의 필요가 발생
- 계속되는 경영 악화로 경영 위기 직면
- 경영 악화로 일부 사업 폐지
- 경영 악화를 방지하기 위한 사업의 양도, 인수, 합병의 경우
- 기타 직제 개편 등 경영 합리화 조치를 단행함으로써 잉여 노동력이 발생하는 경우 등

② 해고 회피 노력
- 경영 방침의 개선이나 경영진의 교체 및 작업 방식의 과학화, 합리화 등을 통한 경영 합리화 방안
- 사무실 규모의 축소 및 기구의 통폐합
- 전직(배치 전환) 등의 노력 이동 방법
- 외부 인력(하도급, 임시직, 파견 근로자) 사용 축소
- 신규 채용(중도 채용 포함)의 중단, 유기 계약자(계약직 근로자) 계약 갱신 중단
- 단축조업, 휴일/ 시간 외 근로의 중단, 휴가(연월차 휴가 등) 소진 등 근로의 분산에 의한 시간적 조치
- 임원 수당의 삭감, 상여금이나 단체 협약 수준 이상의 특별 수당의 지급 폐지와 같은 제 경비의 절약을 위한 재정적인 조치
- 일시 휴직(휴업, 자택 대기 발령)
- 퇴직 장려 및 희망(명예) 퇴직자의 모집

③ 합리적이고 공정한 해고 대상자의 선정

- 근로자의 생활 보호 측면(근로자의 연령, 근속 기간, 부양가족 수, 배우자의 소득, 재산 상태 등)
- 기업의 이익 측면(평소 근무 성적, 근로 능력, 경험, 숙련도, 상벌 등)
- 기타 기업에의 귀속성의 정도(일용직, 아르바이트, 임시직 등)

④ 근로자 대표에 대한 50일 전 통보 및 성실한 협의
- 근로자 대표에게 해고 회피 방안 및 해고 기준 등에 관하여 해고일 50일 전까지 통보
- 세부 사항에 관하여 성실하게 협의
- 근로자 대표라 함은 근로자의 과반수로 조직된 노동조합이 있으면 그 노동조합을 말하며, 그러한 노동조합이 없으면 근로자의 과반수를 대표하는 자를 말함

희망퇴직 제도

▶ 의의

근로기준법에 의한 경영상 해고(정리해고)는 법적인 요건이 까다로울 뿐만 아니라 회사는 이 해고의 요건을 입증하여야 하는 의무가 발생하기 때문에 많은 기업들은 희망퇴직제를 정리해고 대신으로 시행하고 있다. 희망퇴직은 직원 스스로가 사직서를 제출한다는 의미에서 직원에게 선택권을 부여한다.

회사가 퇴직위로금을 지급하고, 직원은 이를 수용하는 방식이므로, 근로기준법 제24조에 의한 정리해고와는 상관없이 인원 감축을 하는 것이므로, 법적인 절차 및 노동부 신고 의무 등이 없으며, 법 위반의 문제가 발생하지 않는다.

▶ 희망퇴직 개념

희망퇴직은 사용자가 근로자에게 퇴직을 권유하고 근로자는 이를 받아들여 사직서를 제출하는 형식을 통해 근로 관계를 종료하는 것을 의미한다.

그러나 근로자의 귀책 사유 없이 회사의 일방적인 경영상 사유 등으로 근로자를 해고시키기 때문에 근로자가 사용자의 사직 제의를 수용하고 자발적으로 사직서를 제출하기 위해서는 그 근로자에게 충분한 반대급부를 제공해야 한다.

이런 경우, 정리해고를 앞둔 근로자의 입장에서는 보상 없이 정리해고 당하는 것보다 수용 가능한 퇴직위로금을 수령하는 희망퇴직을 하는 것이 최선의 선택으로 볼 수 있다.

▶ 희망퇴직 계획 시 유의 사항

희망퇴직 제도를 시행하는 경우에 회사에서 능력이 있는 직원들이 퇴직위로금을 받고 타 회사로 전직하는 경우를 예상할 수 있다. 그러나 희망퇴직을 실시하는 궁극적인 목적은 능력이나 성과가 떨어지는 직원을 대상으로 인원 감축을 하고자 하는 것인데 반해 실제로는 유능한 인재를 잃어버리는 결과가 발생할 수도 있다.

따라서 희망퇴직 제도를 시행할 경우에는 목적과 방법을 사전에 명확히 설정하여 발표하여야 한다. 즉, 불특정 다수의 직원들이 퇴직을 희망하는 경우에 회사는 반드시 사직서를 반려할 수 있는 권한을 가지고 있어야 한다.

▶ 퇴직위로금 설정

협상 대상자와 법적인 부분에 대한 언급보다는 퇴직 위로금의 금전적인 보상 수준이 해결 방안이 될 수 있다. 대부분의 회사에서 정리해고의 일환으로 희망퇴직을 실시하는 경우, 희망퇴직의 성공 여부는 퇴직위로금의 수준에 따라서 결정된다.

따라서 회사는 직원들에게 제시할 퇴직위로금의 수준을 사전에 정해 두는 것이 가장 중요하다. 일반적으로 퇴직위로금을 결정할 경우에는 해당 근로자의 기여도를 반영할 수 있는 근속 연수에 따라 결정되고, 또한 회사의 지급 능력에 따라 결정된다.

▶ 희망퇴직 대상자에게 통보

업무 능력이나 성과가 떨어지는 직원을 대상으로 희망퇴직 대상자를 지명하여 희망퇴직 제도를 시행하는 것이 가장 바람직한 방법이다. 이 경우에는 사전에 회사에서 퇴직자를 선별하여 희망퇴직 제도의 프로그램을 설명하고, 명예퇴직을 시키는 것이다.

회사의 설득 노력에도 불구하고 이를 거부하는 경우에는 회사의 입장에서 정리해고를 실시해야 할 것이며, 정리해고는 퇴직위로금 등의 반대급부가 없다는 것을 인식시켜야 한다. 즉, 정리해고를 할 경우에는 퇴직위로금 등 금전적인 보상 의무가 없다.

▶ 퇴직위로금 이외의 프로그램

갑작스런 퇴직으로 인하여 직원들의 심리적인 불안감이 발생할 수 있으므로, 이를 최소화할 수 있는 다양한 프로그램을 개발할 필요성이 있다.

그런 프로그램은 법정 퇴직금, 퇴직위로금, 전직지원 서비스, 그리고 실업급여를 포함하는 고용 조정 노력이다.

우선 재고용 노력

근로기준법 제24조에 의해 정리해고를 행한 사용자는 근로자를 해고한 날로부터 3년 이내에 해고된 근로자가 해고당시 담당하였던 업무와 같은 업무를 할 근로자를 채용하려고 할 경우, 제24조에 따라 해고된 근로자가 원하면 그 근로자를 우선적으로 고용하여야 한다. 이는 노력할 의무에 불과하므로, 법적으로 강제되는 사항은 아니다.

3. 전직지원의 경과

해외 경과

해외의 여러 지역 중에서도 북미, 남미, 오세아니아, 그리고 유럽에서 다양한 전직지원 전문 업체가 전직지원 서비스를 오랫동안 제공하고 있지만, 그중에서도 미국에서의 전직지원 경과가 우리나라와 직결된다. 그 이유는 1997년 아시아 재정 위기 시에 미국의 디비엠(DBM)사가 전직지원 프로그램(아웃플레이스먼트 프로그램, outplacement program)을 가지고 최초로 대한민국에 상륙하였기 때문이다. 직업과 관련된 프로그램의 시발점은 우리에게 잘 알려진 특성요인 상담 이론을 발표한 프랭크 파슨스가 1910년대에 보스턴에서 청소년의 일자리 교육과 알선을 지원하면서 시작되었다. 이후 미국에서는 직업 지도 등의 이름으로 취업과 관련된 이론과 프로그램으로 발전하였는데, 특별히 제2차 세계대전, 월남전, 그리고 걸프전과 같은 전쟁 이후에 많이 발전되었다. 그 이유는 엄청난 수의 참전 군인이 전장을 떠나 고향으로 돌아갔고, 그들에게 일자리가 필요했기 때문이며, 그로 인해 취업 관련 프로그램이 자연스럽게 발전하였다.

전직지원의 경우는 1947년도에 미국의 '저널 옵 코머스(Journal of Commerce)'에서 부편집장을 하던 버나드 홀데인이 '버나드홀데인어소시에이트사(Bernard Haldane Associates, Inc.)'를 설립하여 기업의 임원에게 서비스를 제공한 사례인데, 이후 그 회사는 미국 전역에서 전직지원을 실시하였다. 미국에서는 1960년대까지 그 성장 속도가 느렸으나, 1970년대 중반 및 후반에 이르러서 전직지원 서비스가 중간관리자급, 기술전문가, 그리고 일반 직원까지 포함하면서 점차 보편화하였고, 성장 속도가 가속화되었으며 일부 저성과자에 대한 프로그램도 진행하게 되었다.

이후 전직지원 서비스의 성장은 급격하게 변화하는 고용 환경에 대응하는 방법으로 계속 진화되었으며, 다수의 요인이 그 성장을 촉진했다. 그런 요인들은 경제 및 사회 상황의 변화, 법적인 영향, 그리고 기업의 책임 소재 변화와 같은 것이다. 더불어 1970년대 후반과 1980년대에 나타난 주가 하락으로 인해 야기된 기업의 인수합병은 기업 성장을 위한 최우선 전략의 하나로 고려되면서 전직지원 서비스가 폭발적으로 늘어났다. 1986년도만 보더라도 미국에서는 3,200여 회의 기업 인수합병이 있었고, 그로 인해 엄청난 일자리가 감소되었다. 이후 기업은 더욱 치열해진 경쟁 구도에서 생존을 위해 더욱 효율적인 기업 운영과 고수익 창출을 목표로 하면서 기업 조직을 더욱 유연하게 만들기 시작하였다. 관리진은 '어려운 상황에 대비한 효율적 기업 운영'을 강조하면서, 단기적으로 비용을 감소시키는 가장 쉽고, 빠른 방법으로 '인력 구조조정'을 고려하였다. 이에 따라 1980년도에서 1985년도에 이르기까지 미국에서는 약 220만 개의 일자리가 기업에서 사라진 것으로 추정되고, 1986년에서부터 1992년 사이에는 미국의 대기업에서 230만 개의 일자리가 사라졌다.

사회적 상황의 변화도 큰 영향을 미쳤다. 능력 있는 근로자의 근로 생애에서 동일 회사에 계속 근무하게 만들었던 좋은 근로 환경은 더 이상 기업의 주요 목표가 아니었다. 단기적 이익 그리고 기업의 생존 요구에 따라서 근로자에 대한 기업의 의리는 약화되었고, 이에 따라 고용주를 지향하는 근로자의 헌신적인 행위도 약화되었다.

법적인 차원에서 보면 1970년대와 1980년대에 미국에서 제정된 주요 법률은 고용에 영향을 미치면서 사회적 변화도 강제하였고, 해고상의 차별을 감소시키는 법도 통과되었다. 기업도 부당하게 해고되었다고 생각하는 근로자가 제소하는 소송으로부터 자사를 보호하는 방안을 구상하기 시작하였으며, 그 과정에서 전직지원 서비스가 가장 효율적인 인적자원 관리 수단으로 등장하게 되었다. 그 이유는 인력 감소의 필요성에 따른 각종 애로 사항을 전직지원 서비스가 잘 해결할 수 있었기 때문이다.

국내 경과

대한민국에서는 1948년 정부 수립 시에 사회부 노동국에 소속된 직업과가 설치되면서 일과 관련된 역사가 시작된다. 이후 직업안정소 설치, 노동청 지방사무소 설치, 노동부 설치, 지방노동청 설치, 고용안정센터, 고용노동부 설치, 그리고 고용복지플러스센터 설치 등의 역사를 거치면서 현재에 이르렀다. 특히 전직지원과 관련된 노사발전재단과 중장년 희망일자리센터의 설치도 의미있다.

전직과 관련된 역사는 앞서 이야기한 바와 같이 1997년 아시아 재정 위기 시 많은 국내 기업이 경영 악화 등의 상황을 맞으면서 시작된다. 수많은 기업이 구조조정, 다운사이징 등의 사유로 근로자를 해고하면서 효과적인 방안으로 도입한 전직지원 서비스는 최초에 민간 대기업에서 실시되어 많은 성과를 거두었다.

당시에는 국내에서 대규모 기업 구조조정 등을 대처할 프로그램이나 노하우가 없었기 때문에 미국의 디비엠(DBM)사가 최초로 전직지원 서비스를 소개하였고, 그 이후 다수의 외국계 기업과 한국 토착 기업인 한국아웃플레이스먼트(이후 제이엠커리어사로 회사명 변경)가 서비스를 시작하였다. 직업 상담 분야에서는 한국직업상담협회가 사단법인으로 인가를 받아 첫발을 내디뎠다.

아시아 재정 위기 이후에는 일반적으로 대기업이나 기업 경영이 악화된 중소기업이 구조조정을 시행하면서 큰 규모는 아니었으나, 전직지원 서비스를 지속하였다. 국가기관으로서는 국방부가 2003년도에 최초로 전직컨설팅 파일럿 프로그램을 실시하고, 2004년도부터 정식 프로그램으로 채택하였다. 군에서 민간의 고급 프로그램을 도입한 이유는 그만큼 퇴직자 물량이 많고, 일정하였을 뿐만 아니라 군 간부는 연령 정년 등의 적용을 받아서 일반적인 정년 60세보다 훨씬 일찍이 퇴직하기 때문이었다. 2004년도 최초 시행 시에는 연간 예산 15억 원, 서비스 참여 인원은 750명으로 출발하였다.

이후 정부는 베이비붐 세대의 대량 퇴직에 대비하여 장년 고용 정책의 변화를 도모하게 되는데, 그동안의 주요 변화 요인이나 정부 정책을 나열해보면 아래와 같다.

① 제1차 고령자 고용 촉진 기본 계획(2007~2011년)(2006년 9월, 고용노동부): 사업주가 정년, 해고 등 비자발적 이직 예정자를 위해 고용지원센터와 협력하여 재취업지원 시 적극 지원 검토

② 제2차 고령자 고용 촉진 기본 계획(2012~2016년)(2012년 1월, 관계부처 합동): 퇴직 예정자에 대한 기업의 역할 강화. 전직, 재취업지원 서비스 확대. 일정 기간 퇴직 및 전직 교육 의무화

③ 장년고용 종합대책(2014년 9월, 고용노동부): 장년 생애 단계별 맞춤형 고용 대책 추진, 생애경력설계 지원 및 인생 이모작 준비

④ 장년고용 종합대책(2016년 10월, 고용노동부) : 생애경력설계 기회 확충(3회 이상), 대기업의 재취업 역량 강화 서비스 의무화

⑤ 「고용상 연령 차별 금지 및 고령자 고용 촉진에 관한 법률 시행령」(이하 고촉법 시행령) 개정을 통한 재취업(전직) 지원서비스 제공 의무화 개정안 발표(2019년 4월, 고용노동부): 대통령령으로 정하는 일정 규모 이상 기업의 사업주에게 재취업지원 서비스 제공 노력 의무 부여

⑥ 고령자고촉법 시행령 입법 예고(2020년 1월, 고용노동부, 기간 2. 1.~3.12.): 2020년 5월 1일부터 고용보험 피보험자 수가 1천 명 이상인 기업은 1년 이상 재직한 50세 이상인 노동자가 정년, 희망퇴직 등 비자발적인 사유로 이직하는 경우, 이직일 직전 3년 이내에 진로 상담 및 설계, 직업 훈련, 그리고 취업 알선 등을 의무적으로 제공(재취업지원 의무화로도 칭함)

⑦ 고령자고촉법 시행령 효력 발생(2020년 5월 1일, 고용노동부): 재취업 지원 서비스 시행과 관련된 세부적인 내용은 아래와 같다.

유형	서비스 내용	제공 시간, 일수 등
경력, 적성 등의 진단 및 향후 진로 설계	이직 이후 변화 관리 등에 관한 교육을 포함. 소질과 적성, 경력에 관한 진단과 상담을 바탕으로 향후 생애의 직업에 관한 진로 설계	· 16시간 이상의 교육과 상담 · 개인별 '진로설계서' 작성
취업 알선	상담을 통해 적합한 취업 알선 및 구인정보 제공	· 3개월 이내 월 2회 이상 취업 알선 (1회 이상 대면서비스)
교육 훈련	구직 또는 창업 희망에 따라 직업에 필요한 직무 수행 능력을 습득, 향상시키기 위해 실시하는 교육, 훈련	· 기간 2일 이상, 시간 16시간 이상 실시 · 집체, 현장실시 원칙, 일부 원격 방식 병행 가능

실제로 정부에서는 2010년부터 전직지원 장려금, 인생 이모작, 그리고 중장년 취업 아카데미라는 이름으로 서비스 명칭을 변화시켜가면서 실질적으로 공공 전직지원 서비스를 제공하였는데, 아래와 같은 정부 주도적인 3개 트랙의 구조조정 개념을 가지고 있었다. 이는 미래에도 좋은 개념으로 남아있을 것인데, 2016년 4월에 조선업, 해운업 등의 불황과 연계하여 정부에서 발표한 내용이다.

① 트랙 1: 경기 민감 업종 구조조정/철강, 석유화학, 건설, 조선, 해운
② 트랙 2: 부실 징후 기업 상시 구조조정/금융권 빚 500억 원 기준으로 이상과 미만 기업 차별화 실행
③ 트랙 3: 공급 과잉 업종 선제적 구조조정/경쟁력 진단 후 설비 감축, 구조조정 추진

4. 주요 전직지원 전문 업체

전직지원 전문 업체는 앞서 이야기한 바와 같이, 1997년 아시아 재정 위기 이후에 대한민국에 상륙한 디비엠사가 명실상부한 최초의 업체였으며, 국내 업체는 제이엠커리어의 전신인 한국아웃플레이스먼트가 최초의 업체였다. 이후에 몇 개의 외국계 기업이 대한민국에 상륙하였으며, 2010년을 전후해서 아웃소싱 업체가, 그리고 2016년도에 국가에서 조선업희망센터를 운영 시에 포털 전문 업체가 뛰어들기 시작하였다. 이어서 2020년 재취업(전직)지원 서비스 의무화의 물결을 타고 일부 국내 업체 및 외국계 업체가 추가 진입을 시도하였다.

아래에 설명하는 전문 업체의 현황은 2020년 기준으로 이야기해보고자 하며, 전직지원 서비스를 경험한 전문 업체 위주로 나열해보고, 지역 기반 업체는 생략하였다. 전직지원을 전문으로 하는 주요 업체 5개사는 회사 규모로 구분하기보다는, 전직지원 서비스 전문성에 기초하여 구분하였고, 현재 전직지원을 회사의 주력 사업으로 하는 업체로 보면 오해가 없다.

국내 전문 업체

현재 전직지원 서비스를 전문으로 하거나, 참여의 경험을 가진 전문 업체는 3가지 업종으로 구분할 수 있다. 전직지원 전문, 아웃소싱 전문, 그리고 포털 전문 업체이다. 전직지원 전문 업체 메이저 5개사는 리헥트해리슨사, 라이트매니지먼트코리아사㈜, ㈜제이엠커리어사, 인덱스루트코리아㈜, 그리고 인지어스㈜로 본다. 아웃소싱 전문 업체로 전직지원 경험을 가진 유일한 회사는 ㈜제니엘이며, 포털 전문 업체로는 ㈜커리어넷과 ㈜스카우트사가 있다.

[전직지원 전문 업체 및 서비스 제공 경력]

㈜제이엠커리어사는 '한국아웃플레이스먼트'라는 이름으로 2001년도에 출발한 국내 최초의 전직지원 전문 업체로서 오랫동안 민간 및 공공 전직뿐만 아니라 군 전직컨설팅 경험이 있으며, 인덱스루트코리아㈜도 민간 및 공공 전직 경험이 있다. 케이잡스㈜의 경우에는 공공 전직지원으로서 조선업희망센터를 운영한 경험이 있다.

아웃소싱업체 중에서는 ㈜제니엘이 공공 전직지원 경험이 있으며, 군 전직컨설팅과 조선업희망센터 운영 경험을 가지고 있다.

포털 전문 업체로서는 ㈜스카우트사가 오랫동안 군 전직컨설팅을 한 경험이 있으며, ㈜커리어넷이 조선업희망센터 운영 경험을 가지고 있다.

2020년도의 재취업(전직)지원 의무화로 규모의 확대가 예상됨에 따라 국내 회사로 ㈜이음길이 2020년도에 론칭을 하는 등 공공 재취업을 중심으로 사업을 전개한 다수의 재취업 전문 업체가 민간 및 공공 전직지원에 본격적으로 뛰어들 채비를 하였다.

외국계 전문 업체

아시아 재정 위기 시에 최초로 한국에 진출한 디비엠사는 이후에 리헥트해리슨사에 흡수 통합되어 현재는 존재하지 않는다. 그래서 현재 국내에는 리헥트해리슨사, 라이트매니지먼트코리아사, 그리고 인지어스사가 있다. 특이한 것은 리헥트해리슨사와 라이트매니지먼트코리아사도 한국 진출 이후 공공 전직지원 사업이나 재취업 사업에 진출하기도 하였으나, 이후에는 공공사업보다는 주로 민간 전직지원 사업에 몰두하고 있다.

인지어스사의 경우에는 2008년도에 정식으로 한국 시장에 진출하였으며, 이후 사업을 확장하여 공공 및 민간 전직지원 사업, 그리고 공공사업인 '취업성공패키지' 사업을 주도하는 등 재취업 관련 사업과 전직지원 사업에서 두각을 나타내었고, 한국의 전직지원 발전에 이바지한 바가 크다.

2020년 재취업(전직)지원 의무화의 바람을 타고, 일부 외국계 자본이 한국 진출을 고려하거나 혹은 한국의 기존 전문 업체를 흡수할 계획도 가지고 있다.

기타 사항으로서 흥미로운 내용은 외국계인 리헥트해리슨사의 한국 사업권은 국내 업체인 인제이매니지먼트사가 가지고 있다. 이 업계의 발전을 도모하게 된 것은 최초에 한국에 상륙한 디비엠사에서 근무하던 컨설턴트가 이후에 상륙한 리헥트해리슨사로 일부 옮겨가고, 또 그 이후에 상륙한 라이트매니지먼트사로 일부 옮겨가면서 한국 내 전직지원 서비스의 발전을 확대하였다는 사실도 알아야 한다. 그런 흐름 속에서 경험을 축적한 컨설턴트가 업계 발전을 도모하였다고도 본다.

관련 협회

미국의 경우 전직지원 분야에는 2개의 전문 협회가 존재한다. 하나는 전직지원컨설팅기업협회(AOCF, The Association of Outplacement Consulting Firms)로서 전직지원 전문 업체를 대변하는 산업협회이다. 다른 하나는 국제전직지원전문가협회(IAOP, The International Association of Outplacement Professionals)로서 개별적으로 일하는 전직지원 컨설턴트를 대변하는 전문가협회이다.

대한민국에도 유사하게 전문 업체를 대변하는 협회와 컨설턴트를 대변하는 협회가 존재한다. 전문 업체를 대변하여 각종 국가 정책과 서비스 관련 정책을 협의하는 (사)한국고용지원협회가 존재하고, 전문가를 대변하는 협회는 다수가 존재하고 있다. 협회 설립의 목적은 관련 이해 당사자와 협력을 통해서 서비스의 발전과 동시에 수익 향상, 그리고 회원의 안녕을 도모하는 것이다. 유사 분야 협회로는 2000년도에 발족하고, 2005년도에 사단법인으로 인가받은 한국직업상담협회가 직업 상담 분야에서 선도적인 역할을 하고 있다.

5. 전직지원의 위치

　기존의 재취업, 창업 그리고 희망퇴직자를 주 대상으로 하는 전직지원 서비스에 추가하여 2015년부터 보건복지부의 생애설계, 고용노동부의 생애경력설계가 공공 시장으로 나오면서 서비스 프로그램이 더욱 다양해졌다. 그렇다면 전직지원 서비스의 현 위치는 어디에 있고, 그 성격은 무엇인지에 대해서 짚어보아야 한다.

　국가에서 운영하는 국가직무능력표준(NCS)에서의 분류에 의하면, 직업 상담서비스를 취업 알선, 직업 상담, 그리고 전직지원으로 세분류를 하고 있으며, 그 수준은 취업 알선과 직업 상담은 수준3으로 하고 있으며, 전직지원은 수준4로 규정하고 있다. 그런 맥락에서 전직지원은 재취업을 지향하는 직업 상담과 취업 알선보다는 한 수준 높은 서비스로 볼 수 있다.

　국가직무능력표준에서는 앞서 언급한 생애경력설계와 생애설계를 별도로 세분류화하지는 않았다. 생애경력설계는 문자 그대로 '생애' 즉 '삶'과 '일'을 통합한 것이고, 생애설계는 '삶' 그 자체를 논함으로써 앞의 취업 알선, 직업 상담, 그리고 전직지원보다는 다소 높은 수준의 컨설팅이 필요하다고 본다.

　따라서 고객이 원하는 바를 바로 처리하는 취업 알선에서부터 전체적인 삶을 논하는 생애설계까지 나열할 수 있는데, 저자는 취업 알선-직업 상담-전직지원-생애경력설계-생애설계 순으로 그 수준이나 깊이를 나름대로 가늠해보았다.

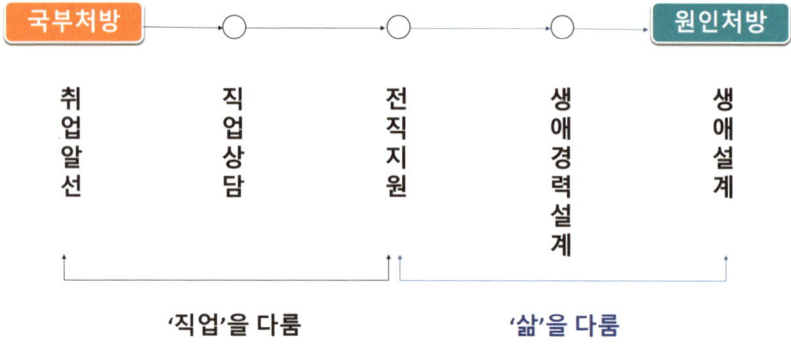

[각종 서비스의 상호 관계]

　어찌 보면 '취업 알선'은 '국부 처방'이며, '생애설계'는 '원인 처방'으로 볼 수 있다. 다른 말로 표현하면, 국부 처방은 아픈 부위를 바로 처치하는 양약(洋藥)이고, 원인 처방은 국부가 아닌 원인을 처치하는 한약(漢藥)이 될 수 있다. 그런 형태로 보면, 취업 알선, 직업 상담, 전직지원은 직업 문제를 다루고, 전직지원, 생애경력설계, 생애설계는 삶의 문제를 다루는 것으로도 분류해볼 수 있다. 따라서 전직지원은 '직업'과 '삶'을 다룬다는 차원으로 이해해야 한다. 이 순서는 컨설팅 수준으로도 볼 수 있지만, 사업의 성격에 따라서 그 난이도나 질이 다를 수 있다.

= 생각의 발산과 수렴을 위한 질문 모음 =

1. '전직'의 정의를 이야기해본다면?
2. '전직지원'의 정의를 이야기해본다면?
3. '희망퇴직'의 의미는?
4. '전직'과 '재취업'을 별도로 구분해본다면?
5. '전직지원'과 '생애설계', '생애경력설계'의 상호 관계는?

제2장

전직지원 서비스 이해

제 2 장
전직지원 서비스 이해

📌 기업에서 희망퇴직하거나 정년퇴직 등의 사유로 이직하는 근로자에게 제공되는 전직지원 서비스, 특히 희망퇴직하는 근로자에게 제공되는 서비스는 여러 가지 사유를 가지고, 다양한 형태로 제공된다. 따라서 컨설턴트는 서비스의 질을 높이기 위해서 서비스 운영 전반을 필수적으로 이해해야 하며, 희망퇴직이라는 용어에 걸맞게 미래의 '희망'을 퇴직자에게 줄 수 있도록 노력해야 한다.

본 장에서는 서비스 운영과 운영 사유, 운영 구성 요소, 프로세스, 서비스 전달 형태, 사업관리 및 사전 컨설팅에 관해서 이야기해보고자 한다.

1. 전직지원 서비스 운영

운영 사유

기업에서 희망퇴직을 시행하는 근본적인 이유는 경영 상황의 개선이다. 그에 따른 전직지원 서비스를 운영하는 사유는 다양하다. 먼저 희망퇴직 기업 차원에서 보면 희망퇴직(구조조정)으로 나타나는 긍정적 효과와 부정적 효과가 있다.

먼저 긍정적인 효과는 아래와 같다.

① 기업 경영 상황 개선을 통한 조직의 분위기 쇄신
② 조직의 신진대사 촉진
③ 인력 활용 탄력성 제고

이에 반하여 부정적인 효과는 아래와 같다.

① 우수 인재 유출로 지식자산 및 노하우(know-how) 손실
② 퇴직 위로금, 소송 대응 등 추가 비용 증가
③ 조직 신뢰도 하락

서비스의 운영과 관련된 주요 이해 당사자는 희망퇴직 기업, 희망퇴직 근로자, 그리고 정부로 구분한다. 물론 잔류 근로자나 전직지원 전문 업체를 포함할 수 있으나, 앞의 주요한 3가지 이해 당사자별로 전직지원 서비스 운영 사유를 아래와 같이 설명한다.

희망퇴직 기업	희망퇴직 근로자	정부
· 기업의 사회적 책임 이행 및 이미지 유지 · 원활한 희망퇴직 · 잔류 근로자의 사기 진작 · 관련 법정 소송 예방 · 저성과자에 대한 대책(내부 정치적 수단)	· 심리적 안정 · 변화 적응력 향상 · 전직 성공률 증대 · 경력 개발에 대한 동기부여 및 자신감 획득 · 희망퇴직 근로자 간의 네트워크 형성	· 노동 시장의 유연성 증대 · 실업자 감소 등을 통한 사회적 비용 감소 · 장기 실업 등 고용 관련 문제 해결책 마련 · 노사의 극한 대립 완화 · 정부의 개입 최소화

[이해 당사자별 서비스 운영 사유]

 기업 차원에서 희망퇴직을 시행하는 이유를 좀 더 세부적으로 이야기해보면 아래와 같은데, 전체적으로는 긍정적인 효과가 많다.

 첫째, 기업의 사회적 책임 수행 및 이미지 유지이다. 모든 기업은 우선 수익 창출이라는 존재의 목적을 가지고 있지만, 그 과정에서 기업의 사회적 책임도 수행해야 한다. 따라서 희망퇴직 근로자의 이후 삶을 지원하는 전직지원 서비스를 제공하지 않는다면 그 사회적 책임을 저버리는 것이다. 더불어 기업은 평소에 서비스 혹은 물품을 생산하여 소비자에게 제공하는 입장이므로, 이미지 유지도 중요하다. 따라서 희망퇴직 근로자에게 전직지원 서비스를 제공한다면 대외적인 이미지 유지 효과도 발생한다.

 둘째, 원활한 희망퇴직(구조조정)이다. 인력 감축은 단기적인 비용 절감의 가장 신속한 방법으로서, 기업의 효율적 운영, 그리고 과잉 부분과 중첩 부분을 감소시킬 수 있다. 그러나 같이 근무하는 근로자를 희망퇴직 시키는 것은 가슴 아픈 일이다. 전직지원 서비스가 그 힘든 과정이 원활히 진행되도록 지원한다.

셋째, 잔류 근로자의 사기 진작이다. 같이 근무하던 동료 근로자의 퇴직을 바라보는 잔류 근로자의 마음은 어떠하겠는가? 그들의 분노도 유발할 수 있고, 다음은 자기 차례가 될 수 있다는 생각을 가지면서 근로 동기 저하와 생산성의 감소가 뒤따를 수 있다. 그러나 전직지원 서비스 제공은 퇴직자의 앞날을 기약하기 때문에 잔류 근로자의 마음을 어느 정도 편하게 해준다. 잔류 근로자를 위한 별도의 프로그램을 제공하는 경우도 있다.

넷째, 관련 법정 소송 예방 효과이다. 자칫 잘못하면 희망퇴직 근로자의 여러 가지 법적 소송은 눈에 보듯 뻔하다. 소송의 야기는 관련자 모두에게 많은 시간과 재원을 허비하게 만든다. 일정액의 퇴직 위로금 지급과 전직지원 서비스 제공은 소송의 감소 요인으로 작용한다.

다섯째, 저성과자에 대한 대책이 될 수 있다. 모든 경우가 그렇지는 않지만, 희망퇴직은 일부 저성과자를 해고할 수 있는 수단으로도 작용할 수 있다. 어떤 의미에서는 기업 내부의 정치적인 수단이 된다. 이 기회에 저성과자로 고려되는 근로자에게 희망퇴직을 유도할 가능성이 존재한다.

희망퇴직 근로자가 서비스를 통해서 얻을 수 있는 이점은 아래와 같다. 첫째, 희망퇴직자로서는 퇴직으로 인한 심리적인 안정을 꾀할 수 있고, 서비스를 통해서 각종 전직 스킬을 익혀서 전직 성공률을 높일 수 있다.

둘째, 변화 적응력을 향상하고 경력 개발에 대한 동기부여 및 자신감을 가질 수 있다.

셋째, 희망퇴직 근로자 사이의 네트워크를 형성하여, 서로 간에 전직이나 삶에 도움이 될 수 있다.

정부의 입장에서는 노동시장의 유연성과 실업자 감소를 통한 사회적 비용을 감소하는 효과 등을 노릴 수 있다.

전직지원 서비스의 종류 및 진행

▶ 서비스의 종류

전직지원 서비스의 종류는 희망퇴직자를 대상으로 하는 일반적인 전직지원 서비스, 퇴직 임원을 대상으로 하는 전직지원 서비스, 정년퇴직자를 대상으로 하는 전직지원 서비스, 그리고 기타 서비스로 구분할 수 있다. 앞서 해외 사례에서 이야기하였듯이 미국에서도 최초에는 임원급을 대상으로 서비스를 제공하였고, 이후에는 일반 직원으로 확대하였다. 정년퇴직자를 대상으로 하는 재취업(전직)지원 서비스는 2020년도에 시행된 정부의 '재취업(전직)지원 의무화' 정책에 포함되어 있다.

첫째, 일반적인 서비스는 전직지원 서비스의 경우 2~3개월의 집중교육과 컨설팅 기간, 2~3개월의 사후관리 기간을 포함하는 총 4~6개월의 기간으로 이루어지는데, 전체적으로 변화관리를 포함하는 전직역량 강화 및 재취업 알선 등을 중심으로 이루어지고, 집단으로 사용할 수 있는 전환기적 사무 공간을 제공한다. 기간은 계약과 상황에 따라 유연하게 조정한다.

둘째, 임원 전직지원 서비스는 임원급 퇴직자를 대상으로 하면서 통상적으로 6개월에서 1년 내외의 장기간에 걸친 수준 높은 서비스로서 별도의 임원 컨설턴트를 배치한다. 임원급의 경우에는 위의 일반적인 전직지원 서비스와 달리 별도의 개인 사무 공간을 제공하고 있다. 기간은 계약과 상황에 따라 유연하게 조정한다.

셋째, 정년퇴직자 전직지원 서비스는 주로 기업에서 정년 1년 전, 혹은 정년 해당 연도에 1주일 내외로 시행하는 교육으로서, 다른 프로그램과 유사하게 변화관리를 중심으로 하나, 정년퇴직자의 경우에는 재취업보다는 전체적인 생애를 다시 한번 설계해보는 차원에서 교육한다.

마지막으로 기타 유사 서비스로는 기업의 상황에 따라서 재직 중에 실시하는 임금피크제 대상 서비스나 각종 경력 개발 서비스가 존재한다. 정부의 재취업(전직) 의무화에 따라서 전직지원뿐만 아니라 유사 서비스가 상당한 수준으로 늘어나고 있다. 더불어 저성과자 역량 향상 프로그램도 존재하는데, 생각에 따라서는 대상자의 경력 개발을 통한 퇴직을 유도하는 서비스로 여겨질 수 있다. 전직지원 서비스를 통해 퇴직자를 이롭게 하는 전직지원 전문 업체가 저성과자 역량 향상 서비스까지 운영하면 안 된다고 주장하는 해외 전문가도 있다. 그 이유는 저성과자 프로그램의 양면성 때문인데, 표면적으로는 역량 향상을 표방하지만, 의뢰 기관이나 기업은 차제에 저성과자가 퇴직해주었으면 하는 속마음도 가지고 있기 때문이다.

각종 서비스의 기간과 비용은 서비스를 요구하는 희망퇴직 기업과 서비스를 제공하는 전문 업체 간의 계약에 기초해서 여러 가지 형태로 조정된다.

▶ 서비스의 진행

각각의 서비스는 근본적으로, 그리고 최종적으로 희망퇴직 기업뿐만 아니라 희망퇴직자와 정년퇴직자의 요구에 부응해야 한다. 전체적으로 개별적인 서비스의 흐름은 아래와 같이 고객의 전직 목표를 지향하는 형태로 진행되어야만 한다. 명심해야 할 것은 서비스 진행 중에 경력 경로(career path)의 변화 가능성이 항시 존재한다는 사실이다. 따라서 변화관리는 어떤 특정 시점에서 일시적으로 진행되는 문제가 아닌 전직 기간 전체에 걸친 문제이다. 그 진행 과정에서 해당 컨설턴트나 전직지원 전문 업체의 질적이고도 융통성 있는 서비스가 제공되어야 한다.

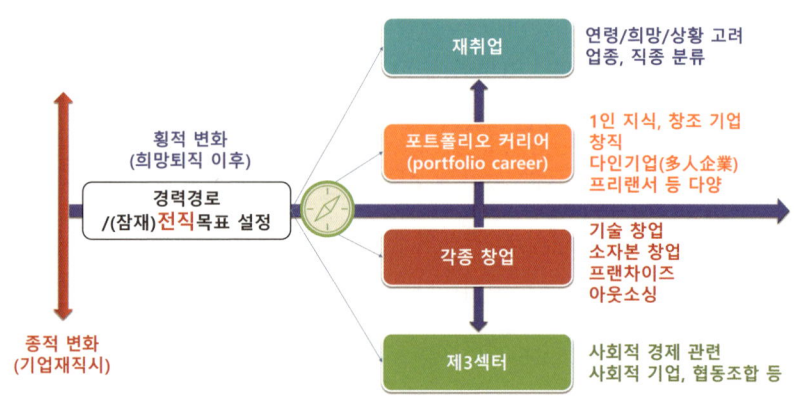

[희망퇴직 이후의 횡적인 경력 경로]

먼저 초기 컨설팅을 통해서 고객이 희망하는 경력 경로와 (잠재)전직목표가 설정되어야 한다. 기업에서 근로자로 재직할 때는 기업 내부에서의 종적인 변화, 즉 경력 사다리를 올라가기 위한 역량 강화가 중요하였다. 그러나 이제는 그 문제가 중요시되지 않는다. 희망퇴직자나 정년퇴직자의 경우에는 퇴직 시점에서 횡적인 변화, 즉 여러 가지의 일자리나 일거리를 지향해야 한다. 전직의 시작점이다.

더불어 현장에서 살펴본 바에 의하면 대부분 변화관리라는 부분을 서비스 초기에 제공하는 몇 가지 교육 과목에 한정된 서비스로 이해하는데, 전직지원 서비스 기간 전체를 변화관리 기간으로 설정해야 하고, 서비스 중에 제공되는 전체 교육내용이나 컨설팅 자체를 변화관리의 구성 요소로 인식해야 한다. 다시 말해서 전직지원 서비스 전체는 변화관리를 지원한다.

횡적인 변화는 재취업을 지향하거나, 재취업을 완전히 벗어나는 여러 가지 형태의 경력 경로를 선택한다. 대부분 재취업을 희망하는 상황일 수는 있으나, 기업에서 희망퇴직하거나 정년퇴직 이후에는 재취업의 문이 생각보다 좁을 수 있고, 재취업만이 단일한 경력 경로가 될 수 없으므로 차제에 다양한 형태의 경력 경로를 두드려보면서 적합한 경로를 선택하는 것이 오랫동안 삶 속에서 자신만의 일을 가질 수 있는 현명한 방안이다.

횡적인 변화 중에서 재취업은 무엇보다도 연령대와 과거 경력, 희망 사항에 기초해야 한다. 재취업이 어렵다면 자신이 가진 역량에 기초하여 다양한 커리어를 번갈아 가면서 선택하는 포트폴리오 커리어(Portfolio Career)가 있으며, 이는 미래의 일자리 형태로서 이미 고용 시장에 깊숙이 진입해있는 경력 경로 중의 하나이다. 이는 1인 지식 기업, 1인 창조 기업, 창직, 다인 기업, 프리랜서 등 여러 가지 형태이다. 다시 말해서 포트폴리오 커리어란, 몇 가지의 단기간 일자리, 일거리의 연속으로서 하나 혹은 그 이상의 전문성을 가지고 일하는 것이다. 이는 유연성, 다양성, 자유로움을 누릴 수 있지만, 하는 일의 조직화 및 위기 감수 능력이 필요하다.

저자의 포트폴리오 커리어를 예로 들어보면 다음 그림과 같고, 여러 가지 일을 필요에 따라 선택해서 운영하는 형태이다.

[포트폴리오 커리어 사례]

    컨설턴트도 재취업이나 창업에만 중점을 두지 말고, 컨설팅 진행 과정에서 식별되는 고객의 경력과 장점에 기초하여 새로운 방법론도 제시해보아야 한다. 그런 컨설팅이 진정한 전직컨설팅이다. 따라서 컨설턴트는 다양한 경력 경로에 대한 지식을 갖추어야 하므로, 관련된 프로틴 커리어, 무경계 경력, 긱 워커, 모자이크 커리어를 간단히 설명해보면 아래와 같다.

구분	내용
프로틴 커리어 (Protein Career)	조직이 아닌 개인이 주도적으로 자신의 커리어를 관리하고, 자신의 가치, 삶의 목적 등을 추구함

긱 워커 (Gig Worker)	단시간의 임시적인 일을 하는 근로자로서, 안정적인 일자리가 아닌 일거리에 종사하는 근로자
무경계경력 (Boundaryless Career)	조직 내부에서 경력을 유지하는 것이 아니라 경계를 설정할 수 없는 여러 조직으로 이동하는 가운데 다양한 환경 내에서 다양한 역할을 하는 가운데 쌓는 커리어
모자이크 커리어 (Mosaic Career)	전통적인 조직 체계에 얽매이지 않는, 즉 한 명의 고용주에 얽매이지 않고, 개인이 주체가 되어 목표로 하는 커리어를 향하여 하나씩 이어나가는 커리어

[다양한 커리어의 정의]

재취업이 불가한 고객은 대체로 창업을 고려하게 되는데, 기술 창업, 소자본 창업, 프랜차이즈 창업, 그리고 아웃소싱 창업 등이 있다. 유의해야 할 점은 전직지원 서비스 대상자가 대부분 40대 중반에서 50대 중후반에 이른다고 보면 많은 자산을 투자하는 창업보다 소자본을 투자하는 창업 형태로 담금질을 하면서 점차 범위를 확대하는 방법을 권고하고 싶다.

마지막으로 공공이나 민간 부분에서 소홀하기 쉬운 제3섹터에서의 일도 노려볼 수도 있으며, 최근 정부 지원이 증대한 관계로 많은 전직자가 관심을 두고 있고 종사자도 증가하고 있다. 이는 사회적 기업이나 협동조합 등의 형태로 진행된다.

서비스 운영에 필요한 구성 요소(5C)

전직지원 서비스의 원활한 운영에 필요한 구성 요소는 5C로 첫째, 서비스를 전달하는 핵심 요원인 컨설턴트(Consultant), 둘째, 서비스를 규정하는 각종 콘텐츠(Contents), 셋째, 서비스를 전달하는 장소인 전직지원센터(Center), 넷째, 서비스 전반을 이끌어가는 운영 리더십(Captain), 마지막으로 서비스의 질 향상을 위한 상호 협업(Co-working)으로 구분된다. 이 구성 요소 다섯 가지는 어느 한 가지가 중요한 것이 아닌 필수 구성 요소로서 서로 혼합되어 질을 높이는 효과를 가지고 있다.

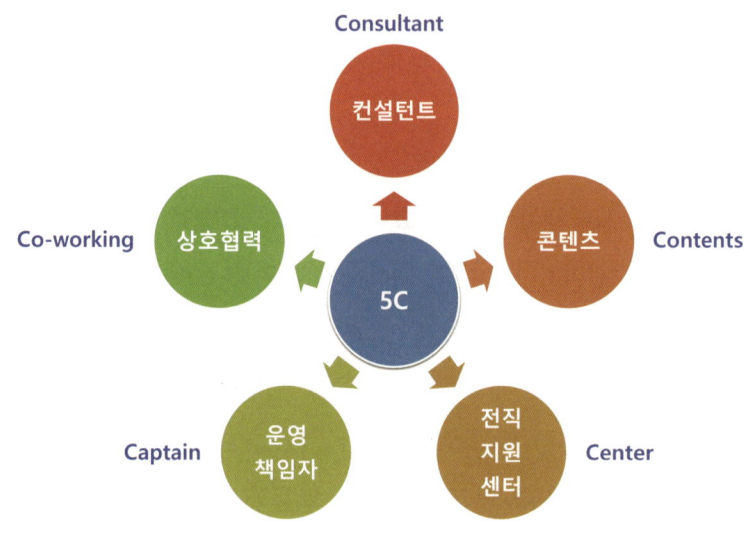

[서비스 운영 구성 요소 5C]

첫째, 컨설턴트(Consultant)는 서비스를 이끌어가는 핵심 요원이다. 서비스 투입 이전에 자격 있는 컨설턴트를 선발하고 해당 서비스에 대한 일정 기간의 사전 교육을 통해 질적인 서비스를 제공해야 한다. 특히 구성 요소 중의 하나인 운영 책임자는 컨설턴트가 일을 잘 할 수 있도록 완벽한 지원 체계를 갖추어야 한다. 컨설턴트의 역할, 자격과 역량 등에 대해서는 제7장에서 세부적으로 다룬다.

둘째, 콘텐츠(Contents)는 서비스 중에 고객에게 전달되거나, 제공하는 모든 것으로 보면 된다. 개인 상담, 교육, 집단 상담과 관련된 프로세스, 프로그램 및 사용 도구, 그리고 교육 진행 기법 등을 포함한다. 앞에서 구분하여 설명한 일반적인 전직지원 서비스, 임원 전직지원 서비스, 그리고 정년퇴직자 서비스 등으로 구분하여 프로세스와 프로그램을 잘 갖추어야 한다. 콘텐츠는 서비스 표준을 제시하면서 컨설턴트 개인이 지닌 역량을 보강하여 서비스의 질을 높여준다.

셋째, 센터(Center)는 서비스가 진행되는 시설로서 핵심적으로 구성해야 할 표준 구성 요소가 있다. 통상 전직지원에서는 전직지원센터(Career Transition Center, CTC)라고 일컫는다. 운영 목적은 전직지원 컨설팅과 교육 시행, 그룹 워크숍 실시, 정보 제공 및 획득, 정보 교환 네트워킹 장소, 그리고 전환기의 사무 공간 역할을 한다. 표준 구성 요소는 고객을 맞이하는 리셉션, 교육장, 그룹 상담실, 1:1상담실, 컨설턴트 사무실, 컴퓨터실, 휴게실 및 자료실, 게시판, 그리고 기타 비품이나 장비다. 센터를 설치 시에 가장 중요시되는 고려 요소는 고객의 접근성과 사용의 편의성이다. 고객의 불편이 없도록 하는 것이 우선시해야 할 고려 요소이다. 대한민국의 전직지원 전문 업체가 주로 서울 강남의 테헤란로에 위치하고 있는 이유는 고객의 접근성 문제를 최대한 고려하였기 때문이다. 따라서 그 운영 비용도 만만찮다는 사실도 인식해야 한다. 아래는 2012년도 고용노동부 노동시장정책과에서 '자영업자 전직지원 사업 시행지침'이라는 이름으로 사업 제안 시 설정해둔 시설 기준으로 공공 전직지원 사업 준비 시 참고할 만하다.

구분	상담 공간	단체 프로그램 운용 공간	구직 정보 탐색 공간
면적	6.6㎡ 이상	16.5㎡ 이상	10㎡ 이상
구조 및 시설	독립된 오픈되지 않은 공간	프로그램 운용을 위한 기본 시설 구비 (테이블, 의자, 마이크 등)	인터넷이 가능한 컴퓨터 3대 이상 구비
비고	전용 공간 내지 전용 시설일 것을 요하지는 않음		

[고용노동부 공공 전직지원 사업 시설 기준의 예]

넷째, 운영 책임자(Captain)는 크게는 컨설팅 전문 업체의 리더십이나 프로젝트의 리더십을 이야기한다. 이는 주어진 전직지원 서비스의 활동 관리뿐만 아니라 고객사의 요구에 맞게 서비스를 기획하고, 서비스의 귀중한 자산인 컨설턴트를 효율적으로 교육하고, 운영할 수 있는 리더십이다. 리더십의 위치에 있는 자는 서비스의 질 향상, 콘텐츠, 시설의 질 향상, 사업 윤리 준수, 그리고 서비스와 관련된 자유로운 의사소통의 길을 마련해야 한다.

다섯째, 상호 협업(Co-working)이다. 이는 컨설턴트 간의, 그리고 전문 업체 내의 타 부서 간의 상호 협력 문제로 사업의 질 향상과 목표 달성에 필수적으로 관련되기 때문에 간과할 수 없는 부분이다. 상호 협력을 통하여 서비스의 질을 높이는 문제는 장기적으로 전문 업체의 명성 및 수익 향상에도 영향을 미친다. 저자는 전직지원뿐만 아니라 각종 재취업지원 사업의 경험을 통해서 상호 협력이 서비스의 질을 높이는 무형자산임을 굳게 믿고 있다.

위에서 이야기한 5C는 어느 하나만 중요하다고 볼 수 없고, 상호 연계되어 톱니바퀴처럼 맞물려 돌아가면서 궁극적으로 서비스의 질 향상에 이바지한다.

전직지원 서비스 프로세스

거의 모든 서비스가 그러하듯이 전직지원 서비스도 그 프로세스를 규정해볼 수 있다. 다수의 국내 및 외국계 전문 업체는 각각 자사의 서비스 프로세스를 홈페이지에 게시하면서, 마케팅 효과를 노린다.

여기에서는 현실적인 업무 흐름 그 자체를 가지고 서비스 프로세스를 규정해본다. 민간 전직지원 서비스, 공공 전직지원 서비스 모두 프로세스를 규정할 수 있으며, 그 차이점은 아래와 같다.

첫째, 민간 전직지원 서비스 프로세스는 공공 전직지원 서비스 프로세스보다는 좀 더 오랜 시간을 가지고 신중하게 실시하는데, 다소 단계가 많고 고려 사항도 많다.

둘째, 통상적으로 우리가 이야기하는 대기업에서 주관하는 전직지원 서비스는 회사의 비용을 사용하지만, 일반적으로 대기업이 아닌 중소기업을 지향하는 공공 서비스는 우리가 낸 세금을 사용할 경우가 많다. 미래에도 일정 규모 이상의 대기업은 자사의 비용을 사용하여 전직지원을 실시하겠지만, 그 이하의 중소기업은 정부 기관의 지원을 받을 가능성이 많은 이유는 과거에 그런 사례가 있기 때문이다. 2020년도에 시행된 재취업(전직)지원 의무화 관련 법령에서는 1천 명 이상 기업을 의무화 대상 기업으로 하였다. 미래에는 그 대상기업이 확대될 것으로 예상된다.

▶ 민간 전직지원 서비스 프로세스

민간 전직지원 서비스 프로세스가 매우 복잡한 이유는 사전에 준비하거나 고려할 요소가 많기 때문이다. 프로세스는 기업 경영 악화 등의 사유로 희망퇴직을 고려하는 순간부터 시작된다고 보면 된다. 민간 전직지원 서비스 프로세스는 아래와 같은 진행순으로 설명할 수 있다.

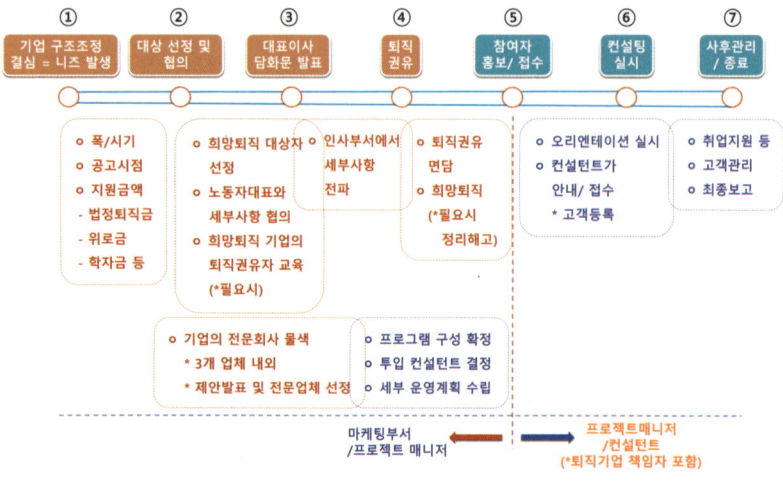

[민간 전직지원 서비스 프로세스]

① 기업에서는 경영 상황 등 여러 가지 상황을 고려하여 희망퇴직을 결심하는 순간이 바로 최초의 니즈가 발생하는 순간이다. 희망퇴직을 결심하는 순간부터는 그 폭과 시기, 공고 시점, 각종 지원 금액을 고려하는 동시에 전직지원 서비스를 제공해줄 수 있는 전직지원 전문 업체 몇 개사를 접촉하면서 자사의 상황에 맞는 서비스 제안을 요청하고, 제안 발표를 진행한 이후에 가장 적합한 전문 업체를 선정한다.

② 위 ①항의 진행과 발맞추어 희망퇴직 대상자를 선정하고, 희망퇴직 대상자에게 퇴직을 권유할 간부급 직원(*혹은 인사 부문 책임자 등)에 대한 교육을 하게 된다. 이는 갑작스러운 퇴직을 당사자에게 권유할 자가 퇴직

대상자에게 부드럽게 접근하는 가운데, 위로의 이야기를 전하고, 퇴직과 관련된 각종 지원 내용을 알리는 방법론의 교육이다. 동시에 제공되는 전직지원 서비스 등 이후의 지원 조치에 대해서 통보한다. 퇴직 권유자 교육은 회사의 필요에 따라 실시한다.

③ 어느 정도 준비가 된 희망퇴직 기업에서는 적절한 시점에 대표이사가 담화문을 발표하면서 희망퇴직을 할 수밖에 없는 상황, 추후 진행 상황 등과 관련된 내용을 발표하게 된다. 물론 그 이전에 이미 회사 근로자는 희망퇴직이 있을 것이라는 물증 없는 심증을 가질 수는 있으나, 공식적으로는 대표이사가 담화문을 발표하면서 공식화된다. 이즈음에 이르러서는 전직지원 서비스를 제공할 전문 업체도 선발되어 있다. 전직지원 전문 업체에서는 사업 수주 이후부터 희망퇴직 기업과의 긴밀한 협력을 통해서 세부 프로그램 구성 확정, 투입 컨설턴트 결정, 그리고 세부 운영 계획을 수립하게 되고, 더불어 희망퇴직 기업의 인사팀에서는 대상자를 확정하고, 희망퇴직자의 명부를 정리하게 된다. 보도된 자료를 각색하여 살펴본 대표이사 담화문의 예는 아래와 같다.

"임직원 여러분, 잘 아시는 바와 같이 지난 0월 00일 회사는 올해 0월 말까지 00사업장의 생산을 중단하고 공장을 폐쇄하는 것으로 발표하였습니다. 그동안 00사업장에서 누구보다도 열심히 일해주신 임직원 여러분을 생각하면, 회사가 내린 어려우면서도 불가피한 결정을 알려드려야만 하는 현실을 매우 송구스럽게 생각합니다.

회사는 지난 몇 년 동안 막대한 손실을 기록하였고, 올해도 막대한 손실이 예상됩니다. 악화되는 사업 환경을 고려할 때, 회사에서는 근본적인 사업의 변화를 추구하기 위한 조치를 시급하게 취하게 되었다는 말씀을 드리고 싶으며, 회사가 사업장 운영 최적화를 위해 불가피하게 어려운 결정을 내린 이유입니다. 이런 결정은 매우 어렵고 힘든 결정으로서 결코 가볍게 내린 것이 아니라는 사실을 여기서 밝히고 싶습니다.

회사는 현재의 생산 물량과 향후 생산 계획을 고려할 때 과도한 잉여 생산 능력을 보유한 것으로 결과가 나왔습니다. 따라서 이런 문제를 해결하기 위해서는 생산력을 한 곳으로 집중시키는 사업장의 통합이 필요하다는 결론에 이르렀습니다. 회사에서는 사전에 신중하게 모든 사업장의 상황을 면밀하게 검토하였으며, 이번 결정이 최적, 그리고 최선이라고 믿고 있습니다.

잘 아시는 바와 같이 OOO공장은 작년 새로운 선박의 생산을 포함하여, 사업장의 가동률을 높이기 위한 각고의 노력을 기울였지만, 지난 O년간 OO% 수준의 가동률을 보였으며, 그나마 이제는 더욱 하락하고 있습니다. 이런 가동률은 더 이상 사업장을 운영할 수 없음을 의미합니다.

대표이사로서 저는 이번 결정이 OO사업장에 근무하는 여러분과 지역사회에 미치는 영향을 충분히 인지하고 있으며, 이런 결정으로 인해 여러분의 미래와 개개인, 그리고 가족이 받게 될 영향에 대해 매우 안타깝게 생각함을 말씀드리고 싶습니다.

회사에서는 퇴직하는 OO사업장 직원에게 국내 유수의 전직지원 전문 업체인 '라이프앤커리어디자인스쿨'을 통해서 희망퇴직 서비스를 제공할 계획입니다. 이에 관한 자세한 내용은 첨부 자료를 참조해주시기 바랍니다. 저는 임직원 여러분이 본 서신과 관련하여 추가적인 질문이 있으리라는 점도 잘 알고 있습니다. 회사에서는 여러분이 자신의 미래를 위해 최상의 결심을 내릴 수 있도록 꼭 필요한 정보와 지원을 제공할 것입니다. 추가적인 질문 등이 있으실 때는 언제든지 연락해주시기 바랍니다."

④ 모든 준비를 마친 희망퇴직 기업은 앞서 이야기한 퇴직 권유자를 통해서 대상자에게 퇴직을 권유하고, 사전 계획된 희망퇴직 인원 수준을 채우기 위해서 노력한다. 이때 수용하는 대상자는 '희망퇴직원'을 제출한다. 회사에서 선정한 희망퇴직 대상자가 희망퇴직을 거부할 시에는 정리해고 절차에 들어간다.

⑤ 위 ④항을 통해서 확정된 희망퇴직 대상자 중 전직지원 서비스 참여 희망자가 제출한 '전직지원 서비스 신청서'의 연락처로 컨설턴트가 연락하여 서비스를 최종 안내하게 된다. 필요시 현장 오리엔테이션을 실시하여 서비스 참여 희망자를 추가 모집하기도 한다.

⑥ 이후에는 계획된 집중 교육 및 컨설팅 기간을 가지면서 고객에 대한 교육과 컨설팅, 워크숍 등을 계약에 의거 시행하며, 예정된 진행 상황도 희망퇴직 기업에 보고하게 된다.

⑦ 앞의 집중 교육과 컨설팅 기간이 끝나면 계약에 따른 사후관리 기간에 들어가고, 이 기간에는 전직을 완료한 고객에 대한 안착 혹은 적응을 위한 컨설팅을 하고, 전직을 미완료한 고객에게는 지속해서 각종 전직 정보를 전달하거나, 컨설팅을 지속한다. 그리고 계약된 기간이 만료 시 최종 보고와 함께 서비스를 종료하게 된다. 공식적인 것은 아니지만 대부분의 전직지원 전문 업체에서는 서비스가 끝나더라도 희망하는 고객에 대해서는 전직을 완료할 때까지 지원하는 상황이지만, 소수에 불과하다.

▶ **공공 전직지원 서비스 프로세스**

　공공 전직지원 서비스의 경우는 정부 차원에서 지원이 필요하다고 결심이 설 때 실시하고 있으며, 전직지원 전문 업체 선정 프로세스는 일반적인 공공의 각종 사업 제안 절차와 같다고 보면 좋다. 공공 전직지원 서비스의 경우는 대부분 사전에 계획된 경우라기보다는 불가피하게 대기업이 아닌 중소기업이 각종 경제 상황 악화로 인해서 희망퇴직이 필요할 때에 지원하는 때도 있지만, 2020년부터는 재취업(전직) 의무화에 따라서 희망퇴직자나 정년퇴직자에 대한 서비스는 정례화되었다. 최근의 공공 전직지원 서비스의 좋은 사례는 2016년도에 시작된 울산, 창원, 거제, 그리고 목포의 '조선업희망센터' 사업이다.

　이에 대해서는 제6장 전직지원 사례에서 세부적으로 설명한다.

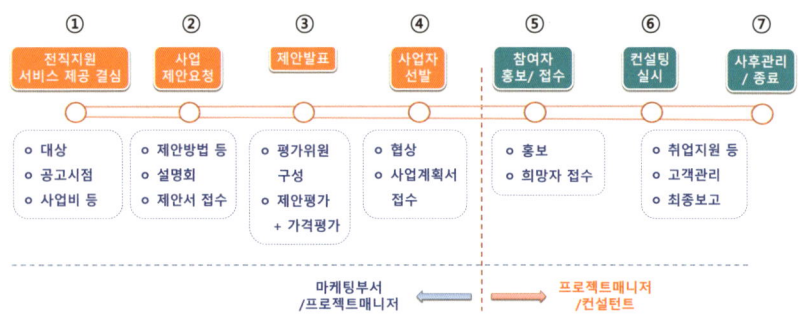

[공공 전직지원 서비스 프로세스]

① 공공의 각종 전직지원 서비스는 정부 기관(일부는 지방자치단체)의 결심에 따라서 서비스 제공 여부가 결정되고, 전직지원 서비스 대상이나 공고 시점, 사업비 등이 결정된다.

② 이후 절차에 따라서 발주 기관은 사업 제안 요청을 하게 되고, 설명회 등

의 절차를 거쳐서 사업에 참여하고 싶은 전직지원 전문 업체의 사업 제안서를 접수한다.

③ 제안 요청에 따라서 사업 제안을 한 전문 업체는 사업 제안 발표를 하게 되고, 발주 기관은 전문 평가 위원을 구성하여 제안 평가 및 가격 평가 결과를 합산하여 우선 협상 대상 전문 업체를 선정하게 된다. 통상적으로 제안 평가는 80%, 가격 평가는 20%의 점수를 부여한다.

④ 결과에 따라 우선 협상 대상으로 선발된 전문 업체는 협상을 통해서 세부 사항을 재확인하고, 사업계획서를 작성 및 제출하면서 서비스를 진행한다.

⑤ 이후 홍보를 통하여 희망자를 모집하고, 여기서부터 사업에 투입되는 프로젝트 매니저와 컨설턴트가 본격적으로 참여하게 된다.

⑥ 이후에는 각종 일반적인 재취업지원 서비스 등과 같이 계획된 집중 교육과 컨설팅을 계약에 의거 시행하고, 예정된 진행 상황을 희망퇴직 기업이나 책임 정부 기관 혹은 지방자치단체에 보고한다.

⑦ 앞의 집중 교육과 컨설팅 기간이 끝나면 계약에 따른 사후관리 기간에 들어가고, 이 기간에는 전직을 완료한 고객에 대한 안착 혹은 적응 컨설팅을 하고, 전직을 미완료한 고객에게는 지속해서 각종 희망 정보를 전달한다. 그리고 계약 기간이 종료 시 최종 보고와 함께 서비스를 종료하게 된다.

전직지원 서비스 전달 형태

전직지원 서비스의 전달 형태는 희망퇴직 기업 내부에서 실시하는 '내부 서비스', 전직지원 전문 업체를 이용하는 '외부 서비스' 그리고 앞의 2가지 서비스가 여러 가지 형태로 혼합된 '혼합 서비스'라는 3가지 형태로 나눌 수 있다.

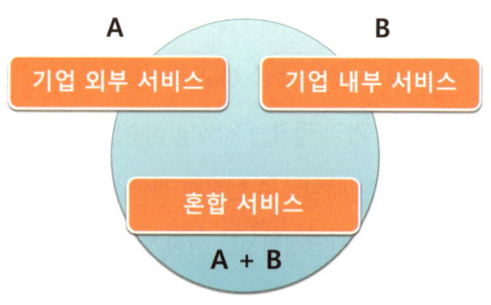

서비스 전달형태 결정시 고려요소
1. 갈등지속 가능성 여부   2. 서비스 제공 전문성
3. 적합한 공간 보유 여부   4. 비밀유지 용이
5. 희망퇴직 상시 실시 여부 6. 비용절감
7. 퇴직근로자의 퇴직인식 강화 8. 기업과 컨설팅회사의 역할 분담

[전직지원 서비스 전달 형태 3가지]

서비스 전달 형태를 결정 시에는 여러 가지 요소를 고려하지만 몇 가지를 예로 들어보면 다음과 같다.

① 갈등 지속 가능성 유무다. 사실상 희망퇴직하는 근로자를 다시 대면하느냐, 혹은 하지 않느냐의 문제인데 갈등 유발 요인이 된다는 사실을 고려해야 한다. 예를 들면, 기업 내부에서 서비스를 제공할 경우 희망퇴직으로 인한 잠재된 분노 등 때문에 희망퇴직 기업과 희망퇴직자 간에 갈등이 발생할 수 있다.

② 서비스 제공의 전문성이다. 희망퇴직 기업의 내부에서 전문성을 보유했느냐

아니면 외부의 전문 업체가 전문성을 보유했느냐 하는 문제가 관건이 된다.
③ 적합한 공간 보유 여부이다. 앞서 전직지원 서비스의 5C에서 언급한 바와 같이 전직지원센터와 같은 적합하면서도 질적인 서비스 공간의 보유 여부이다.
④ 비밀 유지의 용이 여부이다. 희망퇴직자의 경우에는 퇴직 이후의 진행 상황을 이전에 근무하던 기업이 아는 것 자체를 꺼릴 경우가 많다.
⑤ 기업의 상시 구조조정 시행 여부이다. 지금까지는 기업의 퇴직 프로그램 시행이나 기타 프로그램이 정기적인 개념으로 이루어지지 않았다. 그러나 정부에서 재취업(전직)지원을 의무화한 이후에는 서비스를 의무적으로 하고 있기 때문에 문제가 달라진다. 상시로 희망퇴직 소요가 발생 시 기업에서는 비용상의 이유로 서비스를 자체적으로 진행할 수도 있다.
⑥ 비용 절감이다. 이는 그 규모나 서비스 비용에 따라서 달라진다. 정기적으로 희망퇴직이 발생하거나, 혹은 정년퇴직자의 규모가 크면 문제가 달라질 수 있다. 즉, 내부 서비스를 지향할 수 있다는 이야기이다.
⑦ 희망퇴직 근로자나 정년퇴직 근로자의 퇴직 인식 강화이다. 기업 내부에서 프로그램을 진행할 때 희망퇴직 근로자가 아직도 자신이 그 기업의 근로자인 것으로 인식할 수 있으므로 전직에 대한 절실감이나 현실감이 떨어질 수 있다.
⑧ 기업과 컨설팅 전문 업체의 역할 분담이다. 앞서 이야기한 운영 구성 요소인 5C를 어떻게 구성 혹은 혼합할지도 결정 고려 요소이다.

이 부분을 좀 더 세부적으로 설명하면 아래와 같다.
대부분의 희망퇴직 기업에서는 근로자를 퇴직시킨 이후에 다시 대면 접촉하는 일이 없기를 바라는데, 어려운 상황을 다시 기억하게 되기 때문이다. 그런 이유로 다수의 관리자는 '외부 서비스'의 운용을 선호한다.

그러나 모든 기업이 전직지원 필요성을 외부 전문 업체에 배타적으로 맡기지는 않고, 내부에서 서비스를 제공하기도 한다. 전직지원 서비스를 제공하는 상근 컨설턴트를 자체적으로 운영하면서, 퇴직 근로자의 전직 활동 실행을 돕는 사무실 및 행정 지원 서비스를 사내에서 제공한다. 그를 위해서 기업 내부에 전직지원센터를 설치한다. 내부 서비스의 가장 중요한 문제는 신뢰성이다. 근로자는 기업이 희망퇴직을 시키면서도, 전직지원 서비스를 통한 지원을 동시에 한다는 양면성에 대해 의문을 품기 때문이다. 더불어 보안 유지 문제도 있다. 희망퇴직자가 이전의 기업 관리자에게 자신의 전직 관련 상황과 정보의 노출을 꺼리기 때문이다.

내부 서비스를 운용할 때 가장 큰 장애물은 서비스에 참여하는 희망퇴직 근로자가 자신이 아직도 퇴직하지 않은 근로자라는 생각을 하면서, 전직탐색 활동을 소홀히 하는 것이다.

결론적으로 전직지원 서비스는 기업의 상황에 따라서 기업 내부 서비스, 기업 외부 서비스, 그리고 혼합 서비스를 선택하여 진행할 수 있다. 희망퇴직 기업의 관리자는 어떤 접근법이 최선의 방안인지를 선택해야 한다. 현재 국내에서는 다수의 희망퇴직 기업이 외부 서비스를 선호하지만, 일부 대기업에서는 자체의 전직지원센터를 운영하면서 내부 서비스 및 혼합 서비스를 제공하는 때도 있다.

전직지원 사업관리

공공에서는 재취업, 전직지원 사업을 연 단위의 사업으로 기획하고 추진하지만, 민간 전직지원 사업은 대부분 프로젝트 개념으로 시행되며, 기간은 희망퇴직 기업과 전직지원 전문 업체 간의 계약에 의한다. 공공 전직지원 사업은 규모에 따라서 연 단위를 기준으로 몇 년간 시행되는 예도 있지만, 민간 전직지원 사업은 대체로 필요에 따른 일회성 사업으로 종료된다. 공공사업이 연 단위로 몇 년간 시행된다고 하더라도, 연 단위는 하나의 프로젝트 개념으로 볼 수 있다. 프로젝트는 '연구나 사업 또는 그 계획'으로 정의되고 있는데, 여기에서는 '사업'이라는 이름으로 이야기한다.

▶ 전직지원 사업의 특성

사업은 여러 가지 특성이 있으며, 그중 중요한 6가지는 아래와 같다.

첫째, 모든 사업은 착수일과 종료일을 가지고 있다. 평범하게 생각해도 사업의 시작과 종료일이라는 이야기이다. 일정한 기간으로도 볼 수 있으며, 그 기간에 사업의 기획에서부터 종결까지 한다.

둘째, 모든 사업은 변화를 수반한다. 어떤 일을 하더라도 시간이 지나면 변화를 일으킨다. 사업 역시 질적인 변화를 가져오는데 최초 상태와 종결 시의 상황이나 상태가 달라진다는 의미다.

셋째, 동일한 사업은 없다. 이 의미는 여러 가지 사업 구성 요소가 같은 것은 없다는 의미이다. 간단히 생각해보자. 기간, 투입 인원, 사업비, 고객, 희망퇴직 기업 그리고 전직지원 전문 업체 등이 동일한 예는 없다.

넷째, 사업의 목표가 존재한다. 공공사업이나 민간사업 모두가 사업비가 투입되기 때문에 사업의 목표는 필수적으로 존재한다. 예를 들면, 전직 성공 비율, 컨설팅 몇 회 이상, 집중 교육 몇 시간 이상 등 기본적인 목표가 있다.

다섯째, 이해 당사자(stakeholder)가 존재한다. 이는 전직지원 사업이나 결과에 영향을 미치는 사람 혹은 예산을 투입하는 기관, 사람으로 볼 수 있다. 사업의 성패는 이런 이해 당사자의 관리에 있다. 세상의 많은 사람이 이야기하는 '갑'이 핵심 이해 당사자 일 수 있으나, 자사의 관련 부서나 직원도 이해관계 기능이나 이해 당사자가 될 수 있다는 사실을 명심해야 한다.

여섯째, 자사의 여러 부서 직원이 참여한다. 간혹 특정 사업에 직접 참여하는 관리자나 컨설턴트만 사업에 대한 책임을 져야 한다고 생각한다. 그러나 잘 생각해보면 사업의 성공을 위해서 인사부서는 컨설턴트 선발, 재무부서는 각종 비용 처리, 그리고 교육부서는 교육 지원 등 여러 부서가 참여한다는 사실이 엄연히 존재한다.

▶ 전직지원 사업의 관리

전직지원 사업을 책임지는 자를 프로젝트 매니저(PM, Project Manager, 공공사업에서는 한글로 '사업부장'(이하 '사업부장')이라고 부르기도 한다. 사업을 실행하면서 사전에 설정된 목표 달성을 위해서 전직지원 전문 업체에서 지정한 사업 책임자를 의미하며, 관련 지식, 인성 및 관련 기술 역량을 보유하고, 사업 개념을 잘 파악하고 있는 자이다.

사업부장은 위와 같은 역량을 보유하면서 아래와 같은 5가지 관리 기능을 책임진다.

첫째, 사업의 진행 관리이다. 사업은 정해진 기간을 가지고 있다. 그리고 고려해야 할 요소는 범위, 예산, 그리고 기간이다. 핵심적인 세 가지 요인을 잘 고려하여 필요하면 조정을 가하면서 사업의 성공을 책임진다.

둘째, 사업 조직의 관리이다. 전직지원 서비스를 제공하기 위해서는 직접적으로는 관련 팀, 그리고 팀원이 있다. 예를 들면, 사업의 규모와 필요에 따라 기업협력, 컨설팅, 교육, 창업, 그리고 지원팀원으로 구성되는데, 그들의 선발, 교육, 교체 등이 관리 범주에 속한다.

셋째, 이해 당사자 관리이다. 사업을 책임지는 사업부장의 수행 능력은 이해 당사자의 성공적 관리 여부에 있다. 사업의 성공과 실패로 인해서 영향을 받는 이해 당사자를 잘 식별하여 소통을 통해 사업을 성공적으로 수행해야 한다. 이해 당사자도 사업의 성공과 실패로 인해서 받는 영향의 정도에 따라서 그 중요도가 달라진다.

넷째, 사업 위험 관리이다. 어떤 사업이라도 수행 중에 장애물 등의 위험 요소를 만나게 되어있다. 예를 들면, 기간의 축소, 범위의 확대, 컨설턴트의 이직 및 기타 사항이다. 사업의 실행 이전부터 사업의 종료 이후 일정 기간에 이르기까지 야기되는 각종 위험을 잘 관리하여 성공적인 사업이 되도록 노력해야 한다.

다섯째, 사업 예산 관리이다. 어떠한 사업이라도 배정된 예산이 존재한다. 우리가 일하는 전직 분야의 예산은 대부분 인건비로 볼 수 있으며, 고객을 위한 교육 강사료, 컨설팅 비용, 운영비, 워크숍 비용, 예비비 및 업체 수익 등으로 구성된다. 예산은 사업의 범위, 기간과 맞물려서 상호 영향을 받는다. 예를 들면, 사업 기간이 반으로 줄어들면 더 많은 컨설턴트를 투입해서 그 기간 내에 사업을 완료한다.

▶ 전직지원 사업관리 4단계

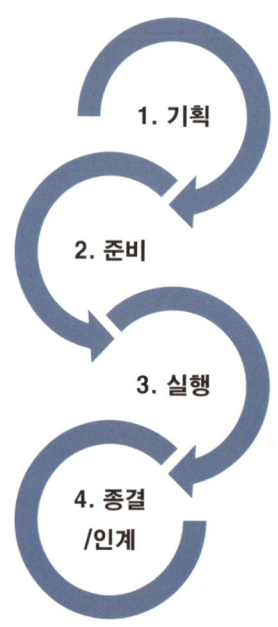

- 희망퇴직 기업의 욕구 파악
- 예상 문제 정의 및 이해당사자 파악
- 목표 정의 및 달성을 위한 필요자산 (유형, 무형자산) 등 식별

- 팀 구성 및 개별적 임무 분장
- 일정 및 예산 수립, 최초회의 개최
- 사업 투입전 교육 및 행정적 준비

- 각자 부여된 과업 수행 여부 관리
- 정기적 회의, 일정 및 예산 관리
- 정기보고서 작성 및 보고
- 실행 중 발생 각종 문제점 해결 (인력 교체, 예산 부족 등)

- 사업 성과 및 교훈 도출
- 최종보고서 작성 및 사업 종결
※ 필요시 새로운 사업부서, 업체에 후속사업을 인계

[전직지원 사업 관리의 4단계]

전직지원 사업관리는 크게 4단계로 나눌 수 있다. 기획, 준비, 실행, 그리고 종결/인계 단계 순이며, 일종의 선형적 프로세스 개념과 같다.

첫째, 기획 단계이다. 이 단계에서는 희망퇴직 기업과 희망퇴직자의 욕구 파악과 계약에 따라서 예상되는 사업의 문제를 정의하고, 관련된 이해 당사자를 파악한다. 그를 통해서 목표를 정의하고, 그에 필요한 자산 등을 식별한다.

둘째, 준비 단계이다. 이 단계에서는 팀을 구성하고 팀별, 개인별로 업무 분장을 한다. 사업의 원활한 시행을 약속해줄 업무 분장의 중요성은 아무리 강조해도 지나치지 않다. 더불어 일정 및 예산을 수립하고, 최초 회의를 개최하여 수행상의 추가적인 문제점을 식별한다. 이어서 최종적으로 행정적 준비를 함과 동시에 사업 수행의 성공을 위해서 투입 전 교육을 시행한다. 일반적으로 전직지원 전문 업체에서는 사업 이전에 2~3일간 사전 교육을 하고, 실행 직전까지 행정적 준비를 하는 형태로 진행한다.

셋째, 실행이다. 준비 단계가 끝나면 바로 실행 단계로 접어든다. 사전에 준비 및 교육된 대로 각자는 부여된 과업을 수행하고, 사업부장은 수행 여부를 관리하면서 사업 성공의 토대를 다져간다. 정기적으로 회의도 하면서 일정 및 예산관리, 문제점 등을 파악하고, 계약에 따라서 정기 보고서 작성과 보고를 한다. 사업의 질과 성공을 위해서는 무엇보다도 실행 간에 발생하는 각종 문제점을 잘 해결해야 한다.

넷째, 종결/인계 단계이다. 여기에서는 사업성과 및 교훈을 도출하고, 최종 보고서를 작성하며, 사업을 천천히 종결한다. 현장에서 공공사업의 경우에는 기한 도달 시 바로 종료되거나, 다른 전직지원 전문 업체로 다음 사업을 넘기는 예도 있다. 이런 경우는 연 단위 사업의 경우이다. 민간 전직지원 사업은 통상 프로젝트 개념으로 다음에 사업을 수주할 때까지는 사업의 연계성이 없으므로, 인계 없이 종결되기도 한다.

사실상 현장 경험에 비추어보면, 기획과 준비 단계가 중요하다고 본다. 진행 중에 돌발적인 상황도 발생할 수 있지만, 기획과 준비는 사실상 이후 진행 간의 문제를 줄이는 노력이다.

2. 전직지원 사전 컨설팅

사전 컨설팅의 이해

전직지원 사전 컨설팅은 희망퇴직 기업 조직을 대상으로 전직지원에 대해 컨설팅을 하는 내용에 초점을 둔다. 주요 내용은 희망퇴직 기업의 희망퇴직 근로자에 대한 지원뿐만 아니라 개별적으로 전직지원 서비스에 참여하는 고객에게 영향을 미치는 이슈의 검토이며, 희망퇴직 기업의 목표를 토의하면서 시작한다.

전직지원 서비스의 성장이유 중 한 가지는 희망퇴직 기업의 관리자가 해결하기 힘든 과제의 해결을 지원해주기 때문이며, 근로자를 희망퇴직 시키는 업무는 관리자의 업무 중에서 가장 어렵고, 회피하는 업무 중의 하나이다. 그래서 다수의 관리자는 그런 프로세스를 지원해줄 전직 지원 전문 업체나 전문가를 초빙한다.

경험 없는 관리자에게는 희망퇴직 프로세스의 모든 부분을 사전에 컨설팅하고, 적합한 희망퇴직 근로자의 선별, 최적 면담 시간 선정, 제반 퇴직 위로금 발표 준비, 필요한 서류 준비, 그리고 명확하고, 직접적이면서도, 동정적인 방법으로 희망퇴직 대상자에게 퇴직을 통보하는 일이다.

경험이 많은 관리자도 근로자를 희망퇴직 시키는 일은 힘든 문제이며, 그도 머뭇거리면서 갈등하는 자신을 발견한다. 오랫동안 동료 근로자로 일해온 희망퇴직 근로자에게 동정심을 느끼며, 일부 관리자는 공식적으로 회사를 대변하면서 회사에 필요한 조치라고 생각하면서도 다른 사람에게 불편함 혹은 고통을 안겨준다는 사실에 대해 개인적으로 죄스러운 감정을 가진다.

사전 컨설팅 5개 분야

전직지원 전문 업체나 전문가는 전직지원 프로세스를 진행하면서 다양한 시점에서 희망퇴직에 개입한다. 종종 그 개입 수준은 관련된 기업 관리자의 사전 경험 수준에 따라 결정된다. 사전 컨설팅은 다섯 가지의 주요 분야에 대해 이루어지고 있으며, 관련 기록물 준비, 의사소통 준비, 법적 문제 검토, 희망퇴직 통보, 그리고 행정 서류 준비이다.

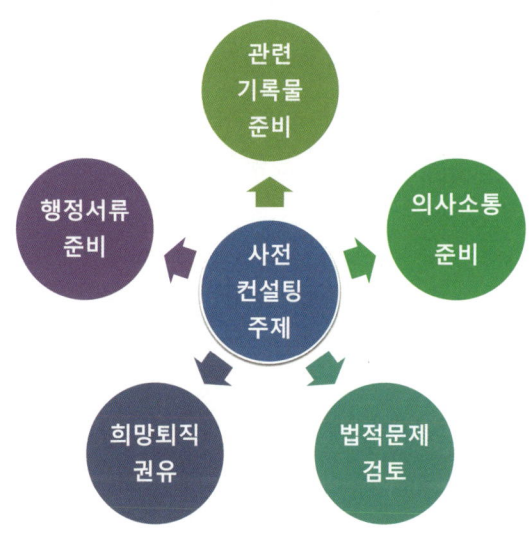

[전직지원 사전컨설팅 주제]

첫째는 관련 기록물 준비이다. 희망퇴직에 필요한 모든 정보는 분류, 확인 및 기록되어야 한다. 기업은 근로자를 희망퇴직시키는 표준 절차를 준비하고, 토의하고, 승인하고, 발표해야 한다.

둘째는 의사소통 검토이다. 희망퇴직 근로자에게 전달해야 할 내용,

그리고 누구에게, 누가, 어떻게 희망퇴직을 통보해야 할지를 사전에 결심해야 한다.

셋째, 법적인 문제의 고려이다. 이는 조직과 희망퇴직하는 근로자 개인 간의 법적 의무에 관한 내용으로서, 고려 사항은 희망퇴직 조건, 계약 관련 사항, 그리고 고용 평등 등과 관련된 내용이다.

넷째, 희망퇴직 통보 혹은 권유 면담에 관한 사항이다. 고려되어야 할 주요 사항은 대상, 시간, 그리고 장소 문제이다. 희망퇴직과 관련된 메시지는 신중하게 작성되어야 하고, 가능성 있는 대상 근로자의 반응도 고려하는 사실적이고, 목적적이면서, 정확해야 한다. 일반적으로 희망퇴직 면담은 관리자가 희망퇴직과 관련하여 수행해야 하는 가장 감정적인 책임 부분이다.

희망퇴직 권유 면담의 진행 절차는 아래와 같다.

진행절차	내 용
1. 만남	* 대상자에게 앉을 자리를 권한다. 바로 본론으로 들어간다.
2. 도입	"오늘 OOO 씨를 면담하는 이유는 이미 잘 아시는 바와 같이 회사의 경영상의 필요에 의해서 직원의 숫자를 줄이기로 한 중요한 사항과 관련하여 어쩔 수 없이 내려진 결정에 대하여 이야기하고자 함입니다."
3. 결정 사항 및 배경 설명	"이번 감원 결정은 우리 회사가 자구노력을 위하여 심사숙고한 결과 내린 조치이며, 선정 기준은 우선 당사의 필수 기능과 적정 인원이 산정되었고, 이를 기준으로 하여 최근의 근무평가 성적 등 기타 요소를 고려하여 대상자를 선정하게 되었습니다. 따라서 이미 발표된 바와 같이 유감스럽지만, 귀하의 직무가 없어지게 되었습니다. 그리고 이 결정은 번복할 수 없는 최종 확정된 내용입니다."

4. 퇴직자 패키지 설명	"당사는 경영상의 이유로 어쩔 수 없이 퇴사 대상이 되는 직원들에게 법정 퇴직금 이외에 퇴직에 따르는 추가 보상을 하기로 했습니다."(*퇴직 관련 서류를 제시한다.) "퇴직 서류에 서명함과 동시에 그 내용에 명시된 혜택에 대한 모든 권리가 귀하에게 주어지게 됩니다. 혜택의 내용을 간략히 설명하자면…" "지금 당장 서명할 필요는 없습니다. 향후 0일 이후의 마감일인 0월 0일까지 제출하시면 됩니다. 만약에 마감일이 지난 후에는 모든 퇴직 관련 혜택이 취소됨과 동시에 대기 발령에 들어갑니다. 대기 발령 시 현 급여의 00%수준을 지급받거나, 무급 휴직에 들어갈 수 있습니다. 또한 대기 발령 후 정리해고 절차에 따라 어떠한 보상도 없이 해고될 수도 있습니다." "질문 있으면 말씀하십시오."
기타 사항	· 면담 시 유의 사항 - 개인적인 차원의 부담이나 감정을 이입하지 말 것 - 해당 직원에만 포커스를 둘 것 - 스크립트에서 벗어나지 말 것 - 불필요한 가능성 또는 희망을 주는 언급을 회피할 것 - 절대로 토론이나 방어는 피할 것 - 회사의 어려운 결정이었으며, 직원 배려에 대한 사항이 가장 우선임을 느끼게 할 것

다섯째, 행정 서류 준비이다. 희망퇴직 통보서의 준비로서 희망퇴직 근로자를 대상으로 한 희망퇴직 토의의 서면 확인이다. 희망퇴직 통보서를 준비하는 이유는 희망퇴직 통보 혹은 면담 시에 감정적 특성상 토의하는 많은 내용을 기억하지 못하기 때문이다. 더불어 면담 이후 희망퇴직의 실제성과 회복 불가성을 인식시키는 효과도 있으며, 혹 개인이 품을 수 있는 불신도 감소시킬 수 있다. 희망퇴직 통보서는 조직의 책임 있는 권한자와 근로자가 상호 서명하거나, 서명자 양측을 보호하기 위해서 공증을 하는 예도 있다.

전직지원 전문 업체나 전문가는 위와 같은 내용을 포함하는 희망퇴직 프로세스의 몇 가지 혹은 모든 부분에 대한 컨설팅 요청을 희망퇴직 기업으로부터 받을 수도 있다. 전형적으로 경험이 짧은 관리자에게는 더 높은 수준의 컨설팅이 필요하다.

　전직지원 전문 업체나 전문가는 위와 같이 기업의 전직지원 서비스 제공에 관한 기획과 전문적이면서 인간적인 차원의 희망퇴직이 진행될 수 있도록 지원해야 한다. 기업 경영진이나 관리자에게는 근로자의 희망퇴직이 매우 어렵고도 바람직하지 않은 사안이기 때문이다. 따라서 희망퇴직이 기술적으로 유연하게, 그리고 건전한 판단하에 진행될 수 있도록 모든 이슈를 사전 컨설팅을 통해서 희망퇴직 기업에 전수해야 한다.

= 생각의 발산과 수렴을 위한 질문 모음 =

1. 희망퇴직의 긍정적 효과와 부정적 효과는?
2. 기업에서 희망퇴직을 시행하는 이유는?
3. 전직지원 서비스의 종류를 설명한다면?
4. 희망퇴직한 근로자가 이후 선택할 수 있는 횡적인 경력 변환 경로의 종류는?
5. 서비스 운영에 필요한 구성 요소인 5C는?
6. 민간 전직지원 서비스 프로세스와 공공 전직지원 프로세스를 설명해본다면?
7. 전직지원 서비스 전달 형태는?
8. 전직지원 사업의 특성 6가지는?
9. 전직지원 사업의 5가지 관리 기능은?
10. 전직지원 사업관리 4단계는?
11. 전직지원 사전 컨설팅 5개 분야는?

제3장
전직컨설팅 이론

제 3 장

전직컨설팅 이론

📌 일반적으로 '전직지원'이라는 용어를 사용하는 고유의 컨설팅 이론은 없고, 미국에서는 '카운슬링'에 기반한 이론, 대한민국에서는 '직업 상담'과 관련된 상담 이론이 발전하였다. 따라서 일반적으로 우리에게 알려진 직업 상담 분야의 이론 중 전직지원에서 필요한 이론을 소개한다.

주요 내용은 고객 분류와 주요 컨설팅 이론을 이야기할 것이며, 어려운 이론을 탈피한 현장 중심적인 기본적 내용으로만 구성하였고, 그에 따른 컨설팅 회차 운영과 컨설팅 일지에 대해서 이야기한다.

1. 전직지원 고객

컨설팅 기법과 지원에 관한 설명에 앞서 몇 가지 고객의 형태를 분류하는 이유는 고객에 대한 인식이 컨설팅에 큰 영향을 미치기 때문이다. 먼저 모든 개개인은 고유한 특성을 가졌으며, 같은 집단으로 분류되거나 다른 사람과 같을 수는 없다.

전직지원 대상 고객층은 주로 중장년층으로서 희망퇴직자의 경우 대체로 50대 전후, 정년퇴직자의 경우는 60세 전후로 보면 되지만, 때에 따라서는 희망퇴직자의 경우는 40대 중반에서 50대 중반까지 존재한다. 희망퇴직자의 경우는 현실적으로 경제적, 심리적, 그리고 사회적인 필요성 때문에 재취업의 욕구가 강하다. 반면 정년퇴직자의 경우에는 재취업보다는 생애설계 차원의 접근이 필요하다.

따라서 컨설턴트와 고객 간의 상호작용적 성격의 인식도 중요하다. 컨설팅 상황은 두 사람 간의 상호작용으로, 서로가 지속해서 영향을 미치거나 받는 상황이다. 전직 컨설팅 대상은 사람이므로, 전직지원 전문 업체나 컨설턴트는 고객에게 '관계를 판매'한다는 점을 명심해야 한다. 그래서 고객과 좋은 관계를 형성하기 위해 고객의 스타일과 행동에 관심을 가져야 한다.

아래는 서비스 상황에서 나타나는 고객의 형태를 분류해본 내용이다. 이는 전직지원 현장에서 볼 수 있는 문제고객을 포함한 일반적인 6가지 고객 유형을 나열해본 것이며, 경험 있는 컨설턴트가 서비스 지원 중에 인식해야 하는 행동적 요소를 포함하였는데, 이는 편견으로 작용해서는 아니된다.

능동적 고객: 컨설턴트와의 초기 상담 이전부터 목표를 설정해두고 이미 추진하고 있거나, 만남을 통해서 자신의 목표를 설정하고 주도적으로 전직을 기획하고 실행하는 고객이다. 컨설턴트에게 있어서는 최상의 고객이지만, 진행 사항 확인 및 지원을 지속해서 해야 한다.

수동적 고객: 자신의 전직 관련 주도권을 다른 사람이 잡게 하는 경향이 있고, 컨설턴트가 전직에 필요한 모든 부분을 직접 해주기를 원한다. 이런 고객은 자신이 매우 힘든 상황에 있다고 생각하면서 컨설턴트가 많은 일을

대신 해주기를 바란다. 전직지원 초기에는 해고 혹은 퇴직의 충격이 가시지 않아서 이런 모습을 보일 수도 있음을 이해해야 한다.

지원 거절 고객: 컨설턴트의 지원을 거절하는 고객은 전형적으로 2가지 형태 중 하나이다. 그들은 컨설턴트가 지원 노력을 기울일 때 "잘 알겠습니다. 그런데…"라고 말하는 고객이거나, "예, 예, 예."라고 말하면서 제안된 내용이나 동의한 내용을 이행하지 않는 고객이다. 컨설턴트는 종종 그런 고객이 더욱 열심히 다른 해법을 강구 중인 것으로 오해하지만 아닌 경우도 많으므로 진행 간에 유의해야 한다.

권한을 누렸던 고객: 자신이 최고의 전직지원 서비스를 받을 자격이 있다고 생각하는 고객이다. 이런 고객은 컨설턴트가 투자하는 시간, 관심, 그리고 예외적인 대우가 자신에게는 당연하다고 생각한다. 이런 고객은 2가지 형태로 분류할 수 있으며, 일과 관련된 주요 좌절에 대해서 전혀 모르는 '고속 진급자'였거나, 아니면 자신을 보좌하는 사람이 있는 상황에 익숙했던 '상급 임원'이다. 최악의 경우에 컨설턴트를 일반 지원 요원처럼 대하고 관계 개선을 위한 노력은 전혀 하지 않는다.

정중한 고객: 어떤 점에서는 위의 수동적 고객과 유사하나, 컨설턴트가 전문성을 띠고, 전직지원 권한을 가졌으며, 통찰력이 있다고 생각하면서 존경한다. 그러나 정중한 고객 중에는 자신의 전직지원이 효율적으로 진행되지 않을 때 전문성을 지닌 컨설턴트가 더욱 잘 지원해야 한다는 생각을 가지고 비난할 때도 있다.

분석적 고객: 이런 고객은 자신의 논리적, 분석적 스킬에 큰 비중을 두면서, 자신의 전직지원을 하나의 문제로 보고, 다른 문제를 해결할 때와 같이 논리적이고 분석적인 접근법을 구사한다. 종종 컨설턴트뿐만 아니라 전직탐색 활동 간에 만나는 사람과의 인간관계 구축의 필요성은 느끼지 않는다.

2. 컨설팅 기법

전직지원 컨설팅은 '기업의 희망퇴직자나 정년퇴직자 개인의 희망 사항에 따라서 삶과 일의 조화를 도모하는 전문적인 컨설팅으로서, 전직 및 은퇴의 과정에서 발생할 수 있는 각종 문제를 식별, 예방 및 지원하는 활동'으로 정의할 수 있다.

컨설팅의 주 대상인 중장년의 전직 성공을 위해서는 체계적인 지원이 필요하다. 그 이유는 그들이 대체로 한 분야에 오랫동안 근무한 경우가 많으며, 컨설팅 중에 간혹 발견되는 사실은 자신이 전문가인 것으로 오해하고, 자신이 직접 할 수 있는 직무로 한정하여 전직 활동을 하는 경우가 많기 때문이다. 따라서 심층적인 컨설팅을 통해서 역량 판단과 장애 요인 분석을 기본적으로 실시할 필요성이 있다.

주요 컨설팅 기법

전직지원의 효율적 실행을 위해서는 효과적인 컨설팅 기법이 필수적이다. 개인 컨설팅의 목적은 적절한 경청 및 반응 기법을 통해서 고객의 정보를 획득하고, 그에 따른 컨설팅을 한다. 컨설턴트는 효과적인 전직지원을 위해 다양한 기법을 효율적으로 사용할 수 있어야 하고, 고객의 상황에 따라서 적합한 기법을 사용하는 유연성과 융통성이 필요하다.

주요 컨설팅 기법은 크게 관계 구축 기법, 탐색 기법, 그리고 역량 강화 기법 3가지로 구분한다.

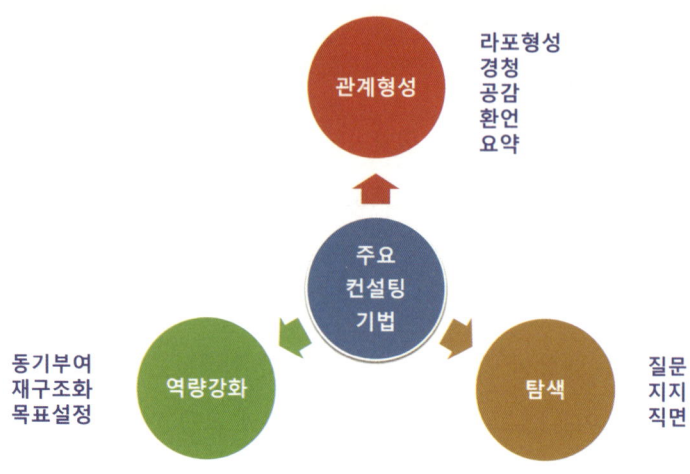

[주요 컨설팅 기법 3가지]

▶ 관계 형성 기법

- **라포(rapport) 형성:** 라포는 '화합과 친근한 관계의 설정 혹은 복구'를 의미한다. 라포는 컨설팅 관계에서 중요한 역할을 하므로, 최초 컨설팅을 위해서 만나는 고객과 친근함과 신뢰감의 설정은 필수적이다. 그리고 이후에 이어질 컨설팅의 성공 여부에 직결되기 때문이다. 라포는 우리가 아는, 듣는, 그리고 가치를 인정하는 사람과 함께 있을 때 가지는 신뢰와 편안한 느낌을 의미한다. 최초 컨설팅 중에 라포 형성을 통해 신뢰 관계가 구축되면, 이후의 후속 컨설팅이 원활하게 진행되면서 서비스의 질 향상과 성과 달성에 도움을 준다. 라포가 형성되지 않을 때는 서로 간에 거리감을 느끼거나, 혹은 동질감을 느끼지 못하게 된다. 라포가 형성되면, 우리가 다른 사람과 동의하지 않는 상황이 발생하거나 혹은 시각차를 보일지라도 결속감을 느끼게 된다. 때때로 나와 같은 점이 전혀 없는 상대와도 라포가 형성된다. 라포 형성은 어려

운 것이 아니라 컨설팅 현장에서 간단한 미소, 인사, 일상사에 관한 관심, 그리고 차나 다과의 대접으로도 형성할 수 있다.

- **경청:** 이는 청각적이고 시각적인 자극을 받아들이고 집중하면서 의미를 부여하는 행위이다. 경청은 라포에 이어서 컨설팅의 주춧돌을 놓은 것으로서, 고객이 말하는 것을 컨설턴트가 잘 이해하고 있다는 모습을 보여줌으로써 컨설팅의 질을 높이는 역할을 한다. 경청은 고객에게 컨설턴트의 관심과 노력을 알리고, 이를 바탕으로 컨설팅을 진행하면서 고객이 더 많이 자신을 개방하도록 만들고, 궁극적으로 자신을 더 소중하고 중요하게 여기면서 자존감을 높인다. 경청을 위해서는 주의 집중을 해야 하는데 컨설턴트가 경청할 준비가 되어있고, 경청할 의지와 능력을 갖추고 있음을 고객에게 전달해준다. 예를 들어, 고객 쪽으로 몸을 기울이고, 바라보면서 고객이 말하는 단어, 문구와 같은 언어적 의사소통과 표정, 어투, 그리고 표정, 제스처 등의 비언어적 의사소통에 집중함을 고객에게 전달하는 형태이다.

- **공감:** 공감을 한 마디로 잘 표현하는 말은 '타인의 눈으로 세상을 바라보는 것'이다. 공감은 타인의 정서적 측면을 정확하게 이해하고, 그런 이해에 기초하여 의사소통하는 과정으로서 적절한 공감은 상호 간의 신뢰를 구축할 수 있는 기반이 된다. 공감을 잘하는 컨설턴트는 고객의 화, 두려움, 그리고 혼란 등을 마치 자신의 것처럼 민감하게 느낀다. 공감은 고객의 감정과 관심을 정확하게 지각하고 그 이해를 전달하는 '기본적 공감'과 고객의 비언어적 행동에 바탕을 두고 고객의 감정을 확인하려고 시도하는 '추론적 공감', 고객이 자신의 감정을 탐색

하도록 격려하고 초대하는 '초대적 공감'으로 나누어질 수 있다.

- **환언:** 환언은 고객의 말이나 아이디어를 컨설턴트가 자신의 언어로 바꾸어 다른 각도로 말하는 것이다. 컨설턴트가 고객의 이야기를 경청하여 잘 이해하고 있음을 알리고, 고객도 그 이야기를 듣고 부정확한 부분을 수정할 기회를 제공한다. 환언은 가설적인 방법으로 표현할 수 있으며, 단정적인 어투에 비해 안전하고 효과적이다.

- **요약:** 요약은 컨설턴트가 이해한 사항 혹은 가정을 확인하고, 관련된 아이디어를 묶음으로써 복잡한 자료와 내용을 조직화하는 방법이다. 더불어 고객에게는 장황하거나, 관계없는 내용을 정리하게 해준다. 요약은 환언과 유사한 방식으로 할 수 있지만 환언에 비해서는 좀 더 긴 이야기를 돌려준다.

▶ 탐색 기법

- **질문:** 고객이 말하는 내용의 의미를 탐색하는 기법 중에 가장 핵심적인 기법은 질문이다. 질문은 적극적인 경청의 한 부분이며, 여러 가지 목적을 달성하도록 해준다. 특히, 고객이 좀 더 높은 수준으로 사고하도록 돕거나, 호기심을 자극하여 새로운 가능성을 발견할 수 있도록 하면서 이전에 느끼지 못하였던 것을 알아차리도록 한다. 질문의 종류에는 "예.", "아니오."로 용이하게 답할 수 있는 폐쇄형 질문과 여러 가지 답을 할 수 있는 개방형 질문으로 구분된다. 고객이 어휘력이 부족하거나 충분한 컨설팅 관계가 형성되지 않은 상태에서는 폐쇄형 질문이 효과적이다. 폐쇄형 질문과 개방형 질문은 컨설팅 상황과 고객의

상황에 기초하여 사용하면 좋다. 컨설팅 시에 특정한 답을 끌어내기 위해서 유도 질문을 하거나, 심문받는 느낌을 주어서 고객의 반발을 유도해 거부감을 주는 과도한 질문, 그리고 두 가지 이상의 답을 요구하는 복수 질문, 맥락이나 때에 맞지 않는 부적절한 질문, 판단 혹은 비난하는 듯한 느낌을 주는 질문은 조심해야 한다.

- **지지**: 탐색 기법에는 질문 외에도 고객이 좀 더 이야기하도록 돕는 짤막한 지지가 있다. 지지는 고객의 이야기를 듣는 가운데 적절한 때에 언어적, 비언어적으로 지지하는 것을 의미한다.

- **직면**: 직면은 고객이 간과하기 쉬운 자신의 성격이나 행동 양상에 대해서 좀 더 주의를 기울이게 만드는 방법으로서, 그를 통해서 자신과 타인에 대해 더 높은 수준으로 이해하도록 돕는 좋은 수단이다. 더불어 직면은 고객이 보여주는 중요한 불일치를 다루는 데 적합한 기법이다. 직면의 유형은 '피드백 직면'과 '불일치 직면'이 있으며, '피드백 직면'은 고객이 타인에 의해 어떻게 지각되고, 타인에게 자신의 행동이 어떤 영향을 미치는지를 보여주는 것이다. '불일치 직면'은 모순되고 혼합된 메시지에 초점을 맞추는 것으로, 예를 들어, "고객께서는…. 라고 말하지만, …하게 행동하십니다."라든지, "컨설턴트 입장에서 보기에는 고객께서는 어떤 때는… 이고, 어떤 때는… 입니다."라는 표현을 사용한다. 주의해야 할 점은 직면이 과도하게 사용되거나, 부주의하게 사용될 경우 고객의 컨설팅 동기를 손상시킬 수 있다. 따라서 직면을 할 때는 고객을 배려하면서 직면해야 한다. 직면을 할 때의 고려 사항은 아래와 같다.

① **적절성**: 직면은 고객의 욕구를 충족시키기에 적절해야 하며, 컨설턴트의 감정을 발산하기 위해서나 고객을 비난하기 위해 사용하면 안 된다.

② **수용성**: 고객의 방어적인 반응을 최소화하도록 적절한 시기에 사용되어야 하며, 컨설팅 관계가 강건히 형성되어서 고객이 기꺼이 직면을 수용할 준비가 되었을 때 사용하거나, 고객이 변화하도록 동기 부여 될 가능성이 있을 때 사용해야 한다.

③ **사전에 계약하기**: 고객의 수용성을 증진하기 위해서 사전에 직면의 상황과 방법에 대해서 서로 동의하는 과정을 거치는 것이다. 사전 계약이 있다면 컨설턴트의 직면이 고객의 저항을 훨씬 줄일 수 있다.

④ **특정성**: 효과적인 직면을 위해서는 고객의 성격 등을 공격하지 않으면서, 긍정적인 부분을 포함하는 특정 부분에 대해서 이야기하는 것이 좋다.

⑤ **다른 기법과의 적절한 결합**: 공감, 지지와 같은 다른 기법과 함께 적절히 사용하면 더욱 효과적이다. 직면 자체가 고객을 지나칠 정도로 흔들기 때문에 공감과 지지를 같이 사용한다면 그런 흔들림의 완충 작용을 해줄 수 있다.

▶ 역량 강화 기법

- **동기부여**: 동기는 고객이 전직으로 인한 변화의 과정에 자발적으로 참여하는 정도를 의미한다. 높은 동기를 가진 고객은 컨설팅 과정에 참여하려는 의지를 가지며, 자신의 에너지와 자원을 투자하려는 노력을 보이고, 장애물 등의 출현에도 장기간 해결노력을 기울일 수 있는 자신의 능력을 믿으며, 자기효능감도 지니고 있다. 전직 간에 발견된 문제가 있음을 부정하거나, 컨설팅을 탐탁하게 생각하지 않는 등 지쳐버린 고객이나 양가감정을 가진 고객에 대한 동기부여는 그의 역량 강화를 위해

서 매우 중요하다. 의욕적인 고객의 경우에는 동기부여가 큰 문제가 되지 않는다. 전직 간의 실패 혹은 좌절로 인해 포기한 고객이나 변화에 대한 자신의 능력을 믿지 않는 고객에게는 희망과 낙관성을 증진하기 위해 자아효능감을 향상시킨다. 그 방법론은 '이전의 행동 계획이 왜 실패하였는지 탐색하거나', '이전 행동에서의 성공적 요소를 찾거나', 그리고 '지난 실패를 학습 경험으로 재구조화하는 방법' 등이 있다.

- **재구조화:** 고객이 자신의 사고를 변화 혹은 수정하도록 돕는 기법이다. 이는 대안적인 해석이나 새로운 의미를 부여함으로써 고객이 상황을 달리 보도록 돕는 것이다. 즉 고객이 자기 패배적이거나 위축되어서 막다른 곳에 이르렀다는 생각에서 벗어나도록 도와주기 위한 기법이다. 이를 효율적으로 하기 위해서 주의해야 할 사항은 아래와 같다.

① 고객의 상태가 정상적이고 재구조화된 생각을 수용하거나 처리할 수 있는 상태인지 먼저 확인한다.
② 시험적인 방식으로 재구조화된 생각을 제공하여 심사숙고하도록 해본다.
③ 재구조화시킨 생각이 타당하다는 점을 분명히 한다. 생각을 바꾸어볼 수 있다는 정도보다는 생각을 바꾸는 것이 타당하다는 수준으로 분명한 믿음을 가지고 고객에게 전달한다.
④ 재구조화시킨 생각의 예를 들어본다면 다음과 같다. 고객이 "나이가 들어서 전직, 특히 재취업이 매우 어렵다."라고 한다면, 이에 대해서 "전직이란 다양하게 일하는 형태로의 접근입니다. 재취업뿐만 아니라 사회 공헌, 창업, 프리랜서, 제3섹터 등으로 생각을 확장하면 일자리를 쉽게 찾을 수도 있습니다."로 재구조화시킬 수 있다.

- **목표 설정:** 고객이 컨설팅을 통해 얻고자 하는 것을 정확하고 측정 가능한 용어로 정의할 수 있도록 돕는 과정이다. 목표는 고객이 전직컨설팅을 통해서 얻고자 하는 결과 목표와 컨설턴트가 결과 목표를 얻기 위해 수행하는 과제로 해석된다. 따라서 목표는 컨설팅의 방향과 목적을 식별하도록 도와준다. 더불어 목표는 컨설팅 중에 컨설턴트가 어떤 역할을 해야 할지를 분명히 해주고, 고객에게는 전직탐색 활동에 노력을 투자할 동기를 부여한다. 그리고 컨설팅 과정을 효율적으로 평가하는 기준이 된다.

효율적인 목표 설정 시 고려해야 할 사항은 5가지인데, 통상적으로 이야기하는 스마트 기법(SMART)이다. 세부적으로 명확성/구체성(Specific), 측정 가능성(Measurable), 실천 가능성(achievable), 현실성(Realistic), 그리고 시한성(Time restricted)을 살펴보아야 한다. 간단하게 예를 들어보면 '수업에서 더 열심히 공부하기'라는 막연한 목표보다, '학기가 끝날 때까지 평균 성적을 B 학점에서 A 학점으로 향상하기'라는 구체적인 목표 진술이 효과적이다.

3. 컨설팅 회차 구성

전직지원 서비스는 크게 집단적인 교육, 워크숍, 그리고 컨설팅으로 구분된다. 서비스의 가장 중요한 부분인 컨설팅은 일반적으로 3회차에서 최대 12회차까지 진행된다. 물론 컨설팅 회차는 최초 서비스 기획 시에 희망퇴직 기업과 전직지원 전문 업체 사이의 계약에 따른다. 저자가 경험한 바에 의하면, 위에서 이야기한 3회차는 최소 회차, 12회차는 최대 회차이다. 물론 서비스 기간이 컨설팅 회차에 영향을 미치기는 하지만, 통상적으로는 6회차 내외로 규정하면 무리가 없다.

서비스 기획이나 제안 시에 예상되는 회차에 대해서 구체적인 컨설팅 주제를 정해두기도 하지만, 고객 개개인에 대한 컨설팅은 정해진 주제대로 진행되지 않는다는 사실을 명심해야 하는 이유는 고객 개개인의 상황이 다르기 때문이다. 그럼에도 불구하고 전직지원 전문 업체에서는 주어진 회차에 대한 컨설팅 주제를 기본적으로 정해두고, 개개인에 따라서 주제의 변화를 가한다.

여기에서는 컨설팅 회차 구성에서 가장 중요한 초기 컨설팅(1회차), 컨설팅 회차 구성, 그리고 컨설팅 일지 작성에 관해서 이야기해보고자 한다. 더불어 저자가 다수의 공공 전직 관련 기관과 민간 전문 업체의 프로세스 및 구성 요소를 분석하여 구성해본 컨설팅 회차별 주제 체크리스트(checklist)도 제시해본다. 체크리스트를 구성한 이유는 현장에서 일하는 컨설턴트의 생각을 확장해서 회차 구성을 쉽게 하고, 고객 맞춤형 주제로 컨설팅을 하기 위한 것이다.

초기 컨설팅(1회차)

전직지원 초기 컨설팅은 직업 상담에서 이야기하는 초기 상담과 크게 다를 바 없다. 초기 컨설팅의 목적은 고객과의 공감대 형성, 현재의 심리적, 물리적 상태 파악, 그리고 전직 장애물 파악 및 문제 해결 방안 모색 등에 있다. 특히 전직컨설팅에서는 희망퇴직자의 심리적인 안정성 여부를 주의 깊게 관찰해야 한다.

고객과 처음 대면하게 되는 초기 컨설팅은 전직의 필요성을 인식하고 있음을 전제로 하여, 심리적 안정 및 자기 이해의 과정부터 시작한다. 이때 고객이 부담스럽지 않은 선에서 가능한 한 정확하고, 많은 정보를 입수하여 후속 컨설팅을 촉진해야 하기 때문에 컨설턴트는 사전에 많은 준비를 해야 한다.

전직지원 전문 업체는 초기 컨설팅 시 확인해야 할 정보 목록을 별도로 보유하고 있으며, 통상적으로 초기 컨설팅 시에 고객으로부터 필수적으로 획득해야 할 정보는 아래 5가지이다.

① **심리적인 안정성 여부**
② **고객의 전직 욕구 파악**
③ **현재 상태 파악**: 본인의 현 상황과 부양가족, 건강 상태 등을 파악하고, 경제적 긴박성 정도도 파악하며, 희망 사항 과 관련된 실무 경력, 교육 경력, 자격증 등을 확인
④ **전직 준비 정도**: 준비의 필요성, 장애물, 지원받고 싶은 내용, 인적 네트워크, 전직 서류의 준비 등을 확인
⑤ **기타 필요 사항**: 특히 정년퇴직자의 경우에는 재취업이 아닌 생애설계의 필요성도 고려 등

후속 컨설팅(회차 설정에 의거)

초기 컨설팅 이후에는 서비스 기간 동안 주어진 회차를 진행하며, 고객의 상황에 따라 기설정된 각 회차의 컨설팅 주제를 변경할 경우도 많다. 그럴 경우에는 저자가 통합하여 뒤에서 제시하는 컨설팅 주제 체크

리스트를 참고하여 변화할 수도 있다. 특별히 회차 간에는 이전 회차에서 시행한 컨설팅에 대한 재확인, 과제를 부여하였을 시에 과제 완수 여부, 그리고 이후 회차 일정과 내용을 확인해야 한다.

그런 내용은 후부의 컨설팅 일지 작성을 참고하면 된다. 전직지원 전문 업체의 경우에는 일명 고객관리 시스템을 구축해두고 전직지원 서비스를 제공하기 때문에 컨설턴트는 시스템에 기록을 유지하면서, 업무를 쉽게 할 수 있는 장점이 있다. 컨설팅 회차는 고객 개개인의 전직 완료 여부 등에 따라서 변경될 수 있다.

컨설팅 회차별 주제

일반적으로 전직지원 컨설팅은 크게 초기 단계, 중기 단계, 그리고 종결 단계로 구분할 수 있다.

초기 단계에서는 첫 만남을 통해서 전직 관련 문제의 확인과 관계를 형성하는 등 컨설팅 구조화에 힘쓰고, 목표 설정 등 컨설팅의 프레임을 구성한다.

중기 단계에서는 전직과 관련된 문제의 해결 방안을 탐색한 이후에 실천 계획을 수립하고 실행하는 등 컨설팅의 핵심적인 부분을 다룬다.

종결 단계는 컨설팅의 목표를 달성하거나, 컨설턴트 혹은 고객의 판단하에 종결 여부를 토의하고 종결하는 단계이다.

전체적으로 컨설팅 단계는 현재 상황에서 미래의 희망하는 상황으로 옮겨가는 것으로 볼 수 있고, 관계 설정, 구조화, 목표 설정, 해결 방안, 실천 계획 수립, 실행 및 목표 달성이라는 키워드로 대변될 수 있다. 각 회차에서 이루어지는 세부적인 컨설팅은 전직지원 서비스 상황 혹은 계약에 따라서 몇 회차라는 구성을 전제로 한다. 그러나 고객의 상황은 전체적으로 가늠할 수 있는 것이 아니라 개별적인 상황이 다르다는 점을 고려한다면 폭넓은 컨설팅 주제를 선별해놓고 고객의 상황에 기초한 주제로 컨설팅을 해야 한다. 특히 저자가 현장에서 만나는 많은 컨설턴트가 회차 설정의 어려움을 호소한 바도 있어서, 국내외 기관, 기업들의 컨설팅 프로세스와 모델 속에 있는 주요 내용을 발췌하여 57개의 컨설팅 주제를 '컨설팅 주제 체크리스트'로 확정하여 제시하였다. 물론 이 주제는 서비스의 성격에 따라, 혹은 컨설턴트의 판단에 따라 추가적인 내용을 포함할 수 있으며, 앞서 이야기한 바와 같이 생각의 확장을 위한 기본 주제로 보면 좋다.

▶ 회차 컨설팅 주제 정립 이유.

현장 컨설턴트는 서비스 진행 중에 주어진 회차를 준수하고, 그에 따른 컨설팅을 해야 한다는 압박감을 느끼므로 혼란 방지와 개인별 맞춤형 컨설팅을 촉진하고, 그를 통해서 서비스의 질 향상과 성과달성을 위해서 정립하였다. 회차 준수가 필요한 이유는 최근 공공 및 민간 전직서비스 제안 요청 시에 몇 회차의 컨설팅을 요구하면서, 서비스 비용을 회차 실행 횟수에 따라서 지급하는 사례도 있기 때문이다. 따라서 사전에 회차를 설정하거나, 서비스 진행 간에 고객의 상황에 따라 유연한 변경을 통해서 사업 발주 기관, 희망퇴직 기업, 그리고 전직지원 전문업체 모두의 목표를 달성할 수 있다.

▶ 회차 컨설팅 주제 체크리스트.

전직지원 서비스 시행 시 주어진 회차에 기초하여, 컨설턴트의 필요나 고객의 현 상황과 희망 상황을 고려하여 주제를 선택 시 사용한다.

프로그램명		고객 성명		컨설턴트 성명		요구 혹은 필요 회차		회차	작성일자
				초기단계		중기단계		종결단계	
대주제	소주제			대주제	소주제		대주제	소주제	
접수 (*최초 접촉)	※ 명단여부 문자발송, 전화등 안내 * 상담자, 상담일자 및 장소 등 안내			정보제공	□ 관련산업 동향 정보제공 □ 관련정보 수집 및 방법 □ 능력검증 및 관련 자격증 정보 제공 □ 시장정리 및 분석 탐색 발굴 토의 □ 전직부지원 관련 정보 제공		사후관리 (*취업자 직장적응)	□ 적응상 문제점 □ 경력관리 및 개발 계획 □ 대인관계 및 의사소통 □ 이직상담	
라포형성 및 행정처리	□ 관계 형성 □ 계약서 서명 + 상담구조화 내용 설명 □ 전직컨설팅의 가치 소개 □ 컨설팅 프로세스에 대한 이해						사후관리 (*미취업자 구직지원)	□ 실행전략 재확인 □ 셀프마케팅 재점검 □ 구직장애물 재식별 및 제거 방법	
위안	□ 호소문제 확인(*심리적 안정) □ 자기효능감 재확신				□ 목표기업 재확인/재선정 □ 실행전략 확인 및 계획 수립 □ 구직장애물 식별 및 제거방안				
진단	□ 진단도구 사용(*전문성, 적성, 재능, 흥미, 성격, 가치 등 파악) □ 욕구 파악 □ 희망 진로/목표 파악 □ 재무상황 파악 □ 생애설계 8대 영역 인사 및 토의 □ 스트레스 상황 파악 및 해소방안			구직활동 지원	□ 성취업적 제도 분석 □ SWOT 분석 □ 입사서류(이력서, 자소서, 경력 기술서, 직무수행계획서, 솔루션제안서) 작성 지원 □ 마케팅이력서 작성방법 □ 솔루션 제안방법 □ 네트워킹/관계유지 □ 이미지메이킹 □ 의사소통 □ 셀프마케팅 □ 면접기법/모의면접/스크립트 작성 □ 이직사유서 작성 □ 감사편지/이메일 작성 □ 면접이후 디브리핑 □ 연봉협상				
성찰/균형 제공 (*방향성 잡기)	□ 주변상황, 지원자산 및 회피자산 파악 □ 검심변화, 등 파악 □ 강점, 약점 파악(*핵심역량, 성공 및 실패 사례 토의/ 성취업적기법 활용등) □ 일생/경력 구체화(*라이프 라인) □ 시간관리방법 탐색 □ 경력방안 탐색 □ 다양하게 의하는 방식 소개 □ 해방시점 파악								
준비	□ 전직준비도 파악 □ 각종 사이트 안내 및 가입 □ 장해목표 설정 □ 목표기업 목록 작성/적종목록 확인 □ 목표 요구역량 파악, 검/해결방안 식별								
추가사항	□ ( ) □ ( )			추가사항	□ ( ) □ ( )		추가사항	□ ( ) □ ( )	

[컨설팅 주제 체크리스트]

컨설팅 주제는 체크리스트 내에서 선정하거나, 혹은 컨설턴트가 고객과 협의하여 따로 주제를 설정할 수도 있다.

체크리스트는 초기 단계에서는 접수(최초 접촉), 라포 형성 및 행정 처리, 위안, 진단, 성찰/균형 재유지(방향성 잡기), 준비, 추가 사항에 필요한 주제들로 구성하였고, 중기 단계는 정보 제공, 전직 활동 지원, 추가 사항으로 구성하였다. 종결 단계는 사후관리(경력관리)와 추가 사항으로 구성하였다. 체크리스트 아래 부분에 있는 추가 사항은 서비스 진행 간에 추가로 주제를 설정하여 기록해두는 곳이다. 다음 체크리스트는 저자가 정리해본 것으로 규정된 회차별 컨설팅 주제를 정한 이후에 그에 따른 검사지나 워크시트를 사전에 준비해야 한다.

4. 컨설팅 일지 작성

컨설턴트의 행정 업무 중 일상적이고, 지속적인 것은 컨설팅 일지 작성이다. 컨설팅 일지 작성에 대해서 지면을 할애한 이유는 현장 컨설턴트의 업무 효율성 향상과 업무 시간의 절약에 있다. 컨설팅 일지 작성은 자신이 컨설팅을 하는 고객에 대한 연계성을 강화한다. 더불어 불가피한 상황으로 컨설턴트의 교체가 이루어지더라도 컨설팅의 연계성을 보장하면서, 궁극적으로 서비스의 질을 높일 수 있기 때문이다.

컨설팅 일지는 기록물로서 일정 기간 보관되기 때문에 컨설턴트 역량 혹은 성실도, 충실도 등을 대변한다는 차원에서 잘 기록해두어야 한다. 어떤 의미에서는 컨설턴트 자신의 레퍼런스(reference)가 된다. 또한 컨설팅 기록을 충실히 남겨야 하는 경우는 서비스의 관리 및 통계를 내는 업무에도 필요하기 때문이다.

컨설팅 전문 업체의 고객관리 시스템(CMS, Customer Management System/CIS, Client Information System).

일정 규모 이상의 컨설팅 전문 업체는 자체적인 고객관리 시스템을 갖추고 있으며, 마케팅 시에 관리 시스템을 하나의 강점으로 제안하고 있다. 그 이유는 희망퇴직 기업의 책임자가 서비스 진행에 대해서 항시 파악할 수 있도록 시스템 접근 권한을 부여할 수 있기 때문이다. 이런 체계의 구비는 정기적인 보고 문서 소통을 줄여주고, 기업 책임자가 항시 즉각적인 진행 상황 파악이 가능하도록 해준다.

고객관리 시스템이 없는 소규모 컨설팅 전문 업체의 경우에는 엑셀 파일 등을 활용하여 고객 개인별 컨설팅 일지를 유지한다. 일반적인 고객관리 시스템을 구성하는 주요 항목은 고객 이름, 컨설팅 방법(대면, 유선, 이메일, 출장, 기타 등), 컨설팅 일자 및 시간, 주제, 고객 현황, 컨설팅 내용, 추후 진행 상황 및 일자, 활동 관련 사항, 전직 서류 준비 여부 등이며, 최근에는 고객의 비밀 사항을 기록할 수 있는 별도의 공간을 마련해두는 시스템도 있다. 이는 컨설턴트만 볼 수 있는 비밀스러운 부분이다. 관리 시스템이 없을 때는 앞의 관리 시스템 항목을 벤치마킹하여 별도의 컨설팅 일지 파일을 유지하면 된다.

컨설팅 일지 작성 사례

아래는 각각 국내와 국외의 컨설팅 일지 작성 사례이다. 앞서 이야기한 바와 같이 일정한 기본 프레임을 갖고 있으므로, 그 프레임 속에서 컨설턴트가 자신의 컨설팅 내용을 체계적, 전문적으로 작성하면 된다.

= 국내 일지 사례 =

컨설팅 일지- 2회차
[고객 정보 및 니즈 파악] 사업차 OO에서 O년간 거주하면서 케이블 방송 진출을 위해 시장조사를 마쳤으나, 한국 내 경기 불황으로 인한 대출 애로로 사업이 중단된 상태임. 일본어(중), 영어회화(중) 기획력, 분석력이 뛰어나며 전 직장에서 1억 원 정도의 성과급을 받을 정도로 진취적이고 목표 지향적인 고객임, 추후 리더십 발휘 업무를 희망함.
[컨설턴트 의견] 외국어 능력이 장점이나 높은 연령 때문에 적합한 직업을 찾기는 어려울 것으로 보임. 헤드헌터 활용도 고려할 필요가 있음.
[기타 제공 서비스 안내] 전직지원금 수급, 직업교육 훈련 안내, 사이버 교육 수강, 전직지원 서비스를 설명하고 온라인 퇴직지원센터 등록 요령을 안내 및 컨설팅함.
[추후 계획] 직업 선호도 검사 실시(OO월 2주 차)

= 해외 일지 사례 =

컨설팅 일지- 1회차
컨설팅 유형: 초기 컨설팅
컨설팅 일시: OOOO년 3월 7일
컨설팅 시간: 1.5시간
내용:
- ○ 유럽에 O년 동안 거주하면서 주로 아시아 관련 업무를 수행함.
- ○ 현재 영업 관련 책임직으로 전직을 희망함.
- ○ 주요 관련 사항
- - 최근에 살던 주택을 매각하고 새로이 거주할 주택을 물색 중임.
- ○ 전달 사항
- - 자기 평가 등에 관한 교재 배포.

- 원격 교육 관련 접근 문제 해결.
- 버크만 진단.
- 재무 컨설팅 일정 수립.
○ 차기 컨설팅 일정: 3월 13일
○ 차기 중점 사항
- 자기 평가 내용 검토- 이력서 작성 토의.
- 이력서 샘플 전달- 경쟁력 분석.

= 해외 일지 사례 =

컨설팅 일지- 10회차
컨설팅 유형: 전직 코칭
컨설팅 일시: 0000년 6월 30일
컨설팅 시간: 1시간
내용:
○ 전직 전략에 대해 세부적으로 토의함.
- 00사에서 구인 중이라는 정보 입수/ 000@Spencer Stuart씨 접촉.
- 데이터베이스에 있는 95명에서 선택됨.
○ 고객이 2일간 유럽으로 해외 출장 예정임.
○ 65개의 전직 가능 회사 중 17개를 선택함.
○ 전달 사항
- 네트워크할 수 있는 6개소의 연락처 제공.
- 000@…에서 현재 영업 책임자를 구인하고 있음.
*오후에 만나서 가능성을 탐색할 예정.
- 18만 불-20만 불의 인센티브를 제공하는 회사도 있음.
○ 차기 컨설팅: 내담자가 귀국 이후 설정 예정.
○ 차기 중점 사항
- 인터뷰 기법/ 비디오 인터뷰 연습 검토.

[컨설팅 일지 작성 사례 모음]

= 생각의 발산과 수렴을 위한 질문 모음 =

1. 희망퇴직의 긍정적 효과와 부정적 효과는?
2. 기업에서 희망퇴직을 시행하는 이유는?
3. 전직지원 서비스의 종류를 설명한다면?
4. 희망퇴직한 근로자가 이후 선택할 수 있는 횡적인 경력 변환 경로의 종류는?
5. 서비스 운영에 필요한 구성 요소인 5C는?
6. 민간 전직지원 서비스 프로세스와 공공 전직지원 프로세스를 설명해본다면?
7. 전직지원 서비스 전달 형태는?
8. 전직지원 사업의 특성 6가지는?
9. 전직지원 사업의 5가지 관리 기능은?
10. 전직지원 사업관리 4단계는?
11. 전직지원 사전 컨설팅 5개 분야는?

제4장

전직지원 스킬

제 4 장

전직지원 스킬

📌 본 장은 기본적으로 전직지원 컨설턴트의 '전직지원 스킬' 향상을 목적으로 한다. 일반적으로 컨설턴트를 대상으로 한 교육이나 전문 서적에서 '전직지원 스킬'이라는 용어보다는 '구직지원 스킬', '재취업 스킬' 등 여러 가지로 회자되지만, 전직지원 서비스를 다루는 입장에서 '전직지원 스킬'이라는 명칭을 사용한다. 더불어 현장의 구직지원, 재취업지원 그리고 기타 퇴직지원 등에서 사용되는 스킬과 전직지원에 사용되는 스킬은 많은 공통점을 가지고 있다는 점을 전제로 이야기하고 싶다.

주요 내용은 먼저 기업 채용에 대한 이해에 대해 이야기해보고, 저자가 재정립해본 전체적인 전직지원 현장 프로세스, 전직 스킬 중의 약방감초라고 할 수 있는 성취 업적, 각종 전직 서류 작성, 면접 기법과 네트워킹 스킬, 성공적 직업탐색, 연봉 협상, 전직지원 사후관리, 전직지원 집단 상담 스킬, 그리고 검사 순으로 전개해본다.

이미 많은 전직, 재취업 및 퇴직 관련 책자에서 다수의 스킬을 언급하고 있으므로 최대한 내용의 중복을 피하고, 다소 다른 형태의 스킬을 이야기하고자 현장에서 사용하고 있지 않은 스킬도 다수 소개한다.

예를 들면, 전직 서류 작성 시에 키워드를 사용한 생각의 발산을 해보는 것 등이다.

내용 중 많은 부분은 저자가 현장에서 전직지원 관련 강의를 진행하면서 일반적인 콘텐츠에 새로운 생각을 추가하여 재창조한 내용이다. 전직지원 프로세스나 현장 도구, 성취 업적, 그리고 전직 마케팅은 재정립해본 내용이다.

더불어 부족하지만, 저자의 전직 서류 작성 사례 몇 가지를 별지.C에 제시한다.

1. 기업 채용에 대한 이해

여기에서는 먼저 전직자 중 재취업자를 중심으로 기업 채용 프로세스를 이야기하고, 현장의 통상적인 전직 기법을 다른 방법으로 다소 구체적으로 이야기해보고자 한다.

현장에서 만나는 대부분 구직자는 단순히 온라인 구인 정보에만 대응하는 경우가 많아서 사실상 장기간 구직을 하게 된다. 온라인 구인 정보는 구직자 대부분이 사용하는 방법이었는데, 그 이외의 방법에 대해서는 문외한인 경우가 많았다. 문제는 온라인 구인 정보는 질적으로 떨어지는 일자리일 경우가 많고, 경쟁률도 심하다는 사실이다.

따라서 구인자와 구직자의 동빙이몽(同氷異夢)이라는 명칭을 붙여본 기본적인 기업 채용 프로세스를 설명하고, 어떻게 구직해야 할지에 대한 핵심 사항을 이야기해보고자 한다.

동빙이몽(同氷異夢)

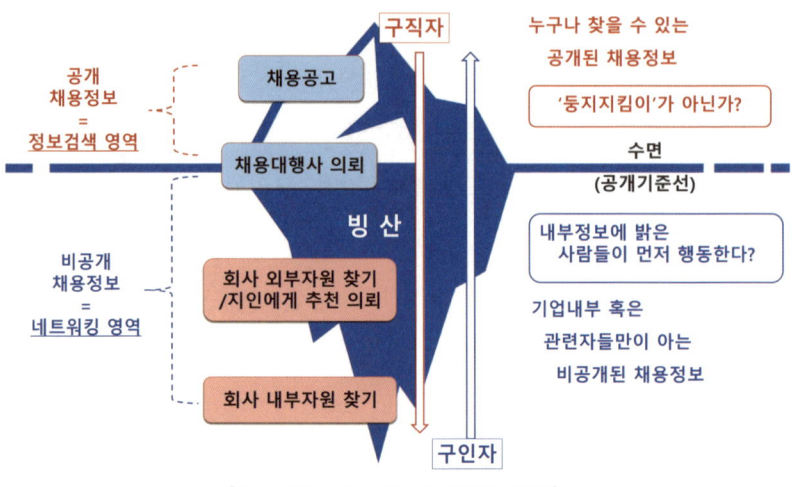

[구직자와 구인자의 동빙이몽 이해]

이 방법론은 현장에서 컨설턴트가 고객에게 자주 컨설팅하는 방법론인데 더욱 세부적으로 살펴본다. 우선 채용 정보는 공개 채용 정보와 비공개 채용 정보로 나누어진다. 공개 채용 정보는 사실상 위 그림에서 보는 바와 같이 빙산의 일각으로 외부에 노출되어 있다. 반면 비공개 채용 정보는 외부에 노출되지 않는 상태이다.

공개 채용 정보는 사실상 누구나 찾을 수 있고, 비공개 채용 정보는 기업 내부 혹은 관련자만이 아는 정보로 보면 된다. 따라서 공개 채용 정보의 수집은 '정보 검색 영역'에 속해있고, 비공개 채용 정보는 '네트워킹 영역'에 속한다. 즉, 정보 검색을 잘하면 공개 채용 정보에서 그나마 어느 정도의 정보를 획득할 수 있다. 그러나 비공개 채용 정보는 전직자나 재취업 희망자의 인적 네트워크 등의 확대를 통해서 획득할 수 있으므로, 외부로 공개되기 전의 정보이다. 아쉽게도 그런 채용 정보는 공개되기 전에 거의 채용이 이루어진다.

다시 말해서 구인자는 빙산의 하부에서부터 적합한 자원을 찾기 시작하지만, 구직자는 주로 보이는 빙산의 상부에서만 맴돌면서 구인 정보를 찾기 시작한다. 따라서 구직자는 빙산의 상부에서만 맴돌지 말고, 하부로 들어가는 방법론을 찾아야 한다. 그 방법론은 뒤에서 설명하는 '전직 네트워킹'에서 이야기해본다.

위와 같이 기업에 선제적으로 접근 시에는 후부의 전직 서류 작성에서 설명하는 마케팅 이력서나 전직 제안서 등을 제시하여 자신이 그 일을 잘할 수 있는 적합자라는 사실을 능동적으로 알려서 기업의 관심을 유발해야 한다. 현장에서 외부로 나오는 공개 채용 정보에만 매달려있는 구직자를 '둥지 지킴이'라고 부르기도 한다. 온라인이라는 둥지를 떠나 외부로 나가서 정보를 탐색해야 하지만, 안락한 둥지만 지키면서 재취업이 안 된다는 이야기만 하고 있다.

기업 정보 탐색 및 분석

전직 서류 작성 시, 특히 네트워킹이 필요해서 작성하는 경우에는 사전에 기업 정보를 탐색하고, 수집된 정보를 분석하여 준비된 상태에서 접근해야 한다. 이를 위해서는 사전에 기업의 희망 사항을 찾아내거나, 자신이 해줄 수 있는 일을 능동적으로 찾아야 한다. 그를 위한 기업 정보 탐색 및 분석과 관련된 기본적 내용을 설명해본다.

▶ **기업 규모별 탐색 및 분석 내용**

기업을 탐색할 시에는 기본적으로 큰 개념하에서 아래 사항을 탐색 및 분석하여 준비한다. 사실상 기업의 규모나 성격 구분을 하였으나,

일부 요소는 중첩됨을 알아야 한다.

구 분	내 용
대기업/ 중견기업	· 채용 사이트 탐색 및 분석 · 모집 분야 · 자격 조건 · 기업 인재상 등
중소기업/ 벤처기업	· 직무 내용 · 근무 조건 · 회사 자본금, 매출액 · 상시 근로자 수 등
외국계 기업	· 모기업 확인 · 현지 법인 혹은 지사 · 직무 내용 · 자격 조건
공공 기관	· 공공 채용 사이트 탐색 및 분석 · 전형 절차 · 자격 시험 · 자격 조건 · 모집 시기 ※ 공공 기관의 경우 국가직무능력표준(NCS) 채용 기준 유의

[기업 규모별 탐색 및 분석 내용]

더욱 구체적으로 기업을 탐색 및 분석할 시에는 아래 내용을 참고한다.

구 분	내 용
성장 가능성	그동안의 경과, 투자 사업 등
근무 환경	급여, 복리후생제도, 근무 지역, 사무실 환경 등
재무 상황	기업 규모, 보유 자본금, 매출액 증가, 감소 등 파악
전문성	기업의 생산/ 서비스 아이템, 마케팅 능력, 기술력 파악 등
이직률	채용 공고가 자주 나오는지 여부 파악 등

[기업 정보 세부 탐색 및 분석 내용]

▶ 현장의 기본적 정보 수집 및 분석 내용

현장에서 일하는 컨설턴트가 기업 정보를 수집하여 분석하는 이유와 고객의 컨설팅이나 (모의)면접 등에 대비해서 준비해야 하는 자료는 각각 아래 그림과 같다.

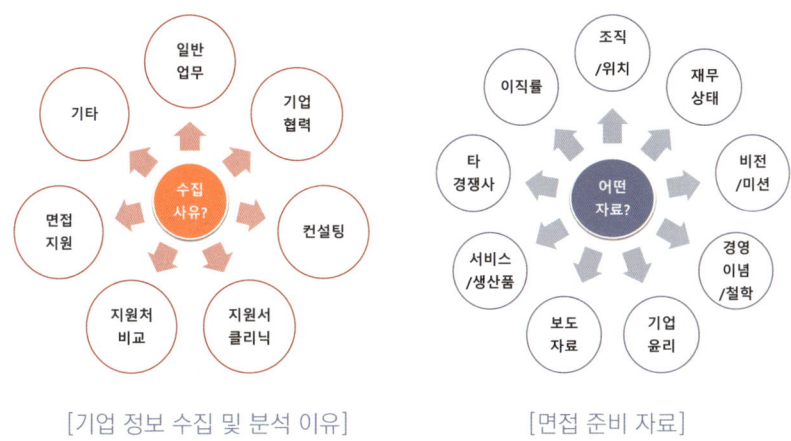

[기업 정보 수집 및 분석 이유]   [면접 준비 자료]

정보 수집 목적으로 컨설턴트의 일반적인 업무 수행 시, 구인처 발굴을 위한 기업 협력 시, 그리고 고객 컨설팅 시에 사용하기 위한 목적 등이 있으며, 고객 컨설팅 시 지원서의 클리닉이나 상호 비교, 면접 지원과 같은 사유 때문이다.

컨설턴트 수준에서는 다른 내용도 많지만, 기본적으로 수집해야 할 자료는 조직/ 위치, 재무 상태, 비전/ 미션, 경영 이념/ 철학, 기업 윤리, 최근 보도자료, 서비스/ 생산품, 타 경쟁사, 그리고 이직률 등이다.

2. 현장 프로세스와 도구

전직지원 서비스와 관련하여 다수의 현장 프로세스가 존재한다. 일부 프로세스는 재취업, 창업, 그리고 귀농을 필수적으로 포함하고 있다. 그러나 전직은 '직업을 바꾸어 옮김'이라는 의미가 있으므로 재취업이나 창업, 귀농으로 한정할 수 없다. 독자도 그 점을 이해하고 전반적인 개념으로 이해하기 바란다.

현장 프로세스

현장 프로세스는 최초의 전직컨설팅에서부터 시작하여 최종적으로 전직에 성공하는 단계까지의 진행을 말한다. 아래 그림은 초기 컨설팅 이후 시야를 넓혀가다가, 일정 시점에서 좁혀 들어가는 개념이며, 어떤 의미에서는 5단계로 구분할 수 있으나, 단계나 세부 구성 요소는 서비스의 성격이나 환경, 그리고 전문 업체의 콘텐츠나 컨설턴트의 역량에 기초해서 항시 수정 및 가감하여 구성할 수 있다.

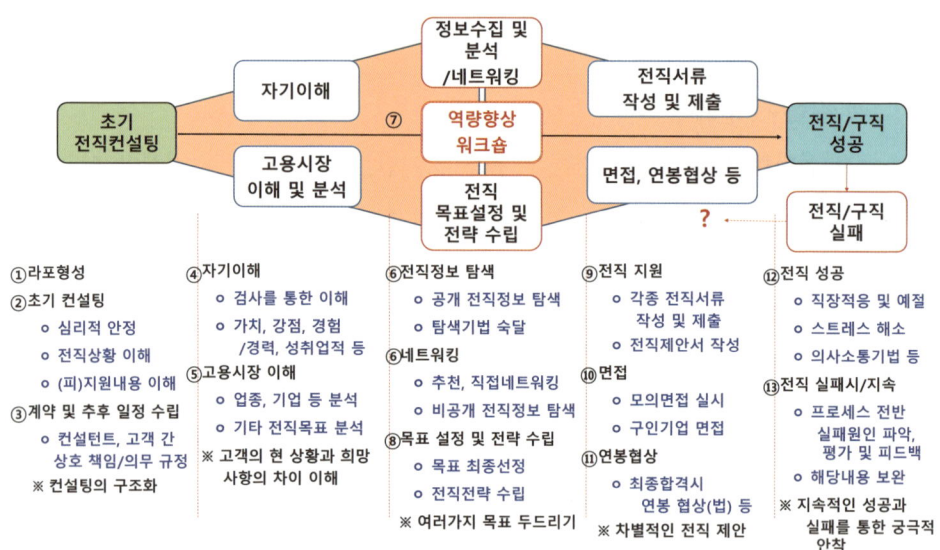

[전직지원 현장 프로세스]

일부 전직자는 전직을 '한 번의 성공'을 지향하는 것으로 생각할 수 있으나, 어떤 의미에서는 인생 전반을 통해서 다수의 전직을 경험할 것이므로 한 번의 성공이나 실패에 그치지 않는다는 점도 잘 이해해야만 한다.

위 프로세스 구성 요소를 하나씩 간략히 설명해보면 아래와 같다.

① 라포 형성이다. 최초 전직컨설팅에 온 고객과의 라포 형성은 무엇보다도 중요하다. 앞서 라포 형성에 대한 설명을 한 바와 같이 고객과의 신뢰 형성과 지속할 추후의 컨설팅을 성공적으로 이끌어가기 위한 행위이다.
② 초기 컨설팅이다. 앞서 이야기한 바와 같이 정년퇴직자 특히 희망퇴직자는 급작스러운 희망퇴직으로 인한 심리적인 불안이 있다. 따라서 초기 컨설팅 시에는 가능한 한 고객의 심리적 안정을 도모해야 하며, 전직 상황을 이해하고, 상호 간의 지원 내용에 대해서 토의해야 한다.
③ 서비스 계약 및 추후 일정을 수립한다. 여기에서는 컨설턴트와 고객 간에 상호 책임과 의무를 규정한다. 서비스의 세부 사항을 설명하고 추후 진행에 관해 이야기하면서 컨설팅을 구조화시키는 작업을 한다. 민간 고급 서비스에서는 계약서를 작성하면서, 상호 책임 구분을 명확히 한다.
④ 자기 이해이다. 기본적으로 고객의 현 상황과 희망하는 목표와의 차이를 이해하는 것이다. 그를 위해서는 먼저 고객 자신의 가치, 강점, 경험, 경력 및 성취 업적 등을 추출하고 분석하는 절차를 거친다.
⑤ 고용 시장의 이해이다. 전직을 하는 경우에는 고용 시장 전반에 대한 이해도 선행해야 한다. 따라서 위 ④항에 이어서 자기가 희망하는 시장의 상황, 업종과 직무, 그리고 목표 기업을 선정 및 분석하고, 자신이 지닌 능력에서 가능한 부분, 부족한 부분을 이해해야 한다.

⑥ 정보 수집 및 분석, 그리고 네트워킹이다. 이 단계는 재취업, 창업 등 여러 가지 전직과 관련된 정보를 수집 및 분석하기 위한 네트워킹 단계이다. 그 과정에서 특히 비공개 정보를 획득하기 위한 추천 네트워킹과 직접 네트워킹도 해야 한다. 추천 네트워킹은 만나고픈 사람이나 전문가를 모를 때 타인의 추천을 받는 것이고, 직접 네트워킹은 추천받을 사람이 없으면 직접 시도하는 것이다.

⑦ 더불어 자신의 현 상황과 희망 상황 간의 차이를 해소하기 위한 역량 향상 워크숍이나 교육 훈련에 참여해야 한다. 저자의 경험에 의하면 초기에는 다분히 여러 가지 전직 목표가 나오거나, 고려되기 때문에 우선순위를 세우고, 시간 관리를 잘하면서 하나씩 두드려보면서, 이후에 하나씩 지워나가면 된다.

⑧ 전직 목표 설정 및 전략 수립이다. 위 ⑥, ⑦항을 거치면 여러 가지 잠재적인 전직 목표가 어렴풋이 설정된다. 저자의 경우, 오래전 인생 1막에서 2막으로 전직 시에 전직지원 컨설턴트, 통번역사, 국제 무역사, 재난 관리사라는 4가지 목표를 가지고 교육 훈련 계획을 수립하였고, 우선순위에 따라 시간 관리를 하면서 하나씩 두드리다가 최종적으로 현재의 전직지원 컨설턴트 및 강사 일을 하고 있다. 전직 목표를 최초에 설정하면 좋지만, 최초에 목표가 뚜렷하게 설정되지 않는다고, 혹은 않았다고 걱정하지 말자. 크롬볼츠 박사의 '계획된 우연 이론'에서도 똑같은 이야기를 하고 있다. 앞으로 나아가는 과정에서 우연히 자신의 목표를 발견할 수 있다는 이야기이다. 박사는 자신의 경험에 기초해서 그 이론을 생성하였다.

⑨ 전직과 관련된 각종 지원이다. 수집된 정보에 따라서 전직에 필요한 각종 서류를 작성하고 제출하는 단계이다. 그러나 장년의 경우에는 질적인 일자리나 희망하는 일자리를 얻기 위해서는 필요시 '전직 제안서' 작성도 병행해

야 한다. 이는 채용 등과 관련된 기업 내부의 의사결정이 이루어질 때 시작한다. 따라서 평소의 네트워크를 통해서 그런 정보를 수집한 이후에 자신이 할 수 있는 적합한 직무라고 판단될 때는 먼저 기업의 고민을 해결할 수 있는 '전직 제안서'를 작성하여 남보다 먼저 접근하고, 가능 시 협상을 통해 남보다 먼저 그 자리로 전직한다. 공개된 정보로 재취업 등이 어려운 장년의 경우에는 이러한 비공개 정보를 잘 파악하여 먼저 접근해야 한다.

⑩ 각종 모의 면접을 연습한 이후에 전직을 위해 목표로 하는 구인 기업 등에서 면접을 보는 단계이다.

⑪ 연봉 협상이다. 전직을 하는 고객의 경우에는 인생 1막을 마친 관계로 특별한 자리가 아닐 경우 많은 연봉을 기대할 수 없다는 것이 현장에서 일하는 저자의 경험 요소이다. 그럼에도 불구하고 위의 전직 제안서 작성 등을 통해서 자신의 연봉을 높일 수도 있다. 그래서 차별적인 전직 스킬이 필요한 것이다.

⑫ 전직에 성공하는 경우에는 직장 적응이나 새로운 일에 적응할 수 있도록 지원해야 한다. 더불어 전직 이후의 새로운 환경에 대한 스트레스도 해소할 수 있도록 지원한다. 이 단계에서는 새로운 직장이나 일에서의 의사소통 기법 등을 이해해야 한다.

⑬ 전직에 실패 시에는 자신이 택한 프로세스 전반을 재검토하여 실패의 원인을 파악하고, 평가 및 피드백한다. 장년의 경우에는 통상적으로 몇 차례의 성공과 실패를 거친 이후에 정작 자신의 자리에 안착하는 경우를 현장에서 종종 본다. 따라서 실패했다고 좌절할 것도 아니고, 성공했다고 해서 기뻐할 일도 아니라고 본다. 묵묵히 자신의 길을 가보자.

전직 도구

아래 그림은 전직 시에 필요한 각종 도구에 대한 설명으로, 순서는 현 상황에서부터 시작하여 희망 사항에 이르기까지 프로세스 진행 순으로 아래쪽부터 위쪽으로 배열하였다. 잘 생각해보면 희망 상황에 가까이 갈수록 난이도가 높은 도구를 사용한다.

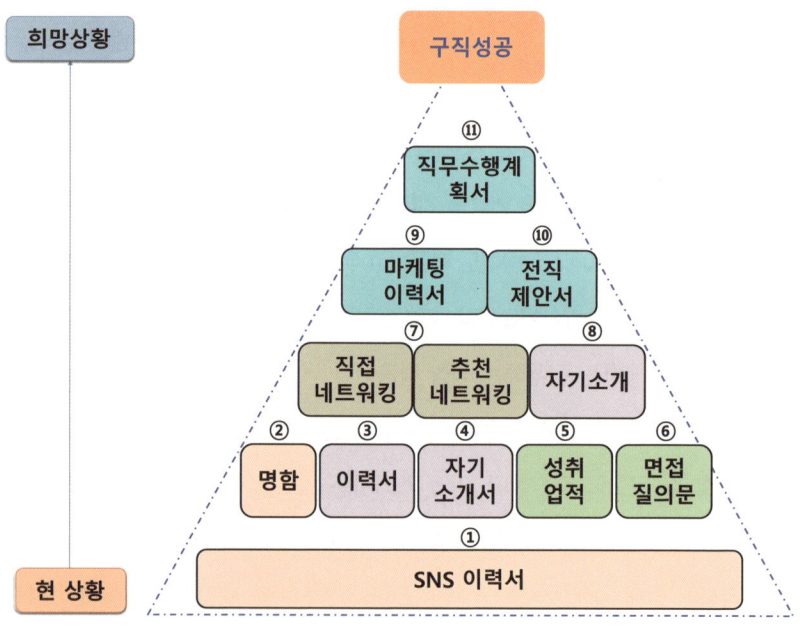

[성공을 지향하는 전직 도구 모음]

① SNS이력서. 페이스북, 블로그, 그리고 트위터 등을 통한 SNS를 이용한 온라인 퍼스널 브랜딩을 의미한다. 최근에는 이를 통한 자신의 이미지 전파도 가능하고, 채용 측에서는 이를 검색하여 평가할 경우도 있다. 그런 의미에서 고용주가 자신을 사게 만드는 온라인 이력서가 될 수 있다.

② 명함. 명함은 현직에 있을 때만 사용하는 것이 아니다. 전직자도 명함을

만들어서 네트워킹 시 사용한다. 전직 기간에 있을 때도 명함을 사용하면 상대방에게 준비된 사람이라는 느낌을 준다.

③ 이력서. 연대기적, 기능적, 자유형, 그리고 혼합형이 있다. 후부의 전직 서류에서 저자의 작성 사례를 볼 수 있다.

④ 자기소개서. 지정된 양식, 자유 양식 자기소개서가 있다. 간혹 직무 관련 에세이를 요구하는 곳도 있다. 후부의 전직 서류에서 저자의 작성 사례를 볼 수 있다.

⑤ 성취 업적. 이전 경력에서 성공적 업무를 수행한 사례로 지원 직무에 적합한 성취 업적을 찾아본다. 후부의 성취 업적에서 업계 최초로 저자가 재정립한 STAR+LNG에 대한 상세한 내용을 전개한다.

⑥ 면접 질의문. 면접에 성공하기 위해서는 사전에 기업의 요구 사항 등을 가늠하여 면접 예상 질문에 대한 답변을 준비하면 성공률이 높다.

⑦ 추천 및 직접 네트워킹. 정보 수집 목적 및 인적 네트워크 확장을 목적으로 네트워킹 시에 추천인이 있으면 추천 네트워킹, 없을 때는 직접 네트워킹을 한다. 후부의 전직 네트워킹에서 자세히 전개한다.

⑧ 자기소개. 자기소개는 면접 시나 네트워킹 시에 필요하다. 따라서 구두로 자신을 간단히 소개하는 프레임을 준비해두어야 한다. 후부의 면접 기법에서 내용을 볼 수 있다.

⑨ 마케팅 이력서. 기존의 이력서 양식을 탈피한 셀프 마케팅 목적의 한 장으로 된 시각적인 이력서이다. 한 장으로 된, 한눈에 보는 가볍지만 핵심만 있는 이력서로서 의미가 있다. 후부의 전직 서류에서 저자의 작성 사례를 볼 수 있으며, 해외 사례를 기반으로 새로이 각색한 내용이다.

⑩ 전직 제안서. 기업에서는 항상 사업의 신사업 진출, 수익 향상, 그리고 매출 증대 등을 고민하고 있으므로, 그런 고민을 파악하여 해결해줄 수 있

는 제안서를 작성하여 인사부서가 아닌 사업 책임 부서장급 이상과 직접 접촉하기 위한 문서이다. 후부의 전직 서류에서 작성 방법을 설명한다.

⑪ 직무수행계획서. 민간에서는 직급이 높은 자의 채용 시에 요구하기도 한다. 공공에서는 대부분의 채용 시에 요구하는 서류로서, 그 직무를 어떻게 수행해나갈지를 잘 전개한 기획서이다. 후부의 전직 서류에서 저자의 작성 사례를 제시한다.

3. 성취 업적

성취 업적은 주로 경험 면접에서 사용하는 질문으로 구성되어 있다. 지원자의 경험을 추출하여 지원 직무에의 적합성을 가늠할 때 사용하고, 지원자의 입장에서 역으로 그 질문에 대비하면 된다.

기본적으로 성취 업적은 타 지원자와 다른 자신의 경험에 기초한 차별성과 전문성을 표출하는 데 사용하면 좋다. 특히 경력직의 경우에는 면접 시나 전직 마케팅 시에 지원 분야에서 요구되는 역량 중에서 자신이 지닌 부분을 자신감 있게 표현할 수 있는 수단이 된다. 다시 말해서 지원 직무에 적합함을 표현할 수 있는 개인의 이야기가 된다.

전직 시 특히 재취업 시에는 적어도 지원 직무와 직접, 간접적으로 연계되는 자신이 지닌 3가지에서 5가지 정도의 성취 업적을 발굴 및 정리하여 대비해야 한다. 성취 업적 구성은 일종의 프레임으로서 자신의 이야기를 잘 조립하여 표현할 수 있으므로 전직 시, 특히 재취업 시 여러 국면에서 사용할 수 있는 귀중한 스킬이다.

여기에서는 성취 업적 구성, 성취 업적 사용처, 계층별 성취 업적 작성 주제, 그리고 성취 업적 표현 모음 순으로 국내에서 정립되지 않은 이야기를 자세히 설명하였다.

성취 업적 구성

성취 업적은 일반적으로 S(situation, 상황/배경/동기), T(task, 수행과 제 또는 목표), A(action, 수행과제, 목표를 달성하기 위한 절차, 조치, 행동), R(result, 절차, 조치, 행동에 따른 결과, 성과, 효과 또는 변화된 것, 느낀 것)로 구성된다.

필자는 오랫동안 분야에서 성취 업적을 강의하면서 위의 STAR에 3가지를 더하면 일반적으로 이력서, 자기소개서, 경력기술서, 직무수행계획서 작성뿐만 아니라 면접이나 마케팅 시에 전반적으로 활용할 수 있음을 발견하여, 'STAR'에 'LNG'를 더하여 'STARLNG'로 재구성해보았다. '별'을 의미하는 STAR, 그리고 '가스'를 의미하는 LNG로 기억하면 쉽게 사용할 수 있다. 성취 업적 구성을 설명하는 내용은 아래와 같다.

구분	설명
S (상황, 배경, 동기)	· 경험, 사건이 발생하게 된 배경이나 동기 등
T (수행 과제, 목표)	· 맡은 업무가 어떤 것이었는가? · 어떤 상황 또는 환경하에서 과제를 수행하였는가? ※ 업무 마감 시한, 목표 초과 달성, 수익 향상, 부가 업무 등
A (조치, 행동, 절차)	· 어떤 일을 했으며, 어떤 강점을 활용하였는가? · 구체적인 예를 들어 설명하고 강한 동작동사를 사용
R (결과, 성과, 효과)	· 행동의 결과가 어떤 영향을 미쳤는지? · 조직의 시각에서 본 기여도, 구체적 성과, 수치화된 결과

L (교훈, 배운 것)	· 그 성취 업적을 통해서 느낀 것, 배운 것은?
N (네트워크)	· 성취 간에 알게 된 인적 네트워크, 조직 네트워크는?
G (수익)	· 위와 같은 내가 잘할 수 있는 일은? · 자신이 입사 시 회사에 안겨줄 수 있는 수익은? ※ 특히, 면접 시, 전직 마케팅 시에 사용

[성취 업적의 새로운 구성]

성취 업적 사용처

아래 사항은 성취 업적 사용처를 잘 설명해주고 있다. 성취 업적은 일반적으로 경험 면접 시에 사용하는 것으로 이해하지만, 실제로 현장에서는 다양한 얼굴을 가지고 있다.

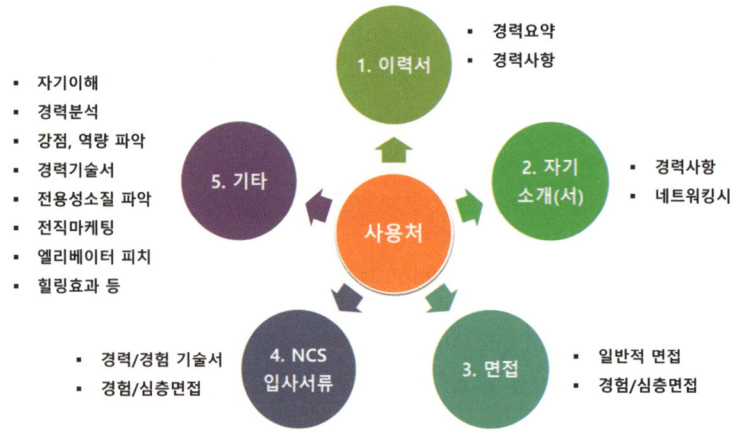

[성취 업적의 다양한 용도]

첫째, 이력서에서는 경력 요약 및 경력 사항에 간단하게 표현하여 질을 높일 수 있다.

둘째, 자기소개서의 경력 사항에서 이력서보다 좀 더 구체적으로 표현할 수 있으며, 인적 네트워킹 시의 자기소개에도 사용할 수 있다.

셋째, 면접 시에는 일반적 면접에서도 필수적으로 활용할 수 있으나, 경험 및 심층 면접에 잘 대비할 수 있다.

넷째, 국가직무능력표준(NCS)에서 요구하는 경험/경력기술서의 작성 시에, 그리고 경험/심층 면접 시에 필수적으로 사용된다.

다섯째, 성취 업적의 기타 효과는 의외로 많다. 성취 업적 작성 혹은 분석을 통해서 자신에 대한 이해도를 높일 수 있으며, 자신의 경력도 쉽게 분석할 수 있다. 또한 그를 통한 강점, 역량을 잘 파악할 수 있으며, 경력기술서 작성 시에도 도움을 준다. 더불어 자신이 희망하는 직무에서 사용할 수 있는 전용성 스킬을 식별할 수도 있고, 전직 마케팅 시에나 엘리베이터 피치로도 사용할 수 있다. 무엇보다도 현장에서 느끼는 바는 개인에게 힐링 효과도 안겨준다는 점이다. 특히 경력 단절 여성의 경우에는 자기효능감이 떨어진 경우가 많았는데, 이전의 성취 업적 작성을 통해 효능감을 높이고, 자신에 대한 이해를 높이면서 자신을 다른 시각으로 바라보게 하여 자신감을 부여할 수 있었음을 경험적으로 증명한다.

계층별 성취 업적 소재

현장에서 만나는 많은 계층의 전직 희망자 혹은 재취업 희망자는 성취 업적 작성에 많은 애로를 겪고 있었다. 그 이유는 우선 자기 일과 삶 속에서 작성 주제를 가늠하기 힘들었기 때문이다. 따라서 아래와 같은 주제를 통해서 생각을 발화시키면 그 속에서 주제를 선정하거나, 다른 주제를 기억하게 만들 수 있다. 이 주제는 현장에서 많은 시험을 통해서 구분해둔 내용이다. 여기에서는 경력 사무직 등 6개 계층에 필요한 주제를 이야기 해본다. 이는 저자가 전문가들과의 워킹그룹 연구를 통해 주제를 구분해 보았다. 생각을 확장할 수 있는 내용이 되었으면 한다.

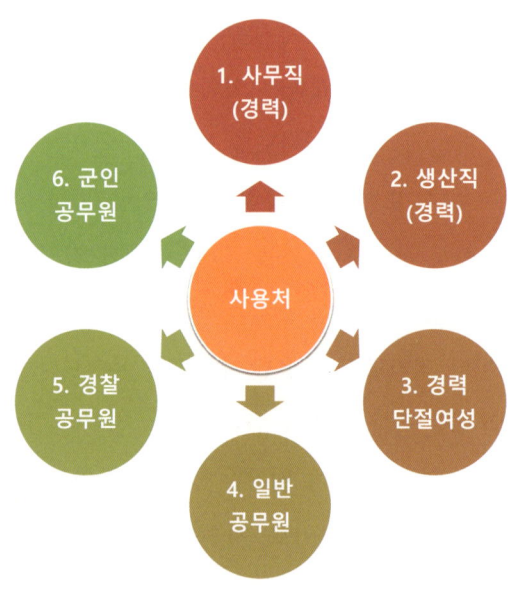

계 층	성취 업적 주제의 예
사무직(경력)	기획 우수, 부서목표 달성, 예산 절감, 자격 획득, 상사 칭찬, 표창장/감사장 수상, 갈등 조정 경험, 스트레스 조절 방법, 인생의 변화, 성공적 민원처리, 제도개선 제안, 조직운영 등
생산직(경력)	생산력 향상, 생산 기한 준수, 불량률 감소, 공정개선 제안, 안전사고 예방, 자재 관리, 대리 생산처 확보, 팀워크 향상, 직무 매너리즘 개선, 대인관계 등

경력 단절 여성	육아 관련, 취미/관심사 향상, 자격증 취득, 이전 직장생활 성취, 봉사 활동, 아르바이트, 팀워크 향상, 인턴 경험, 학부모 활동, 가족 문제 해결, 재테크 등
일반 공무원	관리감독 우수, 실적 우수, 민원처리, 고충처리, 동호회 활동, 봉사활동, 표창 수상, 자격증 취득, 성공적 행사, 승진, 법규 준수, 개선 제안, 예산 절약, 인생의 변화 등
경찰 공무원	수사성과, 위기 상황 처리, 표창과 공로, 봉사 활동, 체력관리, 약자 지원 사례, 변화관리, 힘든 사건 처리, 민원처리, 개선 제안, 조직 관리, 피해자 후속 처리 등
군인 공무원	힘든 시기 극복, 표창과 공로, 관리 우수, 교육 훈련 우수, 대민지원, 해외 파견, 예산 절약, 취미 활동, 부하 문제 해결, 기획 사례, 인화 단결 사례 등

[계층별 성취 업적 주제 모음]

성취 업적 표현 모음

위에서 이야기한 주제를 잘 표현할 수 있는 동작동사를 포함하는 몇 가지 성취 업적 표현을 모아보면 다음과 같다. 자신의 경험 속에서 성취하였던 내용 몇 가지를 선택하여 업적을 작성하는 데 도움이 되기를 바라는 마음에서 제시해본다.

특히 작성 시에는 선택한 표현에 기초하여, 종이 위에 그와 관련된 핵심 단어들을 먼저 몇 가지 적어보면서 생각을 확장하고 난 이후에 STARLNG순으로 분류해서 작성하면 쉽다.

```
= 성취 업적 표현의 예시 =
o 직원의 사기 진작, 애로 해결      o 신제품의 개념을 만듦
o 새로운 구매처를 개발함          o 신제품을 개발함
o 프로젝트를 성공적으로 관리함    o 새로운 마케팅 계획을 수립함
o 운영 효율성을 향상함            o 새로운 방법을 제안함
o 운영비용을 절감함               o 새로운 절차를 정립함
o 제품의 불량률을 낮춤            o 불필요한 지출을 발견함
o 기업 이미지를 향상함            o 위험성을 감소시킴
o 품질을 향상함                   o 교육 프로그램을 개발함
o (직원)교육 과정을 개선함        o 이직률/퇴직률을 감소시킴
o 상품, 서비스 판매 성과를 높임   o 투자를 유치함
o (생산)시간 등을 절약함          o 정비 시간을 줄임
o 고장률을 낮춤                   o 상사의 표창을 받음
```

4. 각종 전직 서류

전직지원 컨설팅은 최초에 희망퇴직자나 정년퇴직자의 심리적인 안정을 그 목표로 하지만, 그 단계가 지나면 전직을 하기 위한 서류의 작성에 대해서 중점적으로 교육과 컨설팅을 실시하는 가운데, 전직탐색 활동도 지원한다.

전직 서류에 대해서 세부적으로 이야기하기 이전에 전직 서류의 성격이나 작성 절차에 대한 개념 몇 가지를 먼저 이야기하고자 한다. 이는 저자가 현장에서 컨설팅이나 강의를 하면서 느낀 내용이다.

첫째, 전직 서류는 일반적인 서류가 아닌 제안 성격의 서류이다. 즉, 고용주가 바라는 바를 해결할 수 있다는 의지를 표현하면서 지원자의 가치를 높이는 서류이다.

둘째, 전직 서류는 일종의 마케팅 서류이다. 고용주에게 판매한다는 개념을 넘어선 고용주가 지원자를 사도록 만드는 서류이다.

셋째, 전직 서류 작성 절차는 먼저 무엇을, 어떻게 쓸 것인지에 대해서 브레인스토밍하고, 필요한 관련 정보를 수집한 이후에 작성을 시작한다. 초안이 완성된 이후에는 편집 시간을 거치고, 필요하면 컨설턴트나 지인에게 자문을 의뢰하기도 한다. 15초 혹은 그 이내에 보는 이의 관심을 끌 수 있어야 한다.

넷째, 주요 내용은 직무와 관련된 강점을 추출하여 잘 표현해야 하므로, 직무 관련 정보는 기업 사이트를 참고하거나, 관련 직무 근무자와 만남을 통해 수집한다.

다섯째, 작성 시에는 잠재 고용주의 관점에서 작성하고, 자신의 첫인상을 서면으로 보여준다는 생각을 가지고 작성해야 한다.

여섯째, 현장에서 클리닉 시 발견할 수 있는 보편적으로 간과하는 사항은 주제에 충실하지 않고, 무관한 내용을 넣는 경우이다. 많이 넣겠다는 생각을 자제하고, 주제에 맞는 내용만 넣도록 한다.

마지막으로 작성 이후에는 냉각 시간(cooling time)을 갖는다. 단시간 내에 작성되는 것이 전직 서류가 아니기 때문인데, 먼저 초안을 작성하고, 일정 시간이 지난 뒤 다른 시각으로 보면서 수정하는 절차를 여러 번 거칠 것을 권고하고 싶다.

일반적으로 컨설팅 현장에서 전직 서류에 대한 세부적인 스킬을 많이 다루기 때문에 여기에서는 세부적인 사항에 치중하기보다는 참고할 수 있는 사례나 키워드를 추출하여 프레임을 만들어나가는 방법을 제시하는 개념으로 설명한다.

기본적으로 적용해야 할 생각의 발산 및 수렴, 이력서, 자기소개서,

전직 제안서, 직무수행계획서, 그리고 마지막으로 커버레터 순이다. 그리고 저자의 실제 작성 사례 몇 가지를 별지.C로 제시해본다.

전직 서류 작성 기본적 기법

현장에서 여러 가지 전직 서류를 작성할 때에 애로를 겪는 고객을 다수 본다. 막상 이력서 등의 작성에 대해서 힘들어하고, 양식을 구해도 어떤 내용을 넣어야 할지에 대해서 어려워한다.

그런 어려움을 극복하는 데 도움을 주기 위해 소개하는 기법은 퍼실리테이션에서 사용하는 생각의 발산과 수렴을 위한 '가와기타 지로법(KJ법)', 그리고 '상호 배제, 전체 포괄'(MECE, Mutually Exclusive and Collectively Exhaustive) 기법을 준용한 것으로, 생각을 발산하고 수렴한 이후에 정리하면 초안을 작성하기가 쉽다. 아래 순서대로 작성해보자.

① 요구하거나, 생각하는 전직 서류의 주요 구성 주제를 적어본다. (포스트잇을 사용하여 키워드를 적어보거나, 포스트잇이 없을 때는 종이 위에 키워드를 적어보는 방식으로 해본다.)
② 주요 구성 주제에 포함될 세부 주제 및 내용을 적어본다.
③ 세부 주제 및 내용을 분류 가능할 때까지 분류해보고, 필요하면 다시 주제명을 붙여서 구분한다.
④ 상호 배제, 전체 포괄(MECE, Mutually Exclusive and Collectively Exhaustive) 기법을 준용하여, 세부 주제 및 내용의 중복됨이 없고, 동시에 빠진 것이 없는지를 살펴보고 필요하면 추가한다.
⑤ 분류된 내용에 기초하여 더욱 세부적으로 전개하거나, 초안을 작성한다.

※ 위 기법은 일종의 기획으로 본다. 기획에 시간을 많이 투자할수록 작성 시간을 절약하고, 서류의 질을 향상할 수 있다.

한번 시도해보자!

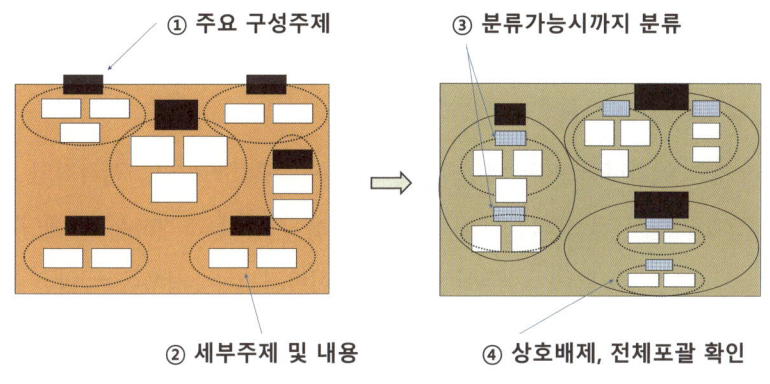

[가와기타 지로법(KJ법)]

이력서

이력서는 현장에서 연대기형, 기능형, 그리고 혼합형 양식이 제시되고 있으며, 일반적으로 연대기형 이력서를 많이 사용하지만, 여기에서는 양식이 특별히 규정되지 않은 자유형 이력서와 마케팅 이력서, 그리고 영문 이력서 사례를 제시하여 작성에 참고가 되도록 하였다.

실제로 이력서는 전직에 필요한 기본 서류이다. 통상적으로 정해진 양식을 제시하는 기업도 있으나, 그렇지 않을 때는 자유형 이력서를 제출한다.

▶ 자유형 이력서

자유형 이력서는 주로 인적 사항, 경력 요약, 경력 사항, 보유 자격,

교육 이수, 기타 사항, 그리고 서명란을 포함한다. 자유형인 만큼 다양한 형태로, 다양한 주제로 적합하게 작성해도 좋다. 경력이 많은 경우에는 3장까지 작성할 수 있으나, 통상적으로 2장 이내로 작성한다. 별지.C에 있는 작성 사례를 참고하기 바란다.

▶ 마케팅 이력서

마케팅 이력서도 어떤 의미에서는 자유형 이력서이지만, 시각적인 효과를 노리면서 전직탐색 활동 중에 자신을 간단히 소개하는 마케팅용으로 사용할 수 있다. 기존의 연대기형 이력서 같은 경우에는 많은 정보를 수록한 나머지 고용주의 결심을 어렵게 하는 점도 있지만, 마케팅 이력서는 핵심 사항만 넣기 때문에 오히려 읽는 이의 호기심을 자극하여 만나보고픈 생각이 들게 만드는 효과도 있다.

마케팅 이력서 양식은 매우 혁신적인 형태로서 채용에 큰 영향을 미치는 기업의 경영진이나 새로운 직위를 창출할 수 있는 자에게만 송신하는 것이 좋다. 마케팅 이력서는 핵심 중의 핵심 정보만을 담아서 간결한 점도 있으며, 주요 구성 요소는 경력과 관련된 회사 로고, 경력 목표, 핵심 역량, 주요 경력, 경력 사항, 기타 학력, 교육, 자격증 및 저서 등으로 구성된다. 해외에서는 유명인의 추천사를 필수적으로 포함한다. 별지.C에 있는 작성 사례를 참고하기 바란다.

▶ 영문 이력서

영문이력서 역시 연대기형, 기능형, 그리고 혼합형이 있다. 연대기형, 기능형 이력서도 좋지만, 경험이 많은 장년 구직자는 경험과 성취 업적이 많으므로 혼합형 이력서를 사용하게 될 것이다. 물론 어느 양식이 자신의 성취 업적, 경험을 표현하는 데 적합한지를 결정해야 한다.

혼합형의 경우 주요 내용은 경력 요약, 성취 업적, 보유 역량, 교육 경력, 기타 전문 경력순으로 작성되어 있다. 별지.C에 있는 혼합형 작성 사례를 참고하기 바란다.

자기소개서

자기소개서 역시 잠재 고용주가 지원자를 사게끔 만드는 서류로서 이력서에서 표현하지 못한 차별성을 좀 더 세부적으로 표현할 수 있다. 앞서 이야기한 바와 같이 요구하는 항목이나 자신이 자유롭게 작성하는 항목에 해당하는 내용만 충실하게 작성하고, 항목에 적합하지 않은 내용은 포함하지 말아야 한다.

이력서와 마찬가지로 자기소개서도 지원 기업 사이트 등에서, 그리고 핵심 직무 사항에서 발견되는 관련 용어를 다수 포함하는 방법이 좋다. 자기소개서를 요구하는 사유는 지원동기, 장래성, 문서 작성과 논리 전개 능력을 파악하고, 면접의 기초 자료로 사용하기 위해서이다.

통상 장년의 경우 양식이 규정되지 않은 자유 양식일 경우에는 지원동기, 경력 사항, 입사 후 포부 3가지를 작성하면 좋다. 자기소개서 역시 작성에 어려움을 겪는 경우가 많으므로, 현장에서 사용하는 키워드 추출 양식을 소개해본다. 아래와 같이 자기소개서 전체를 대변하는 캐치프레이즈, 그리고 각 주제에 해당하는 캐치프레이즈와 세부 주제를 사전에 브레인스토밍한 이후에 작성하면 더욱 쉽다. 아래 양식을 사용하여 사전 브레인스토밍을 한 이후에 작성한다. 작성 사례는 별지.C에 있는 내용을 참고하기 바란다.

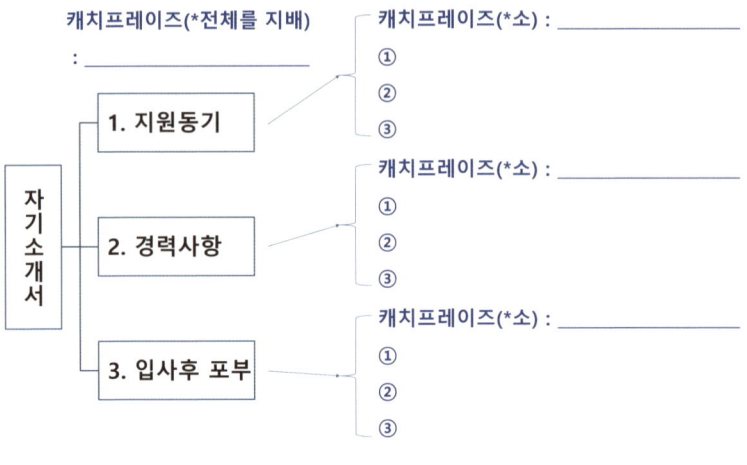

[자기소개서 프레임]

전직 제안서

공개된 채용 공고에 대한 높은 경쟁을 피하고, 공석 직무를 선점하기 위해서는 평소에 관련 직종이나 직무에서 인적 네트워크를 확보하고 있다가 필요하면 기업의 수익을 향상할 수 있는 전직 제안서를 작성하여 만남을 추진한다. 또는 굳이 기업의 공석 직무가 없더라도 신사업 진출 등 시장 개척이나 수익을 남길 방안 등에 대해서는 미리 만남을 추진하여 설명하고 신뢰를 바탕으로 추후의 기회를 선점할 수도 있다. 참고로 전직 제안에 대한 생각을 확장할 수 있는 문제도 한 가지 제시해본다. 어떤 전직 제안서를, 어떤 형태로 제안해볼지도 생각해보자.

전직 제안서의 주제와 내용 구성을 간략히 이야기해보면 아래와 같은데, 양식에 포함되는 내용은 크게 4가지로 구분할 수 있다. 제목 부분, 문제의 개요 및 해결 방안, 해결 방안 세부 사항과 추진 일정, 제안자가 보유한 전문 역량과 결언 순으로, 앞서 이야기한 바와 같이 주제와 내용은 상황에 따라 변경할 수 있다. 미국 펜실베이아대학교에서 제시한 내용을 재구성해보았다.

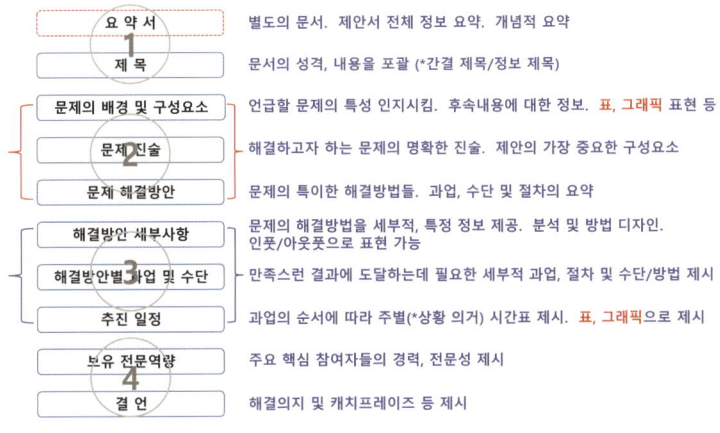

[전직 제안서 구성]

= 전직 제안서 실습 문제 =

월드와이드 헤드헌팅사의 '전직지원 사업 진출에 대한 제안서' 구상

- 국내 매출 2위의 헤드헌팅 전문 회사인 월드와이드사는 2020년도 전직지원 의무화와 관련한 신문 보도를 접하고 사업의 다변화를 위해서 기존의 헤드헌팅 사업에 기초하여 전직지원 사업에 뛰어들 것을 고려하고 있으며, 이를 위해 사업을 중점 추진해줄 '전직지원 전문가'를 채용하여 전체적인 사전 준비를 해볼 생각을 하고 있다.
- 10년여의 전직지원 경험을 가진 표주박은 헤드헌팅사에 근무하는 인으로부터 이러한 내부 정보를 접하고, 기존 경험에 기초하여 새로운 출발점으로 월드와이드사의 고민도 해결하고 자신의 자리도 만들고자 전직 제안서를 작성하여 사업 책임자나 사장을 직접 만날 생각하고 있다. 표주박은 이 업무야말로 정말 자신이 잘 할 수 있다는 생각하고 있으나, 정작 제안서를 작성하려고 하니 어떻게 구성하고, 어떤 내용을 넣어야 할지에 대해서 고민만 된다.

– 어떤 개념으로 어떻게 구성해야 할까? 내용은? –

작성 사례는 경우 수가 너무 많고, 생각의 확장을 저해할 수 있으므로 별도로 제시하지 않는다. 앞서 설명한 '가와기타 지로법(KJ법)'을 사용하여 주제와 관련된 내용을 추출하고 차분히 작성해보자.

직무수행계획서

최근의 채용 공고에서는 직무수행계획서를 요구하는 경우가 많다. 특히 공공 기관에서는 대부분 직무수행계획서를 요구한다. 그 이유는 사전에 직무에 대해 이해를 하고 있는지, 또는 계획서 내에 전개한 내용이 그 직무에 적합한지를 판단하는 자료로 사용하기 위함이다.

직무수행계획서는 몇 가지 작성 주제를 제시하는 때도 있고, 단순히 직무수행계획서 몇 장 이내로 작성해서 제출하라는 때도 있다. 별지.C에서 작성 사례로 제시한 내용은 저자가 OOO원장으로 지원한 사례이다. 채용 공고에서는 간단하게 비전 제시 등을 요구하면서 A4 용지 5매 이내로 제한하였다. 주요 주제로는 전직업무 직무 이해, 직무 수행 방향/목표, 그리고 비전 제시라는 3가지를 요구하였다. 이 계획서도 '가와기타 지로법'을 사용하여 최초 구상을 하면 좋다.

커버레터(cover letter)

커버레터는 첨부된 전직 서류를 채용 담당자나 잠재 고용주가 읽어보도록 '부추기는 마케팅 문서'의 역할을 한다. 통상 서면으로 제출 시에는 전직 서류 앞에 붙이지만, 온라인을 통해서 제출 시에는 메일 내용이 될 수 있다.

흥미를 끄는 커버레터를 작성하는 다섯 가지 요소인 5C는 아래와 같다.

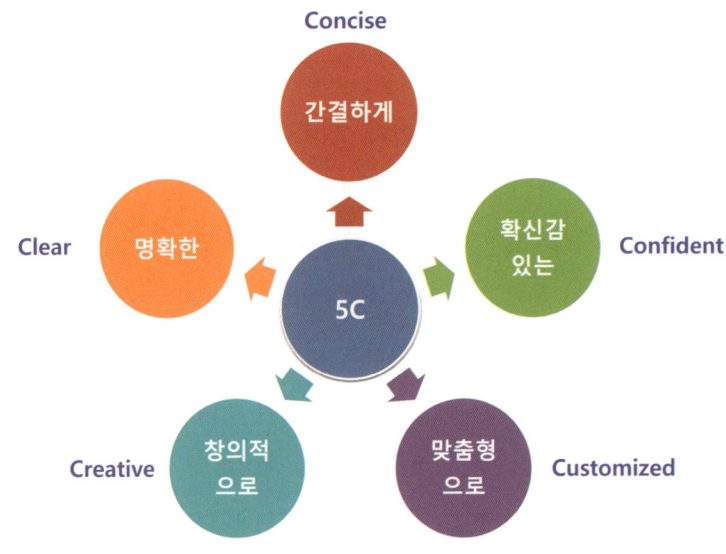

[커버레터 작성 5C]

첫째, 간결하게 작성해야 한다. 커버레터도 간단하고 핵심을 잘 짚어야 한다. 강력한 흥미를 유발하는 광고처럼 커버레터는 읽는 사람의 관심을 끌어야 한다.

둘째, 확신 있게 작성해야 한다. 커버레터 작성 시 부끄러워하지 말고, 가진 능력을 뽐내도록 한다. 결국 자신이 지닌 능력에 대해서 확신하지 못한다면 어떻게 면접관이나 고용주에게 확신을 심어줄 수 있는가? 여러분의 커버레터는 자신이 가장 훌륭한 지원자로서, 면접 기회의 획득을 확신하고 있다는 사실을 긍정적인 어투로 전달해야 한다.

셋째, 맞춤형으로 작성해야 한다. 커버레터와 이력서의 주요한 차이점은 커버레터에서 더욱 맞춤형으로 핵심 정보를 간단히 제공한다는 점이다. 커버레터에는 회사에서 참고할 수 있는 사항과 여러분이 왜 가장 훌륭한 자산인지에 대한 내용을 간단히 포함해야 한다. 자신의 경력이 회사에서 제시한 직무를 훌륭하게 수행하는 데 도움이 된다는 점을 강조한다.

넷째, 창의적으로 작성해야 한다. 커버레터를 잘 작성하기 위해서는 자신의 창의성을 가미해야 한다. 자신의 핵심 세일즈 포인트를 생각해보고, 목표 회사에 그런 포인트가 어떻게 수익을 남길 수 있는지를 간단하게 포함한다. 종종 여러분의 창의성이 다른 지원자들과 차별화시키는 요인이 될 수 있음을 명심한다.

다섯째, 명확하게 작성해야 한다. 성공적인 커버레터는 항상 그 작성 목적이 매우 명확해야 한다. 핵심적으로 여러분의 커버레터는 결론을 지향한다. 회사에서 면접을 원하는 그 직위에 맞는 최상의 지원자와 자신임을 커버레터에서 매우 명확하게 보여주어야 한다.

아래는 커버레터의 예문이다.

= 커버레터 예문 =

표주박
고객서비스 부장
길동 IT사
서울특별시 길동구 길동 241번지

표주박 부장님,
안녕하세요? 길동 IT사 웹사이트 개발자 직위에 지원한 백두산입니다. 제가 지닌 기술적 스킬과 마케팅 관련 적성, 그리고 개발 경험과 경력을 혼합한 특별한 능력을 토대로 귀사의 IT 팀에서 많은 이바지를 할 수 있다고 확신합니다. 동봉된 제 자격과 관련된 사항을 참조하시기 바랍니다.

> 저는 최근에 종로 IT사에서 5년 동안 웹사이트 개발 업무를 하면서 다수의 국내 굴지 대기업의 웹사이트를 개발한 경험과 유지하는 업무를 성공적으로, 그리고 차별성 있게 지원한 바 있습니다. 따라서 실질적인 현장 경험과 함께 가장 최근의 현장 요구 사항에 대한 혜안도 가지고 있습니다.
>
> 다음 주 수요일과 목요일에 제가 길동 지역을 방문할 예정인데, 부장님을 만나 뵐 수 있기를 희망합니다. 만날 수 있는 편한 시간과 장소를 잡기 위해서 별도로 연락드리겠습니다. 첨부된 저의 마케팅 이력서를 참고해주시기 바랍니다.
>
> 의문 사항이 있으시면 언제든지 XXX-XXXX-XXXX로 연락해주십시오.
>
> 감사합니다. 좋은 하루 되시기를 빕니다.
>
> 백두산 올림
> captain918@xxx.com

5. 면접 기법

면접이란 전직탐색 활동 중에 식별된 목표 기업의 서류 전형을 통과한 이후에 면접관이 지원자를 직접 만나서 직무 수행 능력, 인품이나 언행 등을 평가하는 절차이다.

면접관의 관점에서는 조직이 중요시하는 지원자의 지식, 기술 및 태도에 대한 정보를 심층적으로 파악하고, 지원자의 관점에서는 자신에 대해 세부적으로 표현할 기회를 제공한다.

여기에서는 면접에 관한 일반적인 설명과 면접 준비에 필요한 차별적 기법 몇 가지를 소개해보고자 한다. 예를 들면, 면접 이전에 매트릭스를 이용하여, 자신의 적합성을 가늠해보며, 강점을 강화하고 단점을 보완할 방법과 면접 시의 단골 질문인 자기소개를 좀 더 쉽게 하는 기법에 관해서 설명한다.

면접의 성격

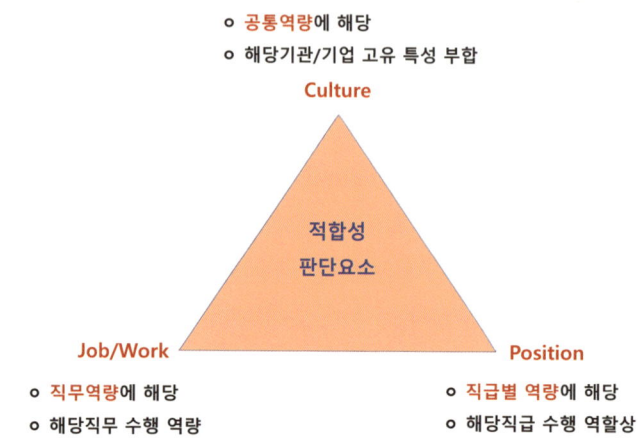

[3가지 적합성 차원 평가]

  면접의 성격을 재미있게 표현해보면 면접관과 지원자가 만나서 서로 동상동몽(同床同夢)인지, 동상이몽(同床異夢)인지를 확인하는 것이다. 다시 말해서 같은 꿈을 꾸는 사람인지를 서로 간에 가늠해본다. 이때 면접관은 구매자로서, 지원자는 판매자의 역할을 한다고 보면 된다. 지원자는 판매자의 관점에서 면접관이 지원자라는 상품을 사게끔 만들어야 한다.

  면접관은 전직 서류를 통해서 일차적으로 지원자를 평가하고, 면접을 통해서 가장 적합한 자를 선발하게 되므로, 일명 적합성 차원의 평가를 한다. 적합성 차원의 평가는 아래 3가지를 포함하고, 면접관은 자연스럽게 3가지를 평가하는 목적을 가진 질문을 하게 된다.

첫째, 기관이나 기업 고유의 문화에 비추어본 적합성이다. 이는 공통 역량에 해당하는 사항으로서 해당 기관이나 기업의 고유 특성, 즉, 핵심 가치, 조직 문화, 경영 이념, 그리고 공통 인재상에 적합한지 아닌지를 보는 것이다.

둘째, 부여할 직급에서의 적합성이다. 이는 직급별 역량에 해당하며 해당 직급에서 수행해야 할 역할 상으로서 리더십 역량 등의 적합성 여부이다.

셋째, 수행할 직무에서의 적합성이다. 이는 해당 직무 수행에 필요한 역량이다. 통상적으로 직무에 필요한 지식, 기술 및 태도를 의미하며, 요구 조건은 자격증, 학력, 그리고 경력 및 경험 등이 될 수 있다.

면접 유형

이는 면접관이 사용하는 기법으로 지원자의 관점에서 역으로 해석해서 대비해보자는 차원으로 간단히 소개해본다.

면접 진행 시 과제 활용 여부에 따라서, 구술 면접, 시뮬레이션 면접으로 구분되고, 운영 방식에 따라서는 개인 면접과 집단 면접으로 구분된다. 구술 면접의 경우 다시 전통적 면접, 경험 면접, 상황 면접, 그리고 압박 면접으로 구분되고, 시뮬레이션 면접은 다시 발표 면접, 토론 면접, 그리고 역할 면접으로 구분된다.

구분		실행 세부 사항
과제 활용	구술 면접	질의 응답을 통해서 개인의 성격, 태도, 가치관 등 다양한 평가 요소들을 파악하고 관찰하는 방법

과제 활용	· 전통적 면접	면접관의 재량권을 극대화하여 평가 항목, 시간, 운영 방법 등에서 제약을 가하지 않음 면접관이 가진 노하우나 면접 평가 스킬에 따라 면접의 타당도 편차가 심함
	· 경험 면접	평가 항목과 연계될 수 있는 지원자의 이전 경험들을 중심으로 질의 응답을 하는 방식
	· 상황 면접	어떤 상황에서 경험할 수 있는 상황을 제시하고, 그 상황에서 어떠한 행동을 취하고 왜 그렇게 할 것인지를 평가
	· 압박 면접	일부러 지원자에게 연속된 질문을 하거나, 의도된 스트레스 등으로 압박하고, 그런 압박을 받는 상황에서 통제력, 순발력 등 대처 능력 등을 테스트하는 면접
	시뮬레이션 면접	구체적인 과제를 제시하고 지원자들의 과제 수행 과정, 결과, 결과 도출의 논리 등을 관찰하여 역량을 평가하는 방법
	· 발표 면접	지원자에게 특정 주제와 관련된 자료를 제공하고, 해당 주제와 관련하여 개인이 해결안을 작성하여 발표 및 추가 질의 시행
	· 토론 면접	지원자들에게 같이 해결해야 하는 공동의 과제를 제시하거나 상호 갈등을 일으킬 수 있는 요소가 들어있는 주제를 제시하고, 이를 해결하는 과정에서 상호작용을 관찰
	· 역할 면접	지원자에게 어떤 역할을 부여하여 그 역할을 수행하는 과정을 관찰하여 평가
운영 방식	개인 면접	다수의 면접관과 1명의 지원자가 1개 조로 평가 * 지원자를 보다 심층적으로 평가
	집단 면접	다수의 면접관과 다수의 지원자가 1개 조로 평가 * 지원자가 많으면 효율성 극대화에 유리

[면접 유형 분류]

면접 준비에 필요한 차별적 기법

여기에서는 일반적으로 면접을 준비할 때 사용하는 이미지메이킹 등의 준비 방법은 생략하고 저자가 현장에서 면접 지원을 하면서 개발한 기법 2가지와 면접관 업무를 수행할 때에 아쉬웠던 지원자의 자기소개 기법을 이야기해보고자 하며, 자기소개의 경우 핵심 주제만 기억해둔 상태에서 자연스럽게 자기 언어로 표현하는 방법을 소개한다.

▶ 매트릭스를 이용한 면접 준비

통상 면접 준비를 하면서 당황해하는 지원자를 보기도 한다. 자신이 적합한지, 어떤 부분을 보강해서 이야기해야 할지를 잘 가늠하지 못하는 것이다. 그럴 경우에는 채용 공고에 나온 조건 중에서 주요한 키워드를 추출하고, 자신의 이전 경력을 비추어서 자신의 적합성 여부를 가늠한 뒤에 사전 준비를 하는 방법이 좋다.

예를 들어서 아래와 같이 채용 공고상에서 뽑은 키워드와 자신의 경력을 대비해보고, 적합성 여부를 동그라미, 삼각형, 그리고 엑스로 표시하여 가늠해보고 준비하는 방법이다.

채용 공고상에서 요구 역량 키워드가 취업지원, 일학습 병행제, 컴퓨터 활용, 보고서 작성, 일자리 정보, 컨설팅/사후관리, 업체 요구 인재 발굴, 예산 집행이라고 상정한다면 그것을 가로축에 넣어보고, 세로축에는 자신이 지닌 경력을 나열해보면 다음과 같은 그림이 나온다.

구분	요구 조건 및 역량							
	취업 지원	일학습 병행제	컴퓨터 활용	보고서 작성	일자리 정보	컨설팅 사후 관리	업체 요구 인재 발굴	예산 집행
경력 1 (최근 순)	O	O	O	X	O	O	X	X
경력 2	O	△	O	O	O	△	O	O
경력 3	△	O	△	O	X	O	O	O

[면접 준비 매트릭스 사용의 예]

위와 같은 매트릭스 작성 결과를 토대로, 자신의 적합성 여부를 판단하고, 면접 시에 어떻게 이야기를 해야 할지를 준비해보는 것으로서 자신이 지닌 경력상에서 수행한 직무를 통해 갖추게 된 역량과 요구하는 조건을 비교해서 면접에 잘 대비할 수 있다.

▶ **성취 업적의 사용(STAR+LNG=STARLNG)**

일반적인 면접에서나 경험 및 심층 면접에서 성취 업적을 활용하면 자신을 잘 표현할 수 있다. 앞에서 이미 성취 업적을 설명하였지만, 면접 시에는 성취 업적 구성 요소를 상황에 맞게 사용한다.

특히 성취 업적의 기본 구성 요소는 STAR이지만 사실상 수익을 지향하는 기업 입장이나 면접관 관점에서는 LNG에 더 집중할 수 있다. 즉, 지원자가 무엇을 배웠는지(L, 교훈/배운 것), 어떤 네트워크(N, 사람이나 기관)를 보유하고 있는지, 그리고 무엇(G, 수익)을 기업에 안겨줄 수 있는지를 알고 싶은 것이다. 기업에서는 기본적으로 수익을 창출해줄 수 있는 지원자인지를 가늠하기 때문이다. 기업은 사회복지 기관이 아닌

점을 명심해야 한다.

따라서 면접 시에는 성취 업적의 기본인 STAR는 그대로 이야기하고, 상황에 따라서 LNG를 다 포함하던지, 혹은 필요 요소만 포함하면서 답변을 하면 면접에서 성공 확률을 높일 수 있다.

STAR + LNG = STARLNG	S (상황, 배경, 동기)	
	T (수행과제, 목표)	
	A (조치, 행동, 절차)	
	R (결과, 성과, 효과)	
STAR + LNG = STARLNG	L (교훈, 배운 것)	※ 면접 시 필요 사항 취사 선택
	N (네트워크)	※ 면접 시 필요 사항 취사 선택
	G (수익)	※ 면접 시 필요 사항 취사 선택

[면접 시 성취 업적 표현]

▶ **면접 시의 자기소개 기법**

면접관은 거의 모든 면접에서 지원자에게 자기소개를 요구한다. 더불어 저자가 현장에서 면접관 임무를 수행하면서 발견한 점은 면접에서 자기소개를 일반적으로 요구하지만 준비가 잘 되어있지 않다는 사실이다.

따라서 아래와 같은 '경력상의 자신'에서부터 '장래 포부'에 이르기까지 자기소개에 필요한 키워드만 기억해두고, 편안하게 자신의 언어로 소개하는 방법을 제시해본다. 어찌 보면 면접관은 말 잘하는 사람을 뽑는 것이 아니라 필요한 사항이나 듣고 싶은 내용을 정확히 이야기하는 지원자를 선발한다. 키워드를 기억하고 편안하게 자기소개를 해보자. 기타 면접뿐만 아니라 다른 경우에도 자신을 소개할 시에 잘 활용할 수 있다.

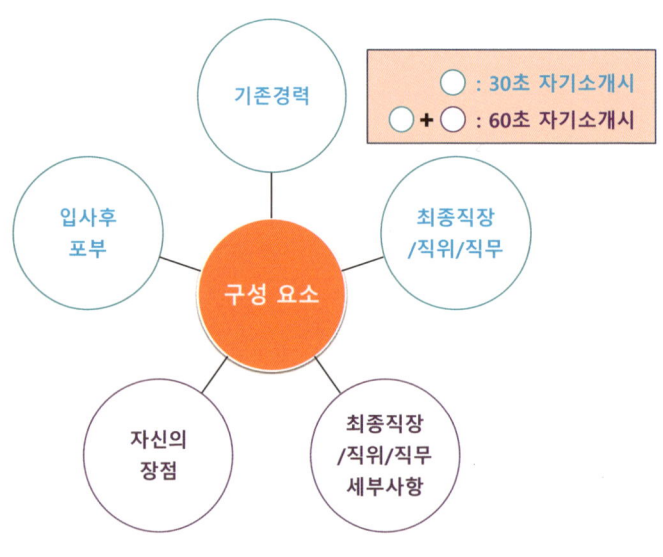

[면접 시 자기소개 구성 항목]

첫째, 기존 경력이다. 직함이 아닌 자신의 기능적이고 전문적인 위치에 관해서 이야기한다. 지원 직무와 유사성이 있을 때는 좀 더 강조한다.

둘째, 최종 직장 직위와 하였던 일이다. 최종 직장에서 자신의 직위와 수행할 직무에 관해서 이야기한다. 필요시 퇴사 이유에 대해 간단히 이야기할 수도 있다.

셋째, 둘째 항의 세부적인 설명이다. 좀 더 세부적으로 최종 직장에서의 직위와 직무에 관해서 이야기한다.

넷째, 자신의 장점이다. 지원 직무와 관련된 자신의 장점을 이야기한다. 이때 간단하게 성취 업적을 이야기해도 좋다.

다섯째, 입사 후 포부이다. 전직 성공 이후 자신의 장래 포부나 희망 사항을 이야기한다. 이때 자기 일에 초점을 두지 말고, 기업에 초점을 둔다.

면접관의 요구에 따라서 적절하게 3가지를 이야기하는 30초 소개(30초~1분)와 5가지를 이야기하는 60초 자기소개(1분~1분30초)로 구분하면 좋다.

기타 고려 사항

▶ 모의 면접 컨설팅 및 클리닉

일반적인 모의 면접도 좋지만, 면접이 확정된 자만 2~3일 전에 실시한다. 컨설턴트가 기업에 관련된 사항이나, 직무에 관련된 사항, 그리고 직급에 관련된 자료를 수집하고, 그에 대한 모의 질문 사항을 준비하여, 모의 면접을 해본다.

모의 면접 대상자에게는 관련된 사항의 준비와 모의 질문 사항에 대한 답변을 달아보도록 하면 효과가 높다.

모의 면접은 반드시 촬영하여 이후 다시 영상을 보면서 피드백하면 수정 효과가 높다. 최근에는 핸드폰을 사용하여 촬영하는 때도 많다.

주요 클리닉 포인트는 답변 내용의 적절성, 두괄식 표현 사용 여부, 답변 시간의 적절성, 그리고 복장, 자세 등 기타 사항이다.

▶ 질의 응답문 작성

 사전에 면접할 기업에 대한 질의 응답문을 작성해본다. 앞서 이야기한 적합성을 판단하는 3가지, 즉 공통 역량, 직급별 역량, 그리고 직무 역량에 부합하는 질문을 작성해본다.

 더불어 앞서 기업의 이해에서 설명한 기업 자료 수집 항목인 조직/위치, 비전/미션, 경영 이념/철학, 기업 윤리, 최근 보도자료, 서비스/생산품, 타 경쟁사, 그리고 기타 필요 사항도 필수적으로 포함한다.

▶ 인공지능(AI)

 인공지능 시대에 즈음하여 역량 검사 및 면접이 인공지능에 의해서 실시되고 있다. 인공지능을 이용한 역량 검사는 아직 그 비용이 비싸고, 역량의 기준에 대한 자료가 충분히 축적되지 않았기 때문에 대기업이 아닌 경우에는 현시점에서 적용이 힘들고, 일부 직무의 역량 기준 자료가 없으므로 현재는 발전의 여지가 남아있지만, 조만간에 기준 자료가 축적되고, 비용이 낮아진다면 그 차별성을 발휘하게 된다.

 희망퇴직하거나 정년퇴직하는 근로자가 인공지능을 활용한 역량 검사나 면접의 기회를 가질 것 같지는 않지만 추후 좀 더 발전되거나 비용이 낮아진다면 전직지원 서비스에서도 적용할 수 있다.

 국내에서 AI 역량 검사를 하는 '마이다스에이아이사'의 역량 평가 전문가의 이야기를 몇 가지 소개한다.

① 포장하지 말고, 있는 그대로 보여주어라. 진실됨이 중요하다. 기존 검사나 면접과 달리 편하게 하면 된다.
② 또 하나의 스펙이 되지 않게 하려고 조만간 많은 구직자가 원하는 위치에

서 편하게 사전에 연습할 수 있는 온라인 무료 프로그램을 탑재할 예정이다.(*국내 '마이다스에이아이사' 전문가)
③ 인공지능은 '추천'하고, '최종 판단'은 인간이 한다.
④ 일부 전문 기업에서는 자기소개서를 더 이상 요구하지 않는다. 너무 포장되어 효용 가치가 그만큼 떨어지기 때문이다.
⑤ 지원하는 회사에서 요구하는 역량을 잘 파악하고, 준비하여 역량 검사나 면접에 임하면 된다. 소위 '커스텀마이징(customizing)'이다.

6. 네트워킹

전직할 때에 가장 성공률이 높은 스킬은 바로 인맥을 통해서 정보를 수집하거나, 도움을 받는 것이다. 자신이 지닌 인적 네트워크는 가장 중요한 전직 자산이라고 해도 지나치지 않다.

네트워킹하는 것이 힘들다고는 하지만, 전직의 기회를 찾는 데는 가장 효과적인 탐색 방법이다. 네트워킹은 사람을 많이 만나면 만날수록 기회는 많아지는 숫자의 게임이다. 대화를 나누는 모든 사람이 여러분에게 그 무언가를 안겨줄 그 누군가와 연결해줄 수 있다는 말이다.

특히 전직지원의 대상이 대부분 기업의 희망퇴직자와 정년퇴직자로 본다면, 그 동안 쌓아두었던 인적 네트워크를 이용하거나, 확장하는 방법이 그 어떤 다른 방법보다 좋다. 실제로 통계에 의하면, 대한민국과 미국에서 네트워크를 이용한 재취업 등의 성공률이 일반적으로 30%를 넘어선다. 장년의 경우에는 그 비율이 훨씬 높을 것이라는 사실을 미루어 짐작할 수 있다.

네트워킹의 목적

기본적으로 전직 네트워킹의 목적은 정보 수집 및 획득, 그리고 확인에 있으며, 서로 도움을 주는 것이다. 네트워킹의 목적을 다시 한 번 곰곰이 생각해보면 아래 네 가지 목적으로 좁혀진다.

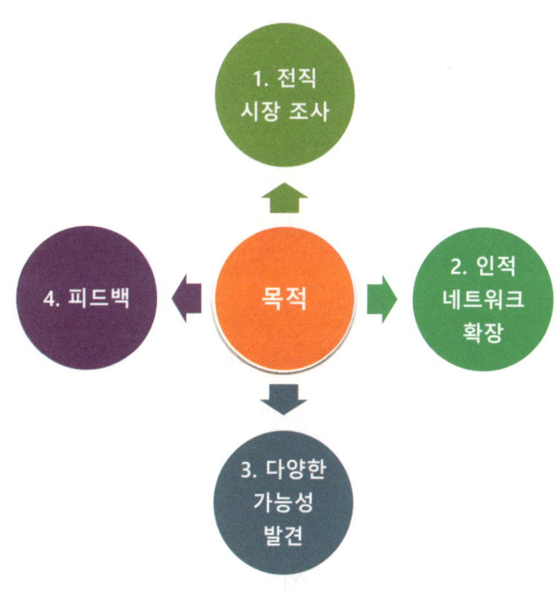

[전직 네트워킹의 목적]

첫째, 전직 시장 조사이다. 자신이 진입하고자 하는 분야의 안착을 위한 시장 조사를 위해서는 자리에서 일어나 밖으로 나가서 사람을 만나거나 관련 세미나, 콘퍼런스, 그리고 박람회 등에 다녀야 한다. 온라인을 통해서 인지할 수 없는 사항을 체득할 수 있다.

둘째, 인적 네트워크 확장이다. 사실상 가장 중요한 목적일 수 있다. 앞서 이야기한 바와 같이 특히 장년들의 경우는 기존의 삶에서 획득한

인적 네트워크에 기반을 두거나, 그 네트워크를 통해서 귀중한 정보를 획득하고, 가능성을 확대하는 것이다. 이것은 전직 시장에서 자신을 마케팅하는 것으로 보면 좋다.

셋째, 다양한 가능성의 발견이다. 실제로 네트워크를 중시하는 이유는 평소에 느끼지 못했던 전직 분야의 다양성이나 일하는 방식의 다양성 등을 느낄 수 있으며, 그를 통해서 자신에게 적합한 가능성을 발견할 수 있기 때문이다.

넷째, 피드백이다. 모든 활동이 그러하듯이 네트워킹도 그 과정에서 전직자에게 남겨주는 것이 있다. 그중에서도 가장 중요한 것은 현장에서 받는 타인의 피드백, 그리고 자기 자신에 대한 피드백이다. 그를 통해서 귀중한 성찰을 경험할 수 있다.

네트워킹 성공 전략

네트워킹 성공 전략은 어떤 의미에서는 성공 노하우이다. 아래와 같은 생각을 가지고 평소의 생활에서부터 미래의 전직을 위해서, 또는 전직하는 입장에서도 아래 전략을 명심해본다.

① 현 직장에서부터 평판 관리를 잘한다.
② 종사하는 분야의 모임에 적극적으로 참석하여 자신을 마케팅한다. 예를 들면, 세미나, 포럼, 강의 등이다.
③ 온라인과 오프라인 인맥을 잘 관리한다.
④ 주고받는 정신(give & take)을 갖는다.
⑤ 참여하는 모임에서 작은 직책이라도 맡아본다.

⑥ 직급이 높을수록 외부 인맥 구축 능력이 중요하다. 내부 통제는 위임한다.
⑦ 자신의 분야 전문성을 향상한다. 자연스럽게 타인의 인정을 받을 수 있다.
⑧ 다소의 손해는 감수한다.
⑨ 자신에게 투자한다. 평생학습 등에 참여하여 외연을 확대한다.
⑩ 상대방의 입장에서 생각하는 습관을 들인다.

네트워킹 4대 요소

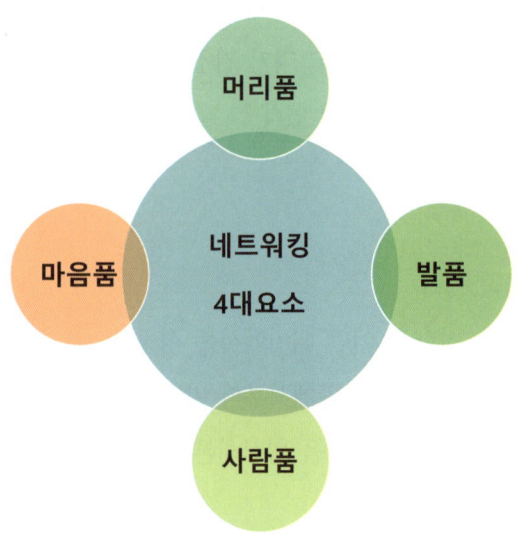

[네트워킹 4품]

네트워킹을 구성하는 4대 요소는 머리 품, 발 품, 사람 품, 그리고 마음 품이다. '품'의 사전적 정의는 '어떤 일에 드는 힘이나 수고'를 이야기하는 것으로, 이를 머리, 발, 사람, 그리고 마음이라는 단어를 붙여서 표현해보고자 한다.

첫째, 머리 품이다. 헤드워크(headwork)라고 이야기하고, 일반적으로 오픈된 온라인 정보나 미디어 등을 활용하여 양적으로 방대한 정보를 수집하는 단계이다. 다른 말로 표현하면 정보로 무장하는 단계이다.

둘째, 발 품이다. 풋워크(footwork)라고 이야기하고, 위의 헤드워크를 보완하는 것이다. 정보로 무장한 이후에 부지런히 다니면서 사람들과 만나고 각종 모임에 참석하면서 현장을 경험하고 타인의 피드백을 받거나, 자기 자신에 대해 피드백을 하는 단계이다.

셋째, 사람 품이다. 네트워크(network)라고 이야기하고 위의 헤드워크와 풋워크로 수집된 정보를 최종으로 확인하는 단계로 볼 수 있다. 이는 전문가 등을 만나서 그 정보를 확인하는 것이다.

넷째, 마음 품이다. 마인드워크(mindwork)라고 이야기한다. 여러 가지 품을 통해서 확인된 내용을 정리하면서 네트워크 상대방의 마음을 헤아리고, 감사의 마음을 품으면서 미래에 자신도 도움을 주겠다는 마음가짐을 가지는 것이다.

위 네트워킹 4품은 순서와 관계없이 동시에 진행될 수 있지만, 필수적으로 거쳐야 한다.

마케팅 차원의 네트워킹 스킬

전직 성공의 기회는 아무 조건 없이 하늘에서 그냥 떨어지지 않는다는 점을 깨달아야 한다. 그렇다면 밖으로 나가서 그 기회를 잡아야 한다. 자신이 원하는 직업을 갖기 위해 시간의 투자와 헌신이 필요하다. 그리고 경우에 따라서 자연스럽지 않은 일까지도 해야 한다.

앞에서 설명한 네트워킹 형태 이외에도 자신을 마케팅하여 전직 성공의 기회를 만들 가능성을 높이는 3가지 방법이 있다.

그 3가지 방법은 공개된 채용 공고에 대한 콜드콜(cold call), 정보 수집 면담을 위한 콜드콜, 그리고 직접 메일 발송이다. 어떤 기법은 전직자들의 성격에 맞을 수도 있고, 아닐 수도 있다. 아래 3가지 이외에도 여러 가지 자신에게 적합한 기법을 구사하여 전직 성공의 기회를 찾아보자.

▶ 공개된 채용 공고에 대한 콜드콜

전직 마케팅의 첫 방법은 공개된 채용 공고에 대해 전화를 통한 콜드콜이다. 공개된 기회는 구인 광고, 게시판, 혹은 네트워킹을 통해서 식별된 실질적인 전직 기회이다. 콜드콜은 여러분의 전화를 기대하지 않은 사람에게 '불시에' 전화를 하는 방법으로, 아래와 같은 콜드콜 방법을 사용한다.

첫째, 콜드콜을 두려워하지 않는다. 상대방은 실제로 앞에 있는 사람보다는 전화하는 사람을 어떻게 할 방법이 없다. 전화를 해서 먼저 일반적인 이유로 이야기한다.

둘째, 전화하기 전에 대본을 작성하여 연습하고 전화한다. 대본을 준비하고, 연습한다면 전화를 거는 데 더욱 편안함을 느끼게 된다. 면접 기회를 획득하기 위한 콜드콜은 세일즈를 위한 전화와 같다. 가장 뛰어난 세일즈맨이 전화 통화나 회의를 위해 사전 준비를 하는 것처럼 노력한다면 콜드콜이 성공할 수 있다.

셋째, 자신의 아는 바를 노출한다. 대화 내용에 흥미를 느낄 수 있는 뜨거운 감자를 논하고, 해당 회사와 산업에서 사용하는 언어나 전문용어를 구사한다. 뜨거운 감자를 찾는 가장 훌륭한 장소는 회사의 임무

서술 부분이거나, 연간 보고서이다. 그리고 전화를 할 때 앞에 거울을 놓아두고 바라보면서 말할 때 자신이 웃는지를 살펴본다. 수신자는 여러분이 웃고 있을 때 목소리가 다르다는 점을 알아챈다. 여러분이 행복하거나, 겁을 내거나, 불편한 사실을 말하는지 아닌지는 목소리 톤이나 에너지 수준을 통해 알 수 있으며, 웃을 때 목소리 톤이 더욱 긍정적으로 들린다. 모든 사람은 긍정적이고 활력이 넘치는 사람과 이야기를 이어나가고 싶어 한다.

넷째, 콜드콜은 실제로 작동된다. 그럼에도 불구하고, 적합한 사람에게 전화해야 한다. 콜드콜을 할 때는 가능한 한 의사 결정자에게 전화한다. 전화를 할 때 매우 대담하라고 이야기하고 싶지는 않다. 이해해야 하는 점은 실제로 콜드콜이 작동한다는 사실을 알고, 콜드콜의 사용에 대해서 두려워 하지 않는 것이다.

▶ 정보 수집 면담을 위한 콜드콜

정보 수집 관련 콜드콜은 전직탐색을 도와줄 수 있는 사람과 만나고자 하는 경우로 전직 혹은 채용 기회를 요구하는 면담은 아니라는 점을 명심해야 한다. 가장 적합한 대상은 같은 수준의 목표 회사에 근무하는 직원(그들의 상사에게 여러분을 소개할 수 있는)이거나 혹은 여러분의 잠재적인 상사와 같은 수준에 있는 사람이 된다.

채용 계획이 없는 관리자도 종종 잠재적인 지원자와 만나보고 싶어 하는데, 그 이유는 훌륭한 자원을 찾는 일이 쉽지 않기 때문이다. 그는 콜드콜을 통한 면담 이후에 마음에 들 경우 채용 직위가 나올 때 자기가 가진 권한의 범위 내에서 채용에 도움이 되어주기도 한다. 아래와 같은 방법의 사용이 좋다.

첫째, 유력한 콜드콜 대상자의 명단을 작성해본다. 여러 가지 수단을 통해서 대상자의 명단을 작성하는데, 그가 현재 하는 일과 그들이 자신을 도와줄 수 있는 사람인지를 잘 생각한다. 더불어 다른 사람을 연결 고리로 이용하여 그들과의 면담 계획을 수립하면 된다. 대상자가 근무하는 회사의 웹사이트를 방문해본다. 단지 사람을 만나기 위한 만남을 지양하고, 자신의 전직을 지원할 능력을 갖추고 있는 자와의 정보 수집 면담을 위해 노력을 투자한다.

둘째, 대본을 작성해본다. 일단 대상자 명단을 발전시켰다면 대본을 작성하고 전화를 걸어본다. 전화를 하면서 정곡을 찌르지 말고, 그가 만남을 통해서 도와줄 수 있는지를 물어본다.

셋째, 면담이 성사된 이후에 면담 준비를 한다. 누가 여러분을 도와줄지는 아무도 모른다. 채용 직위가 없는 경우라도 관리자는 뛰어난 능력을 갖춘 사람을 만난다면 종종 그 사람을 조직 내로 끌어들이기 위해서 새로운 직위를 창출하기도 한다. 정보 수집을 위해 여러분이 만나는 사람의 시간도 귀중함을 알고 아래와 같은 정보 수집 질문을 준비해야 한다.

① 성공적인 00직무 수행을 위한 자질과 특성은 무엇인가요?
② 성공하는 데 필요한 경력과 경험은 어느 정도입니까?
③ 저에게 해주고 싶은 좋은 조언은 없으신지요?
④ 제가 찾아뵐 수 있는 다른 분을 소개해주실 수 있으신지요?

▶ 직접 메일 발송

전화를 사용한 콜드콜에 추가하여 흥미를 느끼는 산업 분야나 직무 분야를 목표로 하는 메일을 보낼 수도 있다. 메일에는 자신의 희망 사항, 스킬, 성취 업적, 그리고 자격 사항을 명확하게 언급하는 공격적인 내용을 포함해야 한다. 특히 정곡을 찔러야 하고, 15초 혹은 그 이내에 수신자의 흥미를 끌어야 한다. 메일 내용이 창의적일수록 더욱 좋은 결과를 낳을 수 있으며, 앞서 이야기한 '마케팅 이력서'를 첨부해도 좋다.(별지 c. 참조)

현장에서는 종종 메일을 송신하면서, 제목을 안 넣는 경우, 메일 내용을 정중하지 않게 작성하는 경우, 첨부물이 있다고 이야기하는데 첨부물이 없는 경우, 자신의 연락처나 이름을 밝히지 않는 경우 등 상대방에게 실수하는 경우를 많이 본다.

최근에는 주로 이메일을 많이 사용하고 있으나, 많이 사용하지 않는 직접 서신(손 편지)을 작성하여 송신 시에는 새롭게 보일 수도 있다.

7. 전직탐색 활동 지원

성공적인 전직탐색 활동을 위해서는 다양한 주제를 다루어야 한다.

여기에서는 고객의 성공적 전직탐색 활동 주제와 고객이 그 주제를 어떻게 장애물화 하는지에 중점을 둔다. 그런 고객의 생각을 식별하는 목적은 컨설턴트가 그런 장애물에 대해 이해하고, 재구조화 등을 통해 좀 더 효과적으로 전직탐색 활동을 지원하는 데 있다.

더불어 고객이 일반적으로 애로를 느끼는 경험의 부재, 거절과 노출에 대해 두려움, 목표 설정, 그리고 자기 존중감 부족이라는 4가지 장애물에 대한 컨설턴트의 개입에 대해서 이야기해본다.

전직탐색 활동 주제 및 고객이 생각하는 장애물

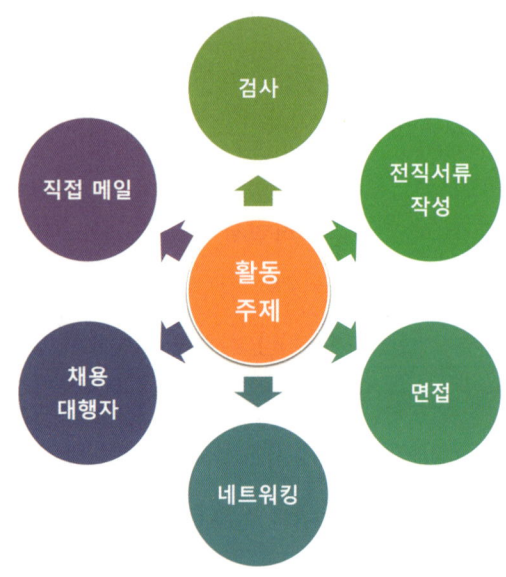

[전직탐색 활동 주제]

먼저 고객이 검사, 전직 서류 작성, 면접, 네트워킹, 채용 대행자, 그리고 직접 메일이라는 6가지 활동 주제에 대해서 어떻게 장애물을 합리화하는지를 알아본다.

▶ 검사

고객의 흥미, 스킬, 성취 업적, 스타일 그리고 직업 비전을 명확하게 식별하기 위해 전직지원 서비스 전반에서 실시한다. 장애물과 고객의 합리화는 아래와 같다.

① 검사 시행을 꺼린다. 이전에 검사한 경험이 있으며, 너무 평가적이고, 유용하지도 않다.
② 노출에 대해 두려움이 있다. 자신의 개인정보가 너무 노출된다.
③ 이미 잘 알고 있다. 이미 자신에 대해서 잘 알고 있으므로, 평가를 통해서 더 이득을 볼 것이 없다.

▶ 전직 서류 작성

전직 서류에 대해서는 통상적으로 이직이나 퇴직 이전에 경험해본 적이 없으므로 다소 힘들어한다. 장애물과 고객의 합리화는 아래와 같다.

① 아무것도 말할 것이 없다. 성취 업적도 없고, 인상적이고 차별적으로 작성할 내용이 없다.
② 말할 내용이 너무 많다. 많은 성취 업적과 경력 때문에 2장 이내로 작성하기가 힘들다. 한정적인 양으로 쓰는 것은 너무 제한적이다.
③ 더 수정할 필요가 없다. 한 번 작성한 이후에 변경할 필요가 없다. 아직도 다양한 방향을 구상 중인데 이력서 작성이 너무 구속적이다.

▶ 면접

전직을 위해서는 면접을 거쳐야만 하는데, 면접 지도나 훈련을 수용하지 않는 고객은 단순한 생각을 지니고 있다. 장애물과 고객의 합리화는 아래와 같다.

① 편안하지 않다. 면접 상황이 당황스럽고, 불편하다.

② 면접관의 거부에 대해 두려움이 있다. 면접 탈락 상황과 면접 상황이 난처하게 되거나 부끄러움을 주는 상황이라서 싫다.
③ 고용주는 낚시질만 하고 있다. 고용주는 전직을 희망자의 개인정보만 획득할 뿐 채용할 생각은 없다.

▶ 네트워킹

많은 컨설턴트가 촉진하는 전직 활동이지만, 고객은 여러가지 사유로 네트워킹을 힘들어한다. 장애물과 고객의 합리화는 아래와 같다.

① 분노한다. 실직 때문에 분노했는데, 또 네트워킹까지 해야 한다는 사실에 분노한다. 네트워킹은 구걸하거나, 굽실거리는 행위이다.
② 자신을 손상된 상품처럼 생각한다. 실직이라는 의미에 흠이 있기 때문에 자신과 같은 실직자를 만나주지 않는다고 생각한다.
③ 다른 사람은 너무 바쁘다. 그들이 너무 바쁘므로 정보 수집 목적의 만남에 시간을 내기가 힘들다.
④ 인적 네트워크가 많지 않다. 자신의 인적 네트워크가 많지 않을뿐만 아니라 자신을 지원해줄 사람이 누구인지도 모른다.
⑤ 거부의 두려움을 느낀다. 잠재적 네트워킹 대상이 거부할 수 있는 상황을 두려워한다.

▶ 채용 대행자

전직탐색 활동을 하면서 초기에는 헤드헌터나 기타 채용을 대행하는 사람을 신뢰하다가, 시간이 지나면서 단지 개인정보만을 수집하는 사람이라는 인식을 하게 되는 경우가 많다. 장애물과 고객의 합리화는 아래와 같다.
① 채용 대행자는 윤리적이지 않다. 모든 대행자는 똑같은 사람이다. 나의 기대를 저버리는 경우가 많다.
② 나의 기회를 손상한다. 채용 대행자는 단지 이력서를 공유만 하고, 나의 전직탐색 활동에 대한 통제력을 상실하게 만든다.
③ 대행을 거부할 수도 있다. 채용 대행자로부터 비인간적인 대우를 받을 수도 있다는 생각에 거부한다.

▶ 직접 메일

채용 공고에 대응하거나, 상대가 원하지도 않은 메일 등을 송신하는 경우이다. 장애물과 고객의 합리화는 아래와 같다.

① 너무 경쟁률이 높다. 모든 채용 공고에 사람이 많이 몰리고 경쟁률이 높아서 직접 메일 등을 보내도 소용이 없다.
② 나의 배경은 너무 다양하고 광범하다. 채용 공고가 너무 특정한 자격을 요구한다. 나의 배경과 잘 매칭되지 않는다.
③ 시간이 너무 소비된다. 메일 수신자를 식별하는 데 시간이 많이 걸릴 뿐만 아니라 메일을 쓰는 데도 시간이 많이 소비된다.

4가지 주요 장애물에 대한 컨설턴트의 개입

고객이 전직지원 서비스를 경험하면서 전형적으로 노출하는 특정 장애물은 식별되고, 처리될 수 있다. 그런 장애물을 극복하고, 생산적인 경력 기획 및 전직탐색 활동을 촉진하기 위한 컨설턴트의 다양한 개입 노력이 필요하다.

다가오는 미래에는 고객의 장애물 극복을 지원할 수 있는 더욱 높은 수준의 개입 스킬을 필요로 할 것이다. 다양한 전직탐색 활동 주제 전반에서 정보 혹은 경험의 부재, 거절과 노출의 두려움, 목표 설정 애로, 그리고 자기 존중감의 부족이라는 4가지 기본적인 장애물이 발견된다. 그에 대한 컨설턴트의 개입은 아래와 같다.

▶ 정보 혹은 경험의 부재

다양한 전직탐색 전략 수립 및 구사에 필요한 정보가 부족하고, 탐색 활동을 능동적으로 수행하고 있지만, 직접적인 주요한 정보 혹은 경험이 없다. 이에 대한 전문가의 개입은 아래와 같다.

① 네트워킹을 독려한다. 일자리, 기업, 산업에 대해서 1차적으로 정보를 수집하고, 수집한 정보를 확인하기 위한 네트워킹을 독려한다.
② 동아리를 구성한다. 경험 있는 동아리 동료로부터 배우는 방안으로서, 구성이 불가할 시에는 다른 기관이나 단체의 지원도 소개한다.
③ 사례 정보를 제공한다. 과거나 현재의 고객이 보유한 전직탐색 활동 경험을 전달하고, 컨설턴트 자신의 일화적인 사례 정보도 제공한다.

▶ 거절과 노출의 두려움

전직 탐색활동은 자신에게 질문하는 다른 사람에게 노출되는 상황이고, 거절을 당할 수 있다는 두려움을 가질 수 있다. 이에 대한 전문가의 개입은 아래와 같다.

① 거절당한 경험을 다른 관점으로 재구성시켜 보고, 일정한 거절은 불가피함을 설명한다.
② 상대방의 거절은 성공하기 전에 숱하게 듣는 이야기라는 사실을 인식시킨다.
③ 거절의 가능성을 인정한 이후에 그에 대한 대비책을 세우는 전략이다. 거절을 받으면 상처를 받기 때문에 '자신의 모든 것을 거는 행위'는 자제하도록 권고한다.

▶ 목표 설정 애로

목표와 방향을 확신하고 있는 고객은 훨씬 더 동기부여가 잘된다. 그러나 많은 고객이 목표 혹은 방향에 대한 확신도 없이 전직탐색 활동을 하고 있다. 이에 대한 전문가의 개입은 아래와 같다.

① 스킬, 성취 업적, 흥미, 가치, 스타일, 미래 비전, 그리고 가지고 있는 환상에 대한 완벽한 평가를 통해 고객이 목표를 설정할 수 있도록 지원한다.
② 목표는 정의되고 측정될 수 있음을 확신시킨다. 컨설턴트는 목표의 성취 수준과 달성 여부의 판단을 지원한다.
③ 경력 기획만이 아닌 인생 기획(예: 생애설계)에도 중점을 두도록 한다. 경력 목표와 삶의 다른 구성 요소와의 관계를 인식하도록 지원한다.

▶ 자기 존중감의 부족

실직 경험은 자신감을 상실한 고객뿐만 아니라 자신감을 가진 고객까지 혼란스러운 상황에 빠뜨린다. 이에 대한 전문가의 개입은 아래와 같다.

① 개인 성취 업적 및 성공 스토리에 대한 평가를 하고, 명확화하도록 지원한다. 이는 잠재 고용주에게 자신의 가치를 잘 표현하게 해준다.
② 과거에 있었던 실패나 약점을 성공적으로 극복했던 사실에 대한 이해를 지원한다. 그 당시의 대응을 이해하여 극복 전략으로 만들어본다.
③ 가까이 있는 가족, 친구, 동료로부터 자신의 강점, 자산, 스킬, 그리고 제한점에 대해서 피드백을 받도록 독려하여 자신이 지닌 자산을 파악 및 확신하도록 한다.

8. 연봉 협상

협상이란 상대로부터 자신이 원하는 그 무언가를 얻어내는 일이다. 복잡 미묘한 긴장과 대립 속에서 자신에게 유리한 결과를 얻기 위해서 사용하는 것이 협상이다.

연봉 협상은 전직탐색 활동을 거쳐서 면접 시나 기업으로부터 채용 제안을 받았을 경우 연봉과 관련된 협상을 효과적으로 하기 위해서 기업의 입사 제안과 본인이 원하는 조건 간의 차이점을 해결하는 데에 목적을 두고 있다. 그럼에도 불구하고, 개인이 기업을 상대로 하므로 불리한 심리적 상태에 놓일 수 있으므로, 그러한 점을 극복할 전략을 가지고 협상에 임해야 한다.

  연봉 협상은 양측이 모두 만족하는 결과를 도출하는 데 있으므로 협조적으로 협상에 임할 필요가 있고, 상호 간의 여러 가지 방안을 제시하면서 필요할 때는 기꺼이 타협도 해야 한다. 협상 과정에서 어느 정도 스트레스가 존재하지만, 긍정적인 태도로 자신이 고용주에게 어떻게 이바지할 수 있는지에 대해서 끊임없이 이야기할 필요가 있다.

협상 전 확인 사항

  연봉 협상 시에는 기본적으로 아래 사항을 확인하고 협상에 임해야 한다.

  첫째, 정규직인지 계약직인지 확인하고, 계약직이라면 계약 기간 이후 정규직 전환 가능 여부를 확인한다.

  둘째, 직급 및 업무 영역을 확인한다.

  셋째, 연봉의 범위와 보너스나 인센티브와 기타의 보상 제도를 확인한다. 스톡옵션, 이익 분배, 실적 수당 등이다.

  넷째, 휴가 제도와 그 밖의 복리후생 제도인 4대 보험, 퇴직연금, 자녀 교육비, 문화 지원비 등을 확인한다.

  다섯째, 퇴직과 관련된 규정 및 회사 비밀 보장 업무 등의 존재 여부와 내용을 가능한 한 그 내용을 확인한다.

연봉 협상 5단계

  연봉 협상에 적용할 수 있는 5단계는 아래와 같다. 단계는 순차적으로 진행해도 좋으나 필요하면 통합적으로 고려되어도 좋다.

> = 연봉 협상 5단계 =
>
> 1단계: 급여에 대한 정보 수집
> 2단계: 자신의 가치 파악 및 입증하기
> 3단계: 최소 급여액 정해두기
> 4단계: 협상 난항 시의 전략 수립하기
> 5단계: 최종적으로 결정하기

▶ **1단계: 급여에 대한 정보 수집**

먼저 유사한 직무에 근무하는 유사 경력의 사람이 평균적으로 어느 정도의 급여를 받고 있는지를 파악한다. 이를 위해 우선 주위의 지인을 동원해서 정보를 수집한다. 이때 같은 계통의 인사 담당자와 연결할 수 있다면 더욱 좋다. 공유하는 연봉 정보가 정확하지 않더라도 대략적인 정보로서 부담스럽지 않다.

▶ **2단계: 자신의 가치 파악 및 입증하기**

기업 측을 설득하기 위해서는 자신의 가치를 객관적으로 파악해두어야 한다. 일반적으로 학력, 경력, 자질, 업무 수행 능력, 그리고 생산성 등 객관적인 가치와 기여도를 판단해본다. 자신의 가치를 입증할 수 있는 성취 업적도 잘 파악하는데, 그에 대한 개인적인 가치 판단은 배제한다.

성취 업적을 작성 시 가장 돋보이는 방법은 자신의 업적을 수치로 가시화하면 설득력이 있다. 수치로 측정할 수 없는 업적의 경우에는 그런 업적을 바탕으로 회사에 어떻게 이바지할 수 있을지를 보여주면 된다.

만약 자신의 가치 파악과 입증을 할 준비를 하지 않는다면 회사 측의 역공 때문에 원하는 급여보다 못한 금액을 받아들이는 경우도 발생한다.

▶ 3단계: 최소 급여액 정해두기

최소한으로 어느 정도의 급여를 수용할 수 있는지를 사전에 생각해두지 않으면 협상 시 그보다 훨씬 낮은 금액을 수락할 수도 있다. 따라서 사전에 최소한의 급여를 생각해두어야 한다. 만약 급여를 먼저 제시해야 하는 상황이라면 5백만 원대의 범위로 끊어서 이야기하는 것이 협상에 좋다. 예를 들어, 4천만 원 내외는 '3천7백5십만 원'에서 '4천2백5십만 원'의 범위에 해당된다.

▶ 4단계: 협상 난항 시의 전략 수립하기

협상 난항 시에는 자신의 가치를 다시 한 번 설득력 있게 말하면서 생각할 시간을 요구한다. 필요시에는 급여 분야가 아닌 다른 혜택의 조정도 고려할 수 있다. 급여 협상 후에는 다음 급여 조정 시점이 언제인지 확인하고 그때 조정이 가능한지도 타진해본다. 만약 협상 당사자가 조정 권한이 없다고 판단될 때에는 상황에 따라 권한이 있는 사람과 협상할 수 있다.

▶ 5단계: 최종적으로 결정하기

최종 급여가 정해지면 수락하기 전에 반드시 생각해볼 시간을 요구해야 한다. 회사의 사정에 따라 달라질 수도 있지만, 최소한의 시간을 요구하고, 채용 제안과 연봉 수준을 재차 고려해보는 것도 좋은 방법이다. 일단 수락한 이후에 말을 바꾸는 것은 본인의 평판에 문제가 생길 수 있으니 짧은 기간이라도 반드시 시간적 여유를 가지고 제시된 조건과 회사에 대해 깊이 생각해본 뒤 최종 결정을 하는 것이 바람직하다.

연봉 협상 성공 포인트

연봉 협상 시 성공 포인트를 몇 가지 이야기해보면 아래와 같다.

첫째, 가능한 한 급여에 관한 이야기를 먼저 꺼내지 않는다.

둘째, 현재 받는 급여나 이전에 받았던 급여를 굳이 알려줄 필요는 없고, 상대방이 질문을 한다면 회사에서 제시할 수 있는 액수를 먼저 물어본다. 예를 들어서 "이 직무에 입직 시 어느 정도의 급여를 받을 수 있습니까?", "신입의 경우 급여는 어느 정도입니까?" 또는 "저와 비슷한 경력을 가진 직원의 급여 수준은 어느 정도입니까?"라고 역으로 질문해도 좋다.

셋째, 많은 고용주나 면접관은 일반적인 생각과는 달리 면접(고용에 대한 확신이 없는 단계)이나 협상의 초기 단계에서 급여에 관한 질문을 한다. 이때의 답변은 "급여는 일을 선택할 때의 고려 요소 중 한 가지에 불과하므로 그보다는 일 자체에 대해 자세하게 알고 싶다."라고 말하는 것이 좋다.

넷째, 불가피할 때 가장 좋은 대답은 공정한 수준이나 회사 내규에 따른다는 것이며, 이전 직장의 급여 수준을 이야기할 때는 정직하게 이야기하고 다른 혜택을 추가로 협상한다.

다섯째, 앞서 이야기한 바와 같이 지원 직무 급여에 대한 정보를 사전에 확인하는 것이 현명하다. 그런 정보를 확보하기 힘든 경우에는 그 회사에서 규정한 기준과 자신의 자질에 맞게 협상하면 된다.

9. 사후관리

　전직지원 서비스는 통상 집중 교육 및 컨설팅 기간, 그리고 그 기간이 끝난 이후 사후관리 기간으로 구성된다. 사후관리 기간에는 전직 성공자에 대한 직장 적응 및 경력관리에 관한 지원을 하고, 전직 비성공자에게는 서비스 계약 종료 시까지 지원을 지속한다.

　공공의 재취업에서도 사후관리 개념을 사용하고 있으며, 일정 기간까지 일주일 혹은 한 달에 한 번씩 온라인을 통해서 성공한 고객의 직장 적응이나, 혹은 비성공자의 재취업 상황 등을 확인하고 추가 지원을 한다.

　사후관리는 아무리 강조해도 지나치지 않다. 성공자이건, 비성공자이건 간에 그의 안착 지원은 사실상 매우 중요한 일임에도 불구하고, 현장에서는 집중 교육과 컨설팅 기간이 종료된 이후에 이전보다 크게 관심을 기울이지 않는다. 따라서 서비스의 질 향상과 고객의 안착을 원활히 지원하기 위해서 성공자와 비성공자를 구분하여 별도의 계획을 수립하여 지원을 계속해야 한다.

　저자는 사후관리가 미래에도 공공이나 민간 서비스에서 발전을 지속해야 할 부분으로 믿어 의심치 않는다. 사후관리는 궁극적으로 안착을 지원함으로써 사회적 비용 절감과 서비스의 질 향상을 도모한다.

전직 성공자 사후관리

　전직에 성공한 고객의 경우에는 새로운 일의 안착을 지원하는 사후관리를 해야 한다. 컨설턴트로 일하면서 경험한 바에 의하면, 대부분 3

개월 정도의 안착 기간이 필요하다. 직장 적응의 애로를 느끼고 전화를 해오는 경우, 그 상황에 대해 질문을 하고 그에 대해 조언을 한다. 연락을 해오는 고객의 경우에는 상황을 인식하고 있으므로 문제가 되지 않지만, 연락하지 않고 혼자 고민하다가 그만두는 예도 있다. 따라서 사후관리 기간에 들어가기 전에 사후관리 기간에 지속해서 이루어질 서비스에 대해서 고객에게 재차 설명할 필요가 있다.

여기에서는 직장 적응과 직장에서의 경력관리에 대해서 살펴보고 효율적인 경력관리 방안 4단계에 관해서 이야기해본다. 더불어 저자가 현장에서 경험한 사례 1가지를 제시해서 문제 해결을 위한 다양한 생각을 해보는 기회로 삼고자 한다.

▶ **직장 적응이란?**

직장 적응이란 개인과 직업 사이의 조화로운 관계를 의미하는 것으로, 근로자가 조직에서 요구하는 요건을 갖추고, 자신의 능력을 제공할 때 조직에서는 근로자의 가치에 따른 보상을 해주면서 상호 간의 만족을 추구하는 것이다.

부적응의 경우는 개인의 내적 특성, 동기와 욕구, 그리고 직장의 조건 및 특성이 불일치를 이루거나, 부조화할 때 좌절감, 불안감, 그리고 불만족의 형태로 나타난다.

직장 적응과 관련된 외적 조건은 다음과 같다.

① 상사의 리더십 및 관리 스타일
② 직무 특성, 그리고 장래성
③ 능력의 활용과 육성을 도모할 기회 제공

④ 생활이 가능한 수준의 근로와 보수

⑤ 건강과 안전, 공평의 원칙

⑥ 직장 내의 대인관계 등

특히 직장에서는 근로자 간의 관계가 사실상 눈에 보이지 않는 적응 요인이며, 상호관계를 잘 하기 위한 예로, 직장 동료가 친구나 가족이 아님을 인정하기, 열까지 세는 습관을 기르기, 긍정의 효과를 믿기, 그리고 자신을 존중할 때에 남도 자신을 인정해준다는 생각 등이 있다.

▶ **경력관리란?**

경력의 이론적 정의는 '개인의 일 관련 활동, 행동 및 연합된 태도, 가치 및 포부, 그리고 경력관리 과정에 대한 일련의 결과'라고 할 수 있다. 경력은 시간, 경험, 그리고 능력이라는 3가지가 혼합된 것이다.

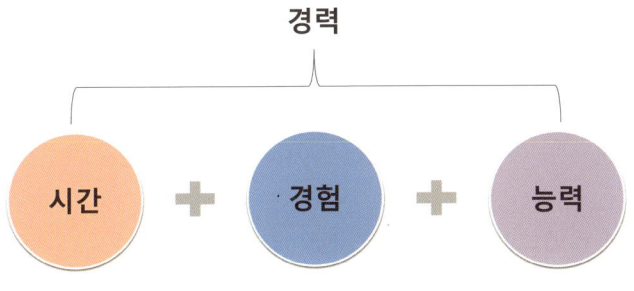

[경력의 세 가지 구성]

경력관리는 '개인이 자신과 하는 일에 대한 통찰력을 키우고, 경력 목표와 전략을 수립하여 경력을 이어나가는 과정에서 피드백을 얻는 과정'으로 정의된다. 경력관리와 관련된 개인의 역할은 아래와 같다.

① 종사하는 분야의 기회, 장애물, 그리고 요구 조건 이해하기
② 경력 추구에 대한 의미와 흥미 이해하기
③ 조직의 경력 시스템 내에서 입사, 교육 훈련 및 승진을 위한 자신의 위치 이해하기
④ 기회와 자원에 접근할 수 있는 인성을 갖추고, 좋은 인간관계 형성하기
⑤ 자신의 경력 내에서 발전을 위한 활동의 선택과 시기 이해하기
⑦ 맡은 책임을 효율적으로 수행하는 데 필요한 역량 구비하기

위와 같은 경력관리를 위해서는 좀 더 도전적인 직무를 수행하고, 자신을 지원해줄 수 있는 후원자도 물색하며, 협소한 직무를 지양하고 많은 직무를 수행뿐만 아니라 새로운 지식과 기술을 익히는 학습을 지속적으로 병행해야 한다.

▶ 경력관리 4단계

전직에 성공하여 일을 하게 될 때도 미래를 위하여 아래와 같은 경력관리 4단계에 따라서 관리한다. 평생직장이 아닌 평생직업이라는 개념이 적용되고 있으며, 이전과 다른 노력을 해야 하는 시대이기 때문이다.

첫 번째 단계는 업무 상황 분석과 자기 이해이다. 자신의 현재 상황 중에서 어떤 상황이 만족스러운지를 생각해보고, 자신의 진정한 혹은 잠재적인 기술과 능력을 파악해본다. 자신이 해야 할 일과 관심을 가진 일에 대해서 분석해보고, 자신이 지닌 정서적, 재무적 욕구는 무엇인지도 탐색해본다.

두 번째 단계는 각종 대안을 수립하고 검토한다. 자신이 장, 단기적으

로 선택할 수 있는 대안도 찾아보고, 먼저 고려해야 할 사항을 나열해 본 뒤에 우선순위를 세워본다.

세 번째 단계는 경력 목표의 설정이다. 자신의 인생과 경력에서 달성하기를 진정으로 원하는 목표와 추구해야 할 목표를 설정한다.

네 번째 단계는 목표에 따른 경력 발전 계획의 수립이다. 목표를 달성하기 위해서 가장 먼저 시행할 일을 찾아보고, 장기적인 차원에서 고려해야 할 기타 활동, 그리고 목표를 달성하기 위한 각종 유형과 무형의 지원 자산을 파악한다.

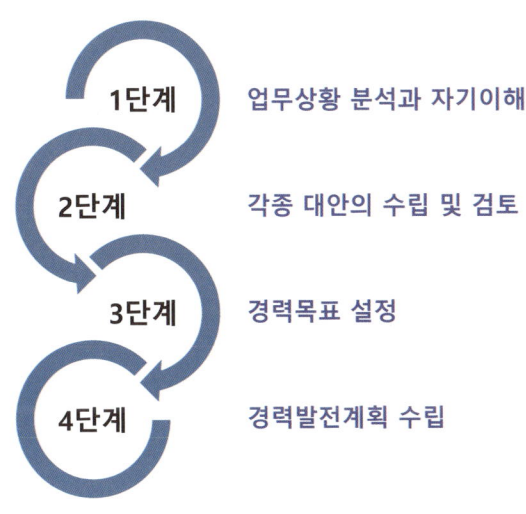

[경력관리 4단계]

▶ 사례

사례를 제시하여 컨설턴트로서 자기 생각을 정리해보기 전에 저자가 전직지원 분야에 근무하면서 경험한 몇 가지 사례를 정리하였다. 한 번 생각도 해보고, 분야 근무 시에 참고가 되었으면 한다.

첫째, 정규직이냐 아니냐? 자신의 역량을 향상할 수 있는 비용을 근무 기업에서 제공하는가? 강의를 할 경우에 강사료를 별도로 지급하는가?와 같은 일반적인 갈등이 존재하고 있다. 슬기로움이 필요한 상황이다.

둘째, 관계 문제로서 동료 간의 약점 잡기, 혹은 질투 때문에 어떤 사람을 따돌리는 경우가 있다. 이 경우는 조직의 리더십이 나서서 문제를 해결해야 할 사안이며, 평소에도 관심을 투자해야 한다.

셋째, 조건 및 환경은 전직지원 서비스의 경우 지방에서 서비스를 제공할 상황도 발생하기 때문에 지방 근무를 한다든지, 타 근무지로 파견을 나가는 경우도 있다. 전국적인 서비스이기 때문이다.

넷째, 자사의 안녕을 기원하지 않고, 타사를 지원하는 때도 있다. 결국에는 토사구팽을 당하거나, 이후의 평판 조회에서 확인되는 안타까운 예도 있다.

긍정적인 사례는 장기근속 후 대기업의 전직 관련 컨설턴트로 이동하는 경우이다. 비교적 안정적이고, 보수도 높아서 이상적인 경우이다. 이런 컨설턴트의 경우 대부분 오랫동안 이전 조직에 근무하면서 성실하고, 열정적으로 업무를 수행한 경우이다.

아래 사항은 직장 적응과 관련하여 컨설턴트가 생각해볼 기회를 제공하기 위한 사례이다. 동료 컨설턴트 간에 토의 자료로 사용할 수 있고, 개인적으로 생각해볼 수도 있는 사례이다. 여러분은 어떻게 컨설팅할 것인가?

> **= 직장 적응 컨설팅 사례 실습 문제 =**
>
> ○ 전직지원 서비스를 받은 뒤에 컨설턴트의 알선을 받아서 중소도시에 있는 대형 플라자의 빌딩 관리 책임자로 취업한 한라산은 의욕에 차서 계약 다음 날 현장으로 부임하였다.
> ○ 그러나 현장에 가보니 3개 동의 쇼핑 플라자 시설 내 상점 공간이 거의 비어있었고, 몇 개 가게만 문을 연 상태로 운영되고 있었다. 관리 책임자로서 환경미화원 6명, 경비원 3명을 관리해야 하는 입장에서 좀더 알아보니 플라자 운영 회사는 부도가 났고, 자신이 계약한 아웃소싱 회사가 당분간 관리를 책임지고 있는 상태였다. 그리고 책상 옆자리에는 채권자 대표가 앉아서 사사건건 감시의 눈초리로 쳐다보면서 간섭하고 있었다.
> ○ 2주일이 지난 후 쇼핑 플라자 전체 관리의 책임을 지고, 자신을 고용한 아웃소싱 회사 측과 점심을 같이하게 되었는데 회사 측에서는 여러 가지 악조건에도 불구하고 관리를 잘해달라고 한다. 알고 보니 환경미화원 등도 벌써 3개월 치 급여가 밀려있는 상태이다.
> ○ 한라산은 한숨이 나왔다. 자신의 급여라도 제대로 받을 수 있을지 의문도 일었다. 원래 인정이 많은 한라산은 환경미화원의 문제도 자기 문제로 생각하고, 회사와 추가 협상을 하는 등 나름의 조치를 취하고자 한다.
>
> – 어떻게 컨설팅할 수 있을까? –

전직 비성공자 사후관리

전직 비성공자의 경우에는 전직탐색 활동에 대한 격려와 관련 정보의 제공과 지원을 유지해야 한다. 예를 들면, "○○님께 꼭 맞는 일자리가 있을 겁니다. 함께 노력해봐요."라고 격려해보는 방법이다. 더불어 장기간 연속되는 비성공 때문에 자신의 의지가 많이 꺾여있고, 자신감이 없는 경우, 그리고 세상을 한탄하는 때도 있으므로 심리적으로 잘 접근해야 한다.

더불어 이전의 전직탐색 활동 방법론, 특히 지원 기업과 보유한 스킬의 부합 여부 그리고 네트워킹 방법을 같이 검토해보아야 한다. 여기에서는 비성공자의 특성에 대해서 간단히 알아보고, 사후관리 차원으로 전직탐색 활동 방법론 중에서 중요한 세 가지인 시간 관리, 전직탐색 활동 관리, 그리고 네트워킹을 통한 마케팅에 대해서 살펴보고자 한다.

▶ 비성공자의 특성

컨설턴트는 아래 특성을 고려하여 컨설팅하는 것이 좋다.

① 자기 분석이 되어있지 않아서 어떤 일을 할 수 있고, 하고 싶은지를 모른다.
② 최근의 전직 시장 동향과 일자리 정보의 흐름을 읽지 못한다.
③ 직장생활에 대한 비현실적인 기대를 하고 있다.
④ 전직 자신감이 떨어진 상태이며, 대인관계 능력 및 의사소통 기술이 부족하다.
⑤ 직업 의식, 직장 예절, 그리고 면접 스킬이 부족하다.
⑥ 장년의 경우 전산 능력 및 전직 서류 작성에 자신이 없다.

더불어 전직탐색 활동 기간이 장기간인 전직자는 재취업을 하기로 했다가 바로 마음이 바뀌어 컨설팅이나 면접 약속을 어기는 예도 있으며, 잦은 퇴사자는 며칠 출근하다가 갑자기 컨설턴트나 직장 모두에게 연락을 두절하는 때도 있는데, 현장에서 간혹 보는 특징적인 사례라고 할 수 있다.

▶ 주요 전직탐색 활동 방법론 검토

첫째, 시간 관리 측면이다. 정기적으로 온라인, 오프라인 컨설팅을 통해서 고객에게 적합한 시간 관리 기법을 검토해보도록 한다. 이후에 매주 해야 할 일의 목록을 적어보고 시간 사용 계획을 수립하여, 직장 근무할 때와 유사하게 시간 관리를 한다. 예를 들면, 같은 시간에 기상하고, 매일 일정 시간을 근무시간처럼 만들고, 다음 날 할 일은 전날에 다시 확인하는 방법 등을 통해서 시간 관리에 힘써야 한다. 기본적으로 일주일에 3일 이상을 전직탐색 활동에 사용하는 것이 좋다.

둘째, 전직탐색 활동 관리 측면이다. 전직탐색 활동은 미래를 위한 투자이므로 열정적으로 활동하고 관리해야 한다. 긍정적으로 생각하고, 거절이나 불합격에 대해서 상심하는 일이 없어야 한다. 끈기를 가지고 비합리적, 근거 없는 생각을 재구성하여 성공을 지향하도록 한다.

셋째, 네트워킹을 통한 자기 마케팅 측면이다. 전직의 성공은 네트워킹 회수에 비례한다. 마케팅 계획은 우선순위가 높은 일에 집중하고, 비생산적인 활동을 배제한다. 컨설턴트는 고객의 마케팅 계획을 3가지 요소에 비추어 재검토해본다. 지원 분야, 목표 시장에서의 자기 포지셔닝, 그리고 목표 기업 목록이다. 목표 시장은 지리적 위치, 업계나 조직 유형, 조직의 규모, 그리고 조직의 문화를 파악하는 것이다. 목표 기업 목록은 최초 20여 개 이상의 목표 기업을 목록화해 보고 하나씩 검토해본다.

▶ 비성공자 사후관리 방법론

비성공자의 사후관리 방법 몇 가지는 아래와 같다. 전직에 오래 시간을 소비하고 있는 장기 전직자와 잦은 퇴사자로 구분하여 설명한다.

방법	세부 사항
별도의 지원 리스트 관리	• 장기 전직자: 별도의 리스트를 작성하면 서비스 지원의 효율성을 기할 수 있다. • 잦은 퇴사자: 위와 같다.
자기 이해	• 장기 전직자: 심리 검사나 체크리스트를 통해 자신의 흥미, 적성, 성격 등을 재탐색한다. • 잦은 퇴사자: 전직에 대한 준비가 부족한 경우가 많으므로 자신에 대한 객관적 이해, 진정 원하는 직종, 할 수 있는 일의 선택이 중요하다.
전직 의지 확인	• 장기 전직자: 전직에 성공하더라도 일이 힘들거나, 인간관계에 어려움이 있으면 쉽게 포기할 우려가 있어서 목표를 명확히 하는 컨설팅이 필요하다. • 잦은 퇴사자: 역시 전직에 관한 확실한 목표 없이 일을 선택하여 출근하고, 쉽게 일을 그만두는 경향이 있으므로 일에 대한 의지 확인이 필요하다.
집단 상담 프로그램 참여	• 장기 전직자: 단절 기간이 길기 때문에 전직 자신감 향상과 대인관계능력, 의사소통 훈련을 위해 프로그램에 참여하도록 독려한다. • 잦은 퇴사자: 재취업 준비도가 부족한 경우가 많으므로 빠른 전직을 위한 알선보다는 단기 직업 의식 교육이나 훈련 과정을 통한 준비를 통해서 전직에 성공하도록 한다.
전산 능력, 직장 예절 및 자기 관리 능력	• 장기 전직자: 전산 능력을 필수로 점검하고, 기본적인 직장 예절, 이미지메이킹에 대한 컨설팅을 진행한다. • 잦은 퇴사자: 동일하게 직업 의식, 기본적인 직장 매너, 자기 관리에 대한 이해가 부족한 경우가 많으므로, 개선을 위한 방향으로 컨설팅을 진행한다.

[비성공자 사후관리 방법]

10. 집단 서비스

전직지원 전문 업체의 서비스는 크게 집중 교육이라는 명칭의 교육과 컨설팅 기간, 그리고 사후관리 기간으로 나누어진다. 그중에서 컨설팅의 경우에는 컨설턴트와 고객 간의 개인 서비스이지만, 변화 관리를 주로 하는 각종 전직 교육은 거의 집단 서비스 형태로 진행된다.

그 이유는 대부분 서비스 비용의 문제이다. 희망퇴직 기업으로서는 집단 서비스가 비용의 사용 효율성을 높여주어서 더욱 많은 희망퇴직자나 정년퇴직자가 서비스를 받게 할 수 있기 때문이다. 더불어 집단 서비스는 고객과 컨설턴트의 위치나, 전직지원센터의 위치와 관련이 있다. 고객이 원거리에 위치할 때 상시 경쟁력 있는 개인 서비스를 제공하기 어려우므로 다소 제한된 기간 내에 집단 서비스를 진행하는 것이 양자에게 도움이 된다.

여기에서는 집단 서비스 운영의 필요성, 진행 및 전달 방법, 집단 서비스 진행자에 관해서 이야기하고자 한다.

운영의 필요성

운영의 필요성은 아래와 같다.

첫째, 비용 절감 문제이다. 집단 서비스는 비용 차원에서 개인 서비스보다 효율성이 높다. 집단 서비스와 개인 서비스 비용은 계약이나 기간에 따라서 다양한 형태로 산정되고 있으나, 기업 비밀이기 때문에 여기에서는 밝힐 수 없다. 집단 서비스의 경우는 15명 정도가 효과적으로 보이지만, 국내의 서비스 운영 상황을 살펴보면 그보다 많은 형태로 진행될 경우도 많았다. 결론적으로 희망퇴직 기업은 집단 서비스를 이용할 때 앞서 이야기한 바와 같이 전직지원 서비스 비용의 사용 범위를 넓히게 되면서, 더욱 많은 퇴직자에게 서비스를 제공할 수 있게 된다.

둘째, 고객의 현재 위치이다. 만약에 희망퇴직자나 정년퇴직자가 전직지원 센터 혹은 컨설턴트의 위치와 원거리에 거주할 때에는 경쟁력 있는 개인 서비스를 일정 기간 내에 실행하기가 어렵다. 그런 상황에서 다소 제한된 기간 내에 집단 서비스를 제공할 자격 있는 컨설턴트나 시설을 그곳에서 운용하면 여러 가지 효과를 노릴 수 있다. 일부 회사는 고객의 위치나 밀집도를 고려하여 전직지원센터를 설치하지 않고 유사 시설을 임대하여 운영하는 때도 있다.

전직지원 집단 서비스를 받는 고객이 누릴 수 있는 혜택은 어떤 것이 있을까? 집단 서비스 운영이 적합한 이유가 있다.

① 유사한 문제를 겪고 있는 다른 퇴직자와 관심사 및 아이디어를 공유할 수 있다.
② 서로 간에 유용한 정보 제공과 문제에 대한 다양한 대응책을 마련할 수 있다.
③ 다른 퇴직자의 지원과 격려를 받을 수 있다.
④ 위와 같은 과정을 통해서 사회적 관계 스킬을 향상할 수 있다.

정년퇴직 특히 희망퇴직 이후 3개월 내에 실시되는 집단 서비스는 매우 중요하다. 그 이유는 그 기간에 다수의 퇴직자가 개인적 감정 저하를 경험하기 때문이다. 결론적으로 집단 서비스는 상호 지원과 자기 존중을 촉진하는 요소, 그리고 전직탐색 활동을 촉진하는 요소이다.

> 집단 서비스는 개인적인 감정의 하강을 막고 더욱 긍정적 경험으로 이동하게
> 만드는 놀라운 힘을 지니고 있다. 그런 힘은 집단 서비스 종료 이후에도 오랫동안
> 지속되는데, 당장 전직에 성공하지 못하더라도 효과적인 전직탐색 활동을
> 지속하면서 자기 이미지를 유지할 힘을 가지게 된다.

진행 내용

집단 서비스는 크게 두 가지 형태로 구분할 수 있다. 하나는 전통적인 집단상담 프로그램으로서 주로 교육 시에 사용하는 형태이며, 다른 하나는 유사한 전직 욕구를 가진 고객을 묶어서 전직 동아리를 운영하는 형태이다.

▶ 집단상담 프로그램

집단상담 프로그램은 주로 서비스의 집중 교육 시에 운영하는 형태이며, 계약에 따라서 1주일에 1회 내지 2회, 1회에 3시간에서 길게는 6시간 정도로 그 진행 기간 및 운영 형태는 다양하다. 일반적인 집단 프로그램은 자기 평가, 전직 서류 준비, 면접, 전직탐색 기법, 생애설계 그리고 보수 협상 등을 주요 주제로 다룬다. 각 주제에 배당하는 시간은 상황에 따라 변화된다.

진행은 주로 참여식 수업 형태이며, 그 이후에 컨설팅을 통해서 좀더 심화 단계로 옮겨간다. 집단 구성은 15명 내외가 가장 효과적인 것으로 알려졌으나, 이 역시 계약이나 상황에 따라 다르게 운영하는 경우가 많다. 희망퇴직 기업이 재무적인 압박을 많이 받으면 더욱 많은 인원이

구성되는 때도 있다.

컨설턴트의 입장에서 볼 때 집단상담 프로그램의 운영이나 지원은 신입 컨설턴트나 강사가 이 분야로 진입하는 하나의 통로이다. 컨설팅과 질적인 프로그램, 그리고 직급이 높은 퇴직자를 위한 프로그램은 경력이 많은 컨설턴트에게 배당된다. 특별히 지리적으로 원거리에서 집단상담 프로그램을 시행하게 되면 전직지원 전문 업체는 그 지역에 있는 프리랜서 컨설턴트를 운영할 때도 있는데, 전문 업체의 자원을 유용하게 사용하는 방법의 하나다.

▶ 전직 동아리

전직 동아리는 전직탐색 활동의 효과적 촉진을 위해 집단을 더욱 능동적으로 운영하는 형태이다. 예를 들어, 00전직 시장 공략팀, 00전직 클럽 혹은 00전직팀이라는 이름 등으로 다양하게 불린다.

그중에서 가장 효과적인 접근법은 집단 경험이 풍부한 책임 컨설턴트의 주도하에 정기적으로 모일 수 있는 동일 경력 목표를 가진 집단으로 구성하는 방법이다. 이런 접근법은 다수의 고객이 자신보다 많은 자산을 가진 다수 고객으로 구성된 집단 속에서 더욱 효과적인 전직탐색 활동을 할 수 있다는 논리에 기초한다. 특히 성공적인 전직탐색 활동을 저해하는 장애물을 해소하는 데는 매우 효과적인 방법이다. 전직 동아리의 장점은 아래와 같다.

① 동아리 동료의 추천을 통해서 인적 네트워크를 상당한 수준으로 향상할 수 있다.
② 동아리 구성원은 자신에게는 작용하지 않고, 다른 사람에게만 작용한다

고 생각하던 전직탐색 활동을 시도하게 된다.
③ 동아리 구성원의 조언을 받으면서 정확한 정보를 접하게 된다.
④ 서로 지원하는 가운데 전직으로 인한 스트레스를 감소시킨다.
⑤ 전직 이후에도 서로 도움을 주는 네트워크로 존재한다.

전직 동아리의 운영 시 고려할 사항은 다음 2가지이다.
첫째, 동아리 모집이다. 간혹 오리엔테이션을 실시하는 이유는 프로그램을 설명하고 참여를 독려할 때에 사용하는 수단이다. 이때 고객의 수준 및 배경을 주의 깊게 살펴야 한다. 종종 모집 시 유사한 직종이나 직무에서 일했던 근로자만으로 구성하기도 하는데, 기존 직업의 기능, 전직 희망 직무 혹은 성별로 구분하여 운영하면 좋다.
둘째, 동아리의 구조 및 운영 회차 등이다. 그 규모는 10명 이내로 상황에 따라 구성하고, 규정한 회차에 정기적으로 출석하고, 상호 협력을 독려하는 형태이다. 동아리의 회차는 평균적으로 6회에서 12회차로 설계하여 운영하고, 1주일에 1번 정도 만나는 수준이 좋다. 첫 회차는 책임 컨설턴트가 진행 등에 관해서 설명하고, 이후에는 동아리 자체적으로 회차를 운영해나간다. 마지막 회차는 책임 컨설턴트가 전체적인 운영에 대해 피드백을 하고 마친다. 동아리 활동의 경우에 책임 컨설턴트는 모든 활동이 원활하게 진행되도록 지원을 아끼지 않는다. 공공이나 민간 서비스에서는 동아리 운영 공간을 제공한다.
성공적인 전직 동아리의 근간을 구성하는 다양한 활동은 아래와 같다.

① 다양한 전직탐색 활동을 위한 특정 목표를 설정한다. 예를 들면, 네트워

크 관련 미팅, 콜드콜, 채용 권한자와 만남, 채용 공고 대응 등이다.
② 회차마다 이슈, 질문, 그리고 구성원의 전직탐색 활동 발전을 검토한다. 그룹 운영이 잘되면 브레인스토밍을 통해서 여러 가지 문제 해결도 하고, 서로 추천까지 한다.
③ 상호 간에 흥미가 있는 주제가 있을 경우에는 정보가 많은 구성원이 사례 식으로 발표도 한다.
④ 동아리 학습에는 스트레스 감소, 부정적 사건의 최소화 그리고 긍정적인 자세 유지 내용을 포함한다.
⑤ 다양한 학습 위주의 집단 활동을 통해서 동아리 구성원은 긍정적 자기 이미지를 유지하고, 목표로 하는 생산적인 활동에 부응할 수 있도록 상호 지원한다.

집단 서비스 진행자

여기에서는 집단 서비스를 성공적으로 이끌어갈 수 있는 진행자가 갖추어야 할 역량 몇 가지를 집단 프로그램과 전직 동아리 활동이라는 2가지로 구분하여 이야기해보고자 한다.

▶ 집단상담 프로그램

전통적인 집단상담 프로그램 진행자가 지녀야 할 중요한 역량은 많다.

① 제한하는 것은 아니지만 진행자는 이력서 준비, 면접, 전직탐색 활동, 그리고 보수 협상을 포함하는 전방위적 전직탐색 활동 주제에 대한 식견을 가지고 있어야 한다. 더불어 앞에서 언급한 주제에 관한 필수 정보를 잘

다룰 수 있어야 한다.
② 진행자는 집단상담 프로그램의 동적 요인에 대한 기본 지식을 가져야 한다. 진행자의 책임은 기업의 교육 담당자와 유사한 책임을 지는데, 쉽고 포괄적 방법으로 정보에 대해 소통할 수 있어야 한다. 더불어 각본에 의한 방법을 고집하지 말고, 어떤 질문을 할지, 어떻게 토의를 촉진할지, 그리고 방해를 하는 개인 혹은 물러나 있거나 참여를 하지 않는 개인과 같이 특별한 도전을 던지는 참여자를 어떤 방법으로 대응할지에 대해 잘 알아야 한다. 그 방법론에 대해서는 다음의 집단 서비스 진행자의 문제해결에서 별도로 이야기한다.
③ 높은 에너지 수준을 유지해야 한다. 전직지원 서비스 계약 기간 전반에 걸쳐서 장시간 동안 집단을 일치되게 이끄는 일은 에너지, 열정, 그리고 지속적인 관심을 투자할 수 있는 높은 에너지 수준이 필요하다. 그렇지 못하면 집단 구성원의 긍정적 참여를 유지하기가 어렵기 때문이다.

▶ 전직 동아리

동아리 활동 책임 컨설턴트의 진행이나 지원 역량도 매우 중요하다. 컨설턴트는 활동 주제에 대해서 확실하고 완벽한 지식을 갖추어야 하며, 높은 수준의 에너지와 열정도 가져야 한다. 그가 지녀야 할 역량은 아래와 같다.

① 운영 프로세스, 집단의 동적 요인, 그리고 어려운 전직 시장과 관련된 통상적인 이슈에 대해서 잘 이해하고 있어야 한다.
② 동아리를 구성하는 다양한 계층에게 동기부여를 할 수 있는 다양한 감정과 접근법을 아우를 수 있어야 한다.

③ 동아리 활동 책임 컨설턴트는 퍼실리테이터, 코치, 교사, 자문, 그리고 전문가의 임무를 수행해야 한다. 그러나 책임 컨설턴트의 역할에 고착된 나머지 동아리 구성원이 서로 강점을 끌어낼 기회와 효과적으로 문제 해결을 할 기회를 제한해서는 안 된다.

집단 서비스 진행자의 문제 해결

집단 프로그램이나 동아리 활동에서 공통으로 예상되는 일반적인 문제점 중 주요한 몇 가지를 이야기해보고, 해결 방안을 제시해보면 아래와 같다.

▶ **한 사람이 계속 토의를 지배하거나 방해하는 경우**

진행자는 자신이 많은 사람의 의견을 원한다는 사실을 이야기하거나, 다수의 참여가 필요한 활동을 한다. 계속해서 진행을 방해할 시에는 방어적이거나 무시하지 말고, 발언 사항을 인정하고 나중에 발언 기회를 제공한다고 이야기한다. 더불어 다른 사람이 발언 중인데도 손을 계속 흔들면서 경청하지 않을 때는 순서에 의해서 발언하도록 유도한다.

▶ **몇 명의 참여자가 큰 그룹으로 구성된 활동에 참여하지 않을 시**

그룹을 2개 내지 혹은 3개 정도로 분리한다. 어떤 사람은 소규모 그룹 내에서 더욱 편안하게 이야기할 수 있기 때문이다.

▶ **집중하지 못하는 참여자가 있으면**

그룹의 주위를 환기하면서 초점이 없거나 그룹의 진행을 방해하는 토론을 차단한다. 적어도 최초 주제가 해결 시까지는 원 주제를 제 상기

시키면서 초점에서 이탈하는 것을 방지한다.

▶ **어떤 참여자의 공격적인 발언으로 타 참여자의 분노 혹은 침묵 상태 초래 시**

공격적 발언은 갈등을 일으킬 수 있음을 인지시키고, 발생 상황을 통제한 이후에 계속 진행한다. 참여자의 주의를 환기하는 가운데, 프로그램 참여자의 다양성에 대해서 이해하도록 한다.

▶ **진행자가 편견을 가졌다고 참여자가 시험하는 경우**

이런 경우에는 정직이 최선의 방책이다. 다른 사람과 마찬가지로 진행자도 편견을 인식하고 있고, 그를 고려하면서 진행한다고 공지하면 상호 존중과 그룹 내 가식을 불식시킬 수 있다.

▶ **참여자가 구두로 진행자의 진행을 공격하고 무시하는 경우**

공격을 개인적으로 받아들이지 말고, 자신의 논리를 차분하게 설명한다. 휴식시간에 개인적으로 그와 토의하고, 실제로 잘못을 발견 시에는 사과하고 계속 진행한다.

▶ **참여자가 부정확한 정보를 가지고, 토론의 중점에서 벗어나 있는 경우**

참여자의 정보가 부정확함을 인지시키고, 발언 내용을 통제한다. 다른 참여자에게도 부정확한 정보를 수정하도록 요구한다. 답을 모르면 검토할 것이라는 사실을 언급하고, 부정확한 답변은 자제한다.

▶ 참여자가 "전혀 희망이 보이지 않아요… 사람들의 자세를 바꿀 수 없는데 왜 그런 노력하세요…"라는 발언을 할 경우

참여자의 감정을 인정해주고, '희망 없음'이라는 발언을 지적하면서, 집단 프로그램은 희망을 찾는 프로그램이며, 그동안 많은 자세 변화를 통한 성장을 목격하였다는 사실을 언급한다. 조심해야 할 점은 그 프로그램이 차별성을 만들지에 대한 토론에는 빠지지 말아야 한다.

▶ 진행자로서 참여자를 싫어하는 자신을 발견할 경우

자신도 인간이기 때문에 개인적인 호, 불호를 지니고 있다는 사실을 인정한다. 그러나 진행자로서의 중립은 집단 프로그램의 성공에 이바지함을 인식하는 형태로 자신의 감정을 인정한 이후에 계속 진행한다.

진행자는 서로 롤 플레이(role play)를 통해서 위와 같은 도전적 상황에 대해서 연습을 해보는 것도 좋은 방법으로 지속적인 진행 경험과 롤 플레이를 통해서 자신의 스타일 변화를 느끼게 된다. 더불어 진행자는 프로그램 종료 이후에 항상 자기 피드백을 하여 그날의 문제 상황 등에 대해서 성찰해보는 시간을 가지는 것이 좋다.

11. 검사

전직지원 서비스에서 검사는 초기에 실시해야 할 중요한 절차 중 하나이다. 현재 국내의 전직지원 서비스 중에 사용하는 일반적인 검사 도구는 엠비티아이(MBTI), 스트롱, 애니어그램, 프레디저, 버크만, 그리고

커리어 앵커 등이 있는데, 각 검사는 나름의 측정 분야와 특성을 지니고 있다. 여기서는 검사 자체의 세부적인 설명은 생략한다.

간혹 현장에서 검사 도구를 사용 시 기업에서 퇴직한 고객의 경우에는 재직 중에 검사를 받은 경험이 있으므로 검사를 회피하는 경우가 딜레마로 작용하기도 한다. 그러나 검사는 당시의 상황이나 심리 상태 등의 이유로 사실상 1번의 검사로는 정확한 측정이 어려운 점도 있다. 따라서 가능하다면 몇 회에 걸쳐서 실시하여 자신의 실제적인 결과치를 가늠해보자고 고객을 이해시키는 방법도 좋다. 실제로 저자의 경우에도 각종 검사를 여러 번 실시하였고, 몇 번을 실시한 이후에 정확한 성격 유형을 찾을 수 있었다. 여기에서의 주요 내용은 검사의 목적, 대상, 주제, 그리고 관련 이슈에 관해서 이야기해보고, 기타 사항으로 우리가 일하는 현장에서 검사를 하는 현실적인 이유도 이야기해보고자 한다.

검사의 목적

검사는 두 가지의 주요한 목적을 가지고 실행한다.

첫 번째 목적은 가능한 한 고객에 대한 완벽한 그림을 그려보는 것이다. 이는 가치, 흥미, 스킬, 그리고 성격 등을 포함하는 것으로, 검사에서 나온 정보를 통해 고객의 자기 이해를 도모하기 위함이다. 더불어 이를 통해서 전직 시에 고객이 자신에 관한 많은 정보를 가지고 결심을 내리도록 지원한다.

두 번째 목적은 고객의 자기 존중감을 향상하는 것이다. 대부분의 기업 퇴직자는 자신의 직무를 수행하면서 여러 가지 특정 스킬을 사용하고 있었다. 그러나 정작 어떤 스킬을 사용하였는지는 정확하게 인식하지 못한다. 이를 찾아주면서 고객의 자기 존중감을 향상시킨다.

검사 대상자
아래는 검사를 필요로 하는 대상자이다.

① 희망퇴직과 전직탐색 활동 그 자체로 인해 심각한 스트레스를 경험하는 고객
② 급변하는 고용 시장 상황 속에서 경력 전환을 모색해야 하는 고객
③ 관리 스타일, 대인관계 역량, 혹은 개인적 동기 부분의 어려움으로 직장을 떠난 고객
④ 가능한 한 자신에 대해 많이 이해하기 위해 검사를 요청하는 고객
⑤ 장기간에 걸쳐 감정적 조절에 어려움을 겪는 고객으로 컨설턴트가 추가적 심리적 안정이나 치료의 추천을 결심할 정보의 획득이 필요한 고객
⑥ 기타 검사 자격을 갖춘 컨설턴트가 필요하다고 인정하는 고객

검사의 주제
위와 같은 지침에 기초하여 고객에 따라 검사의 양과 형태가 달라지므로, 자격을 갖춘 컨설턴트는 검사의 목적과 바라는 바에 대해서 명확한 의견을 가지고, 적합한 검사 도구를 선택해야 한다. 검사를 통해 가장 많이 다루는 주제는 다음과 같다.

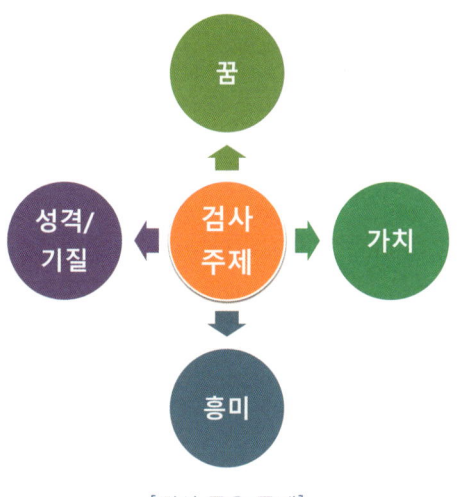

[검사 주요 주제]

▶ 꿈

대부분의 사람은 미래에 어떤 사람이 될 것인지, 무엇을 할 것인지에 대한 생각과 꿈을 어린 시절에 가지게 된다. 그런 생각과 꿈은 환상, 바램, 연극, 예술, 그리고 읽는 책을 통해 나온다. 그러나 불행하게도 다수의 경우에 그런 꿈은 실현되지 않으며, 그 이유는 시간, 돈, 재능, 그리고 동기라는 현실이 개입하면서 꿈이 변화하기 때문이다. 전직지원 서비스에 참여하는 고객을 대상으로 하는 최초의 흥미로운 과업은 어린 시절에 가졌던 꿈을 검사를 통해 다시 찾아보는 일이다. 다양한 검사 방법이 존재하기 때문에 컨설턴트도 다양한 접근법을 시도한다. 이런 검사는 고객이 지향하는 미래의 방향 설정을 결심할 때에 어린 시절의 꿈과 바람을 재발견하도록 도와준다.

컨설턴트는 꿈과 관련된 주제를 통해 가능성과 제한 사항을 세심하게 고려해야 하고, 고객이 현실에 저항하면서 꿈을 확장할 수 있도록 격려할 필요가 있으며, 일부 고객에게는 현실적인 자료도 제시하여 꿈과 환상을 다시 생각해보게 만든다. 아래는 그런 사례이다.

홍길동은 꿈을 확장한 경우이다. 그는 20년 동안 같은 재무 서비스 조직 내에서 근무한 중간급 간부로 일했다. 그는 자신의 직위가 감축된다는 생각을 전혀 하지 않았기 때문에 다른 경력을 전혀 생각해보지 않았다.

그의 전직탐색이 지연되면서 컨설턴트는 그의 흥미 사항을 재발견하도록 지원하였다. 그런 지원에 힘입어 홍길동은 다수의 지역 장인을 만나면서 자신의 손재주가 좋다는 사실을 알게 되었다. 마침내 그는 OO지역 유리 가공업자 아래에서 도제 수련을 받게 되었고, 종국에는 자신의 사업도 펼치고픈 꿈을 가지게 되었다. 컨설턴트는 그의 미래 가능성에 대한 비전을 확장하는 데 이바지하였다.

▶ 가치

우리는 서로 다른 특정 가치에 더 많은 관심을 기울인다. 예를 들면, 일부는 개인적 자유를 안정성이나 친구 관계보다 더 중시하고 있으며, 어떤 이들은 개인적 성장보다는 높은 수입에 가치를 둔다.

직업 환경도 서로 다른 가치를 그 속에 반영하고 있다. 예를 들면, 일부 환경에서는 개인적 주도성과 진취성을 강조하지만, 다른 환경에서는 정해진 규정과 절차의 집중에 가치를 둔다. 컨설턴트와 고객이 수행해야 할 과제는 직업에서 요구되는 가치와 고객 개인의 가치를 놓고 최선의 공통점을 발견하는 일이다. 그러나 공통점을 발견하기가 매우 어려운 이유는 근본적으로 직업 혹은 조직 고유의 가치는 명확하지 않을 뿐만 아니라 그 무게도 어느 정도인지 식별하기 힘들기 때문이다. 그래서 직업과 고객을 놓고 가치의 적합성 여부에 대해 검사를 할 때는 종종 추론하기도 한다. 아래는 그런 사례이다.

한라산은 자신의 가치와 조직의 가치가 매우 일치되는 직업을 찾은 경우이다. 그는 대형 은행의 재무회계부서에서 오랫동안 근무하면서 직무 역량을 잘 발휘하였으나, 만족감을 느낄 수 없었다. 그래서 그는 자신이 속한 지역사회에 봉사한다는 생각으로 교회와 관련된 봉사에 몰입하였다.

이후 그는 지역사회 병원에서 재무 업무를 하는 직업을 찾으면서 전직 활동을 마무리하였는데, 그 조직의 가치가 은행에서 일할 때보다 자신의 가치와 더 많이 일치한다는 사실을 발견하였기 때문이다.

▶ 흥미

흥미는 특정 활동을 할 때 더욱 중시된다. 고객에 대해서 완벽한 그림을 그릴 때 필요한 중요 고려 사항이기 때문이다.

가장 많이 사용되는 검사는 스트롱 흥미검사이며, 이 검사는 이미 존재하는 다수의 직업에서 만족감을 느끼는 직업인의 흥미와 검사 고객의 흥미를 비교하는 것이다. 결과는 존 홀랜드의 이론에 기초한 6개 주제 흥미 분야의 점수를 보여준다. 스트롱 흥미검사는 '유유상종(類類相從)'이라는 가정에 기초하고 있으며, 다른 말로 표현하면, 개인의 흥미가 자신이 원하는 분야의 직업인의 흥미와 일치하면 할수록, 그가 직업 환경에 만족을 느낄 가능성이 크다는 것이다. 스트롱 흥미검사는 존재하는 직업에 대해 다양한 그림을 그릴 때 특히 유용하고, 자신의 직업 이외의 다른 직업을 모르는 고객에게 더욱 유용하다. 아래는 그런 사례이다.

거제도는 유선 상업 방송에서 투자 업무를 하고 있었다. 그러나 그는 직무를 수행하면서 협소한 사업 범위, 그리고 독자성의 결여로 인해 불만족을 느끼고 있었다. 자격 있는 컨설턴트가 스트롱 흥미검사를 실시하고 그에게 몇 가지 포인트를 알려주었다. 첫째, 그가 가장 흥미를 느끼는 직업은 창의적 흥미를 채워주고, 자율적 투자를 할 수 있는 직업이다. 둘째, 그는 여러 가지 흥미를 느끼고 있었기 때문에 다양한 활동에 참여하는 상황을 즐기는 사람이었다. 그는 스트롱 흥미검사 결과에 대한 컨설턴트의 해석을 받은 후에 자신이 적극적으로 그리고 긍정적으로 지향하던 다른 방향이 적합하다는 사실을 인식하고 전직을 고려하게 되었다.

▶ 성격/기질

성격 혹은 대인관계 스타일 분야의 광범위한 검사로 이는 고객의 두드러진 성향에 대한 자료를 제공해준다. 예를 들면, 어떤 고객은 그룹 상황에서 일하기를 선호하나, 어떤 고객은 혼자 일하는 상황을 선호한다. 성격/기질 검사에 가장 광범위하게 사용되는 도구는 마이어스-브리그스 성격유형검사(MBTI)이다. 성격유형검사는 칼 융의 개인 성격유형에 기초하며, 비판단적, 비평가적 방법으로 개인의 차이점을 검사해주기 때문에 많은 고객의 관심을 끌 수 있다.

국내에서도 이 검사가 다수 실시되고 있는 실정이다. 검사 결과를 적용하는 분야는 전직자의 직업 적합성 여부, 인력 관리에 필요한 차별적 요인의 이해, 그리고 관리 및 리더십 등이고, 이 검사는 고객이 사고, 결심, 그리고 행동할 때에 특정 유형별로 다른 방법을 사용한다는 점도 잘 이야기해준다.

검사 시행에 관한 주요 이슈

여기에서는 컨설턴트들의 검사 방법뿐만 아니라 그 사용과 관련된 이슈 몇 가지를 이야기해보고자 한다.

첫 번째 이슈는 컨설턴트의 검사 배경 및 훈련에 관한 내용이다. 일부 전직지원 전문 업체에서는 자격을 갖춘 컨설턴트 혹은 심리 전문가만이 검사를 진행하고 있으나, 회사에 따라서는 검사의 실시와 해석 업무만 도맡아 하는 경우가 있다.

대체로 모든 컨설턴트가 검사를 진행하고, 일반적인 검사 도구로는 흥미검사, 성격유형검사, 그리고 스킬 식별을 위한 도구를 사용하고 있으나, 해당 컨설턴트의 역량을 넘어선 검사 도구 사용은 제한해야 한다. 그러나 아직도 전직지원 서비스 분야에서 검사를 위한 훈련 문제는 민감한 사안으로 남아있다. 일부에서 충분한 자격 교육을 받지 않은 채로 검사 도구를 사용하거나 해석하는 일이 있기 때문이다. 컨설턴트는 도구의 이점 및 제한점을 확실하게 이해하고, 검사자로서의 자신의 강점과 제한점도 이해해야 한다.

두 번째 이슈는 검사의 범위 및 피드백의 성격이다. 검사 도구를 선택할 시에는 세심하게 판단해야 한다. 경력 전환의 심각성을 겪는 고객에게는 더욱 광범위한 검사가 적합하고, 기존 경력을 지속하고자 하는 고객에게는 광범한 검사를 할 이유는 적다. 경력의 지속을 희망하는 고객에게는 광범위한 검사 도구를 적용하지 않고, 컨설턴트의 지원으로 신속한 전직탐색 활동을 바로 실시한다.

검사의 사용에 대한 이슈에 이어서 결과의 해석 시에는 아래와 같은 몇 가지를 유의해야 한다.

첫째, 전직지원 서비스에서 전형적으로 사용하는 검사는 자기 보고식 검사라는 점이다. 따라서 결과는 고객의 선택에서 나오는 것이기 때문에 검사 결과가 개인의 숨겨진 부분을 말해준다는 이야기는 지양해야 한다. 검사가 왜곡될 수 있기 때문이다.

둘째, 컨설턴트는 포괄적인 방법으로 그리고 고객이 수용할 방법으로 검사 결과를 제시해야 한다. 컨설턴트가 결과를 제시하고 패턴, 일치성 및 불일치성을 제시한 이후에 고객이 그 해석을 잘 이해했는지에 대한 피드백도 받아야 한다. 검사 결과 프로파일은 고객에게 제공하여, 이후에도 다시 보면서 참고하도록 한다.

셋째, 꿈, 가치, 스킬, 그리고 유형에 관한 검사 결과 정보는 고객이 가능한 한 자기 이해를 많이 하고, 제공된 정보에 기초하여 직업, 경력, 그리고 생활양식에 관한 결심을 내리도록 촉진해준다. 따라서, 단지 컨설턴트의 호기심을 충족시키거나 혹은 모든 고객이 특정 검사를 해야 한다는 전직지원 전문 업체의 정책 때문에 검사를 진행해서는 안 된다.

전체적으로 검사는 전직지원 프로세스에서 매우 중요한 부분을 차지하고 있으므로 전직지원 전문 업체는 고객에게 실시하는 검사의 양과 형태를 결심할 가이드라인을 잘 설정해야 한다.

기타 사항

검사 도구는 컨설턴트의 시간을 절약해주고, 고객과 대화할 수 있는 결과 프로파일이라는 매개를 제공해준다. 특히 고객과의 대화가 서툴 수 있는 초보 컨설턴트에게는 좋은 대화 매개 수단이 된다. 검사에 대해서는 별지.B의 표준 윤리 규정 내에 있는 내용도 추가로 참고하기 바란다.

= 생각의 발산과 수렴을 위한 질문 모음 =

1. 구직자의 동빙이몽(同氷異夢)을 설명해본다면?
2. 구인자들이 사람을 찾는 순서를 논해보면?
3. 전직지원 현장 프로세스에 대한 그림을 그려보면?
4. 전직에서 사용할 수 있는 각종 전직 도구는?
5. 성취 업적 구조인 STARLNG를 세부적으로 설명하면?
6. 성취 업적의 사용처 몇 가지를 논해보면?
7. 나의 성취 업적 주제 3가지는?
8. 전직 서류 작성 시 적용하는 쿨링타임(cooling time)을 설명한다면?
9. 전직 제안서의 구성 주제를 이야기해보면?
10. 커버레터를 작성 시 적용하는 5C는?
11. 면접에서 평가하는 적합성 3가지는?
12. 30초, 60초 자기소개 구성 요소는?
13. 전직 네트워킹의 목적과 네트워킹 4대 요소는?
14. 연봉 협상 5단계를 간단히 이야기해보면?
15. 연봉 협상 성공 포인트에 대해서 이야기해보면?
16. 직장 적응이란?
17. 경력관리의 정의와 경력의 3가지 구성 요소는?
18. 경력관리 4단계는?
19. 비성공자 사후관리 주요 방법론 5가지는?
20. 집단 서비스의 2가지 종류에 대한 세부적인 설명은?
21. 검사 결과 해석 시 유의해야 할 점은?

제5장

전직지원 프로그램

제 5 장

전직지원 프로그램

📍 전직지원 서비스를 제공하기 위해서는 희망퇴직 기업에서 요구하는, 혹은 계약에 의한 전직지원 프로그램을 일정 기간 운영한다. 따라서 현장에서는 사전에 희망퇴직자 고객에 대한 이해와 희망퇴직 기업의 요구를 조사한 이후에 그에 기초하여 프로그램 개발과 운영을 준비해둔다. 프로그램 기획에 필요한 고객에 대한 이해는 앞의 제2장 컨설팅 이론에서 이미 이야기하였고, 프로그램 운영에 관해서는 제8장 전직지원 행정에서 이야기한다. 여기에서는 요구 조사, 프로그램 기본 모델, 개발 접근법, 그리고 각종 프로그램 구성 사례순으로 알아보고자 한다.

1. 요구 조사

어떤 프로그램이나, 혹은 강의를 진행할 때는 반드시 사전에 고객의 요구를 정확하게 파악해야 한다. 간혹 공급자 관점에서 프로그램을 디자인하거나, 강사 관점에서 강의를 디자인하는 경우를 본다. 시간적인 제약이나 기타의 제약으로 완벽하게 고객의 요구를 조사할 수는 없더라도 고객이나 희망퇴직 기업의 입장에서 프로그램을 구성할 수 있는 최소한 이상의 노력은 항상 기울여야 한다.

요구 조사란 무엇인가?

요구 조사를 논하기 전에 먼저 요구에 대한 정의를 살펴볼 필요가 있다. '요구'란 '바라는 것과 실제의 거리'이며 요구를 구체화하면 기획하는 프로그램의 효과가 높아진다. '요구 조사'는 '현재 상황(As-Is)'과 '희망 상황(To-Be)' 사이의 '차이(gap)'를 조사하는 것으로, 해결해야 할 문제이다. 전직지원 서비스나 일반 재취업 서비스에서도 고객이 희망하는 상황과 현 상황의 차이가 그의 요구이고, 요구의 탐색이 요구 조사이며, 그 결과가 바로 프로그램이나 컨설팅을 통해서 해결해야 할 문제가 된다.

요구 조사 시 고려해야 할 사항은 고객 특성, 시기, 자료 수집 방법 및 장소이다. 먼저 서비스에 참여할 고객의 연령대, 성별, 그리고 학력과 경제적, 문화적 수준과 관련된 특성을 파악해야 한다. 요구 조사의 시기는 서비스 제안 시나 실행 이전에 시행하고, 직접 혹은 간접적인 방법으로 서비스 예상 고객을 가장 많이 접하는 장소를 선택해서 조사하면 된다. 예를 들어, 재취업지원 서비스 등에서는 그 지역의 주요 장소에서 요구 조사를 하면 적합한데 마켓이나 터미널, 대학교 인근 등이 될 수 있다. 전직지원 서비스에서는 사전에 고객을 통해 요구 조사를 한다기보다는 희망퇴직 기업의 요구를 중시하는 경향이 있다. 저자의 경험을 통해서 보면 반드시 요구 조사를 하고, 사업 제안서를 쓰면 해당 사업에서 선발될 경우가 많고, 실행 시에도 질적인 서비스를 지향할 수 있다.

요구 조사 방법

이론적으로 요구 조사의 방법은 7가지로 이야기할 수 있으며, 현장의 상황에 맞는 요구 조사의 방법을 선택하면 된다. 이때 가능한 사업의 질을 높일 방법은 시간 등의 각종 제약에도 불구하고 최대한 요구를 조사해야 한다. 아래는 주요 요구 조사의 방법이다.

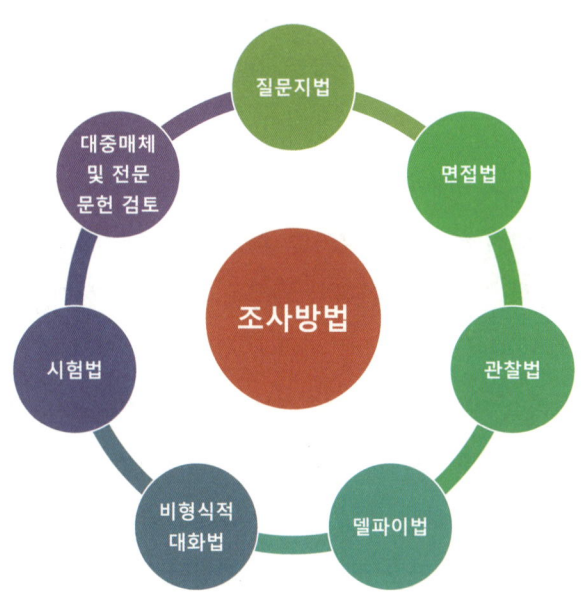

[요구 조사 방법 7가지]

▶ 질문지법

　서면이나 온라인의 형태로 요구를 조사하는 방법이다. 많은 양의 정보를 동시에 모으는 데 유용하고, 단시간 내에 많은 사람이 실시할 수 있다는 장점이 있으나, 간접적인 수단으로 질문 시에는 회수율이 통상 5~10%에 이를 수 있다. 질문지법에 포함해야 할 주요 내용은 인사말, 설문에 대한 지시 혹은 설명을 한 뒤에 질문 내용을 배열하고, 마지막에 감사의 이야기를 포함하면 된다. 대량의 질문지를 사용할 때는 사전에 해당 계층의 표본 집단을 선정한 이후에 테스트를 통해서 수정할 필요가 있다. 질문지법은 응답자의 익명성을 보장하는 것이 좋다.

▶ 면접법

　말 그대로 관련된 대상자를 직접 만나 대화를 통해서 조사하는 방법이다. 이는 사전에 질문을 이해 가능한 용어로 작성한 뒤에 면접하고, 그의 답변에 집중한다. 주의할 점은 그의 반응에 대해 면접자로서의 가치 판단은 지양한다. 면접법의 경우에는 필요에 따라서 그 계층의 표본 집단 몇 사람을 선정하여 실시하는 포커스 그룹 인터뷰(Focus Group Interview)가 있다. 이때 피면접자의 동의를 얻어서 녹음하는 경우가 많으며, 그 당시의 장소, 상황 등에 대해서도 잘 기록해둔다. 이후 그 내용을 텍스트로 복기하고, 핵심 사항을 추출하여 프로그램 개발에 반영한다.

▶ 관찰법

　현장에서 개인이나 어떤 계층, 혹은 현상을 직접 관찰하는 방법이며 말하는 것을 직접 듣거나, 행동을 보면서 파악하는 방법으로 대화나 행동 속에서 계층이나 대상의 요구를 파악할 수 있다. 의외로 이 방법을 통해서 수집할 수 있는 내용이 다양하고, 사람이 많이 모이는 카페 등에서 평소에 생각하지 못한 요구를 자연스럽게 파악할 수 있는 경우도 있다.

▶ 델파이법

미국의 랜드연구소(Rand Corporation)에서 개발한 조사 기법으로서, 분야 전문가의 의견을 몇 차례 수렴하는 형태의 조사 방법이다. 우리 분야에서는 유사 사업을 기획하거나 경험한 전문가를 선택하면 좋다. 이는 일반적인 질문지보다는 더욱 전문적인 의견을 수렴하는 방법이므로 전문가의 직관과 판단이 미래를 예측하는 데 효과적이라는 생각으로 시행한다. 여러 지역에 산재한 전문가의 의견을 수렴하는 장점이 있는 반면에 전문가를 잘못 선정할 때 편파적인 의견이 수렴될 때도 있다. 이는 몇 차례에 걸쳐 실시되는 의견 수렴에 시간이 소요되는 단점이 있다.

▶ 비형식적 대화법

공식적이 아니거나 형식을 갖추지 않는 일상 속의 편안하고, 빈번한 접촉을 통해 요구와 관련된 정보를 다수 수집하는 방법이다. 이는 조사 대상과의 비형식적인 대화를 통해서 문제점이나 요구를 파악하는 방법으로서 확인된 정보를 또다시 다른 특정한 사람과 대화하면서 더욱 현실화, 구체화하는 방법이다.

▶ 시험법

조사 내용과 관련된 내용의 시험(test)을 통해서 조사하는 방법이다.

일반적으로 서비스 대상이 지닌 지식, 기술, 그리고 태도의 부족 부분을 파악함으로써 문제와 요구를 조사하게 되며, 적성검사, 능력검사 그리고 성취도검사 등이 있다. 유의해야 할 점은 시험 도구의 신뢰도, 타당도이다.

▶ 대중 매체 및 전문 문헌 검토법

일반적으로 앞에서 설명한 방법의 적용이 불가할 때 대중 매체나 전문적인 문헌을 검토하여 요구를 파악하는 방법이다. 특히 전문적인 문헌은 전문가가 많은 노력을 통해 수집한 자료로서 해당 고객의 요구를 파악하게 해주는 좋은 정보가 된다. 어떤 경우에는 희망하는 내용이 그대로 수집되지 않을 수 있으나, 여러 가지 실마리를 제공해주는 경우가 많다. 실제로 현장에서는 사업의 대상과 관련된 전문적인 문헌을 통해서 사업 제안 등을 준비하는 경우도 많고, 저자도 문헌 자료를 통해 사업을 제안하여 성공한 경험이 있다.

2. 프로그램 기본 모델

여기에서는 앞서 이야기한 바와 같이 대한민국의 전직지원 프로그램에 영향을 미친 1980년대, 1990년대 모델 세 가지에 관해서 설명하고자 한다. 이 내용은 모두 '저널 오브 엠플로이먼트 카운슬링(Journal Of Employment Counseling)'에 게재된 내용이다. 1985년도에 발표된 리처드 제이 미라벨(Richard J. Mirabile)의 「전환 카운슬링으로서의 전직지원(Outplacement as Transition Counseling)」에서 이야기한 '전환 카운슬링 모델', 1994년도에 발표된 제임스 제이 커크(James J. Kirk)의 「전직지원 제자리 잡기(Putting Outplacement in Its Place)」에서 이야기한 '전체론적 전직지원 모델', 그리고 1999년도 타라 엠 아퀴란티(Tara M. Aquilanti)와 제니스 러룩스(James Leroux)의 「전직지원 카운슬링 통합 모델(An Integrated Model of Outplacement Counseling)」에서 이야기한 '통합 모델'이다.

위 3가지 모델 중 미라벨과 커크의 모델 2가지는 한국고용정보원에서 개발한 '사무직 베이비부머 퇴직 설계 프로그램'에 적용된 모델이다. 이 모델을 설명하는 이유는 1980년대에 미국에서 수천 개의 기업이 구조조정(희망퇴직)을 하는 상황에서 발전된 이론으로 의미가 있고, 이후 자연스럽게 그 개념의 모델이 아시아 재정 위기 이후에 대한민국에서 실시된 전직지원 프로그램에 영향을 미쳤기 때문이다.

이런 모델은 기업에서 희망퇴직을 하는 근로자와 정년퇴직을 하는 근로자를 대상으로 하는 전직지원 서비스에도 기본적으로 적용할 수 있으므로 프로그램 개발 시 참고할 수 있도록 소개한다. 3가지 모델을 설명하면 아래와 같다.

모델 1: 미라벨의 '전환 카운슬링 모델'

이 모델은 희망퇴직 기업 차원에서는 경제적, 구조적, 수행 능력, 관리, 그리고 내부 정치적 차원의 대책을 강구하고, 희망퇴직을 하는 근로자 개인 차원에서는 단순한 이력서 작성이나 면접 훈련소가 아닌 심리적 부담을 감소하기 위한 평안, 성찰, 그리고 명확화를 추구하기 위한 모델이다. 미국에서는 구조조정으로 퇴직한 자의 심리적 상태가 불안한 점 등을 고려하여 '컨설팅'이라는 용어보다는 '카운슬링'이라는 용어를 주로 사용한다. 그 단계는 5단계로서 아래와 같다.

[전환 카운슬링 5단계]

첫째, 위안이다. 이는 실직으로 인한 감정적 트라우마를 처리하고, 자기효능감과 정체감을 재확신하는 단계로서 컨설턴트는 심리적인 지원뿐만 아니라 실직 및 퇴직으로 인한 상황의 심각성을 컨설팅한다.

둘째, 성찰이다. 위의 감정적 트라우마가 감소할 때에 발생 상황에 대한 이해를 높일 수 있는 에너지가 발생하면서, 전환의 '씨'가 뿌려지는 단계이다. 컨설턴트는 실직 및 퇴직과 관련된 관점을 제공하고, 상황 이해에 도움이 되는 성찰을 지원하는데, 강점, 약점, 동기부여 요인 및 행동 패턴을 새로운 관점이나 인생 전체의 관점에서 성찰하도록 돕는다.

셋째, 명확화이다. 이전의 경력과 미지의 경력 간에 발생할 수 있는 차이를 인식하는 단계로서, 경력과 개인의 고민 부분에 대한 이해를 심화한다. 컨설턴트는 고객이 이해한 내용을 통합하여 명확화하도록 지원한다.

넷째, 방향성 설정이다. 새로운 경력 경로를 지향하는 질적인 전환이 발생하는 단계로서 컨설턴트와 고객은 전환 가능한 경력 경로를 탐색하는데, 이때 컨설턴트는 전직 서류 작성, 네트워킹 및 마케팅 전략, 면접 등을 지원하면서 전환 과정을 이해하도록 돕는다.

다섯째, 관점의 이동이다. 앞의 4단계를 거친 이후에는 새로운 경력을 지향하는 관점이 조직화된다. 이때는 실직과 퇴직이 새로운 의미로 다가오게 되고, 처음과 달리 자신의 전직을 전환 과정으로 인식한다.

특별히 미라벨의 모델에서는 전직지원 컨설턴트가 명심해야 할 핵심 5가지를 제시하고 있는데, 아래와 같은 내용으로 명심해야 할 내용이다.

첫째, 컨설턴트는 고객과 신속히 라포를 형성하고, 신뢰를 구축해야만 한다. 고객은 실직으로 인한 감정적 고통과 재정적 고통이라는 2가지를 경험하므로, 2가지 중에 어떤 문제가 더 큰지를 잘 식별하고 지원해야 한다. 저자의 현장 경험에 의하면 희망퇴직자의 경우에는 2가지 문제가 서로 얽혀있고, 정년퇴직자의 경우에는 대부분 그동안 축적한 유형 자산의 절약에 대한 관심이 많았다.

둘째, 희망퇴직 기업을 향한 고객의 분노나 거부감이 극복되었는지를 파악해야 하는데, 그런 감정이 남아있을 시에는 전직탐색 활동에 방해가 되기 때문이다. 저자는 현장에서 강의나 컨설팅을 하면서, 종종 희망퇴직 근로자를 만날 경우가 많았는데, 대부분 그런 감정이 남아있었다. 따라서 컨설턴트는 그런 감정의 해소 여부를 잘 파악하고, 그에 따른 컨설팅을 해야 한다.

셋째, 컨설턴트는 순수한 치료와 전직 스킬의 전수 사이를 유연하게 오가는 지원을 해야만 한다. 즉, 언제 심리적인 문제를 다루고, 언제 전직 스킬을 전수해야 하는지를 잘 구분해야 한다.

넷째, 간혹 전직 장애물이 출현할 시에는 고객과 직면을 할 필요가 있는 상황에서는 "왜 잘 안 될까요?", "무엇이 잘 안 되시나요?" 혹은 "어떻게 해볼까요?"라고 말하면서 직면한다. 앞서 컨설팅 기법에서도 이야기한 바와 같이 직면 기법을 자주 사용할 경우에 컨설턴트와 고객의 관계를 해칠 수 있으므로, 꼭 필요시에만 사용한다.

다섯째, 전직지원의 궁극적인 목표는 고객의 '성공적인 전직'이지만, 실제로 가치 있는 산출물은 전환의 과정에서 고객이 획득한 '통찰력'이다. 통찰력의 획득이 중요한 이유는 이후에 유사한 전직의 경우가 발생하더라도, 고객이 자기 발로 잘 설 수 있는 힘이 되기 때문이다.

모델 2: 커크의 '전체론적 전직지원 모델'

이 모델은 기업 내부 혹은 외부의 경력 개발 전문가를 투입하는 방법으로 최초에는 지역의 경력 개발 전문가, 고용 관련 기관, 그리고 직업훈련 전문가가 투입되는 말 그대로 모든 이해 당사자가 협업하는 형태이다. 대한민국의 최근 사례는 조선업 불황으로 인해서 2016년도부터 희망퇴직을 할 때 설치된 '조선업희망센터'이다. 모델을 구성하는 단계와 내용은 다음과 같다.

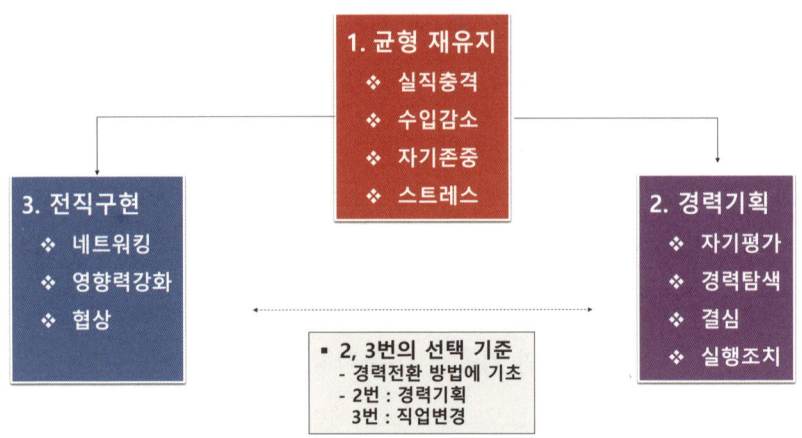

[전체론적 전직지원 모델 3단계]

첫째, 균형 재유지 단계이다. 여기에서는 최초 심리적, 재정적인 긴급 조치를 한다. 왜냐하면 희망퇴직자가 실직 초기에 실망과 불신을 가지기 때문에 그 시점의 스트레스 수준은 가족의 건강에 이상이 생긴 수준과 유사하다. 그런 상황은 전직에 필요한 스킬의 습득과 전직탐색 활동의 구현 그 자체에 영향을 미친다. 따라서 다시 균형을 유지하도록 노력해야 한다.

둘째, 셋째 단계는 각각 경력 기획 단계와 전직을 구현하는 단계로서, 보유한 재원이나 자산 상황에 따라서 경력 기획 단계를 선택하든지 혹은 전직 구현 단계로 진입한다. 이때 어느 정도의 재원이나 자산이 있을 때 자기 평가 등 새로운 경력을 기획하는 2단계를 채택하고, 재원이나 자산이 부족 시에는 네트워킹이나, 자신의 영향력 등을 강화하여 바로 직업을 변경하는 전직을 시행하는 3단계를 선택한다.

일단 2단계나 3단계를 선택하고 진행하다가 생각이나 상황이 바뀌면 다시 방향을 전환할 수도 있다. 즉, 개인적인 상황에 따라 2단계에 있다가 3단계로 전환하거나, 3단계에 있다가 2단계로 전환한다.

모델 3: 아퀴란티 등의 '통합 모델'

앞에서 설명한 미라벨과 커크의 모델은 선형적, 쉽게 이야기하면 단계를 차근차근 밟아가는 형태이다. 그러나 현장의 경우 원칙적으로 단계를 차근차근 밟아가는 형태로 기획하지만, 실제로는 각 단계 사이에 명확한 경계선이 그어져 있는 것이 아니라 일부는 겹쳐져서 진행되거나, 여러 단계가 동시에 진행되는 부분도 있다. 아퀴란티의 모델도 앞의 2가지 모델과 유사한 점은 있으나, 단계가 혼재되어 진행된다는 개념을 잘 설명해준다. 그 단계는 상호 중첩되는 4단계로서 아래와 같다.

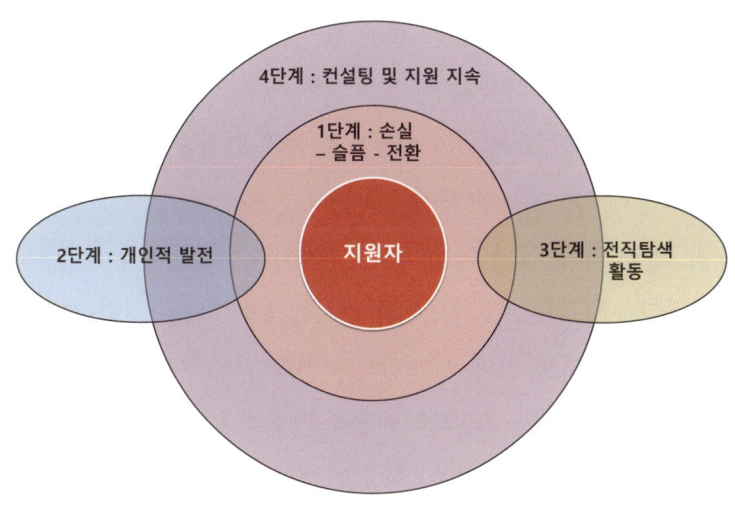

[통합 모델 4단계]

첫째, 손실-슬픔-전환 단계이다. 이 단계에서는 죽음과 관련하여

'거부'에서부터 '수용'까지의 5단계 이론을 발표한 정신과 의사 엘리자베스 퀴블러 로스의 이야기와 같이 초기에 충격과 거부, 분노, 그리고 타협을 경험한다. 개인에 따라서는 단계가 일부 생략되기도 하고, 경험하는 기간도 다르다. 이 단계에서 컨설턴트는 따뜻하고 개방된 자세로 유연함, 신뢰감 구축, 이해, 그리고 공감으로 고객을 대해야 한다. 아퀴란티는 그런 관계가 성공적인 전직지원의 핵심임을 강조하고 있다.

둘째, 앞의 단계를 거친 이후에 개인적인 발전이 이루어지는 단계이다. 세부적으로 나누어보면, 평가, 개인적 스트레스 측정, 재무 기획, 그리고 전직탐색 활동의 시작으로 이어진다. 이 단계에서는 최초로 고객에 대한 평가 혹은 진단을 한다. 평가 내용은 가치, 흥미, 개인 스타일, 그리고 보유 스킬이고, 방법은 질문, 시험, 파악, 그리고 써보기 등이다. 이어서 스트레스 관리 수준을 측정한 이후에 고객이 스스로 자기 관리를 잘하도록 지원한다. 재무 기획을 하는 이유는 전직탐색 활동의 실행에 장애로 작용할 수 있으므로 재무 정보를 파악하고 이해하도록 한다. 전직탐색 활동의 실행은 슬픔의 단계를 넘어서고 개인적, 재무적 스트레스가 감소할 때에 시작한다.

셋째, 전직탐색 활동이 이루어지는 단계이다. 이 단계에서는 정보 수집과 관련된 네트워킹 인터뷰 등을 실시하면서 미래의 경력 경로를 결심할 수 있는 준비를 한다. 네트워킹은 정확한 전직 판단을 위한 필수적인 조치로서, '자신을 도와줄 사람과 연계하는 절차'이다. 이어서 전직 서류의 작성을 지원하지만, 최종적으로 설득력 있고, 차별성 있는 서류의 작성은 개인이 마무리하도록 한다. 마지막으로 면접 기법을 지원한다.

넷째, 컨설팅과 지속적인 지원이 이루어지는 단계이다. 통합 모델의 마지막 단계로서 가장 중요한 부분이다. 전직지원 서비스는 특별하게 한정된 시간으로 수행할 수는 없고, 전직에 성공할 때까지 지속해서 지원해야 한다는 것이 아퀴란티의 주장이다. 이 단계에서는 고객에 대한 '격려'가 핵심이며, 후속 조치도 필요한 단계이다. 예를 들면, 인터뷰 이후의 디 브리핑(debrieng)이나, 지속적인 전직활동 지원, 그리고 각종 피드백이다.

3. 프로그램 개발 접근법

앞에서 이야기한 서비스 운영 구성 요소인 5C 중 콘텐츠(Contents)는 여러 가지 훌륭한 콘텐츠를 창조하거나, 벤치마킹하여 프로그램을 구성한다고 생각하면 무리가 없다. 근본적으로 프로그램 개발의 성격은 미래지향적인 활동이면서도, 효율성을 증대하기 위한 것이고, 연속적이면서도 단계적인 과정이다. 더불어 프로그램의 질을 높이기 위해서는 다수의 관련 전문가가 참여하여 전문적인, 체계적인, 그리고 차별적인 프로그램을 구성하여 서비스의 질을 높여야 한다.

저자가 현장에서 일하면서 간혹 느끼는 바는 프로그램 구성에는 고려해야 할 요소가 너무 많다는 것이다. 더불어 개발에는 다소의 비용이 소요되는 관계로 일반적인 전직지원 전문 업체가 독자적으로는 개발하기 힘든 실정이다. 전직지원 분야에서는 앞서 이야기한 바와 같이 국내 회사, 외국계 회사, 그리고 업종에 따라 여러 가지로 분류할 수 있는 회사가 존재하지만, 국내 회사의 경우 비용 문제와 실제 사용처가 제한되어 수익성이 떨어지는 관계로 프로그램 개발에 선뜻 나서지 못하고 있는 상태다. 반면 외국계 회사는 세계적인 기업 네트워크를 다수 형성하고 있으므로 본사 입장에서 지속해서 프로그램을 개발하여 공급하므로, 사실상 국내 회사가 개발 차원에서는 약자인 셈이다. 그럼에도 불구하고, 공공 기관인 한국고용정보원에서 다수의 훌륭한 프로그램을 개발하여 전파하고 있다. 일부 국내 전직지원 전문 업체에서는 그동안의 경험과 경력 컨설턴트가 보유한 노하우를 프로그램 개발에 오롯이 사용한다.

통상적으로 프로그램 개발은 전문성이 있어야 하는 업무라고 여기면서 다수는 개발 문제라면 손사래를 치는 경우가 많다. 저자는 전직지원 서비스의 질을 조금이나마 높여보기 위해서 이 장에서 학술적인 프로그램 개발 접근법을 쉽게 논해보고, 저자가 현장에서 강사로 일하면서 실습한 자료와 저자의 경험에 기초한 여러 가지 프로그램 구성 기법을 간략하게 소개하고자 한다. 완벽한 프로그램 구성 사례를 제시하기에는 저작권 문제가 존재하기 때문에 홈페이지나 회사 홍보 팸플릿 등에 공개된 내용만 제시한다. 아래에서 설명한 내용을 참고해서 필요한 프로그램을 구성한 뒤에 실행과 피드백을 계속하면서 프로그램을 발전시켜 볼 것을 권해본다.

개발 접근법

개발 접근법은 어떤 절차에 의해 프로그램을 개발하는지를 이야기하는데, 더욱 나은 프로그램을 개발할 때에 보유한 자원의 효율적 활용과 구성 작업을 쉽게 하기 위함이다. 더불어 개발 요원 간의 역할 분담을 하는 기준이 된다. 접근법은 이론적으로 크게 4가지로 나뉘는데, 선형, 비선형, 통합, 그리고 비 통합적인 접근법이다. 관련된 내용은 아래에 요약 설명한다.

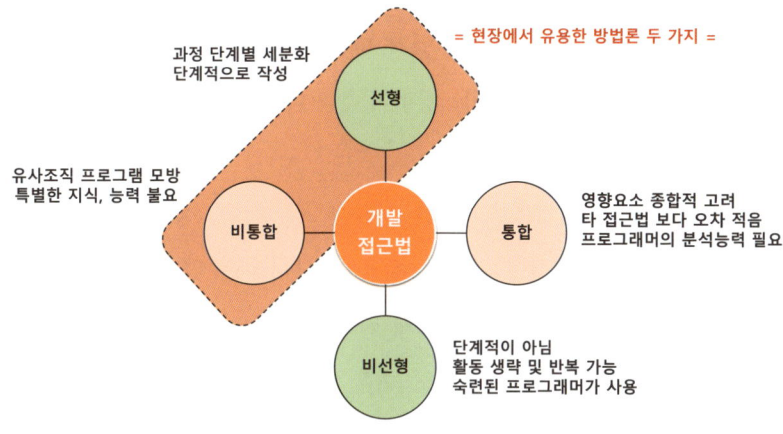

[프로그램 개발 접근법 4가지]

첫째, 선형 접근법은 개발 과정을 단계별로 세분화하여 마치 계단을 올라가듯이 차근차근 하나씩 개발해나가기 때문에 초보자도 쉽게 개발이 가능한 기법이지만, 유연성과 융통성이 다소 모자란 기법이다.

둘째, 비선형 접근법은 선형 접근법의 반대 기법으로 차근차근 단계적으로 해나가는 것이 아니라, 활동의 생략 혹은 반복 접근이 가능하고, 수시로 수정이 가능한 융통성 있는 기법으로서, 시간이나 노력의 절약은 가능하지만, 프로그램 비전문가나 초보자의 경우에는 부적합한 기법이다.

셋째, 통합 접근법은 말 그대로 관련된 내용을 전체적으로 고려하는 기법이기 때문에 과정이 복잡하고, 전문성이 요구되는 기법이다. 정확한 분석 능력이 필요하므로 초보자가 채택하기 힘든 기법이다.

넷째, 비통합 접근법은 통합 접근법의 반대되는 방법으로서 다른 유사 조직의 프로그램을 모방하는 기법으로서 특별한 지식이나 능력 없이도 가능하지만, 프로그램의 성공 여부가 불투명하다. 통상 현장에서는 전직지원 전문 업체에서 자사의 홈페이지 등에 마케팅 목적으로 프로그램의 개념을 일부 노출해두었기 때문에 개념의 참고 시에는 매우 좋다. 차별성을 가져야 하지만, 경력이 짧거나 비용이나 시간을 투자할 수 없을 경우에 유리한 기법이다.

시인, 티 에스 엘리엇은 "미숙한 시인은 모방하고, 성숙한 시인은 훔친다. 나쁜 시인은 자신이 가져온 것을 손상하지만, 좋은 시인은 그것을 더 좋게 만들거나 적어도 다르게 만든다."라는 이야기를 하였다. 비통합 접근법을 사용하여 재창조도 해볼 만하다. 아래의 예는 ㈜제이엠커리어사의 홈페이지에서 소개하는 '인생 2모작 설계' 내용이다.

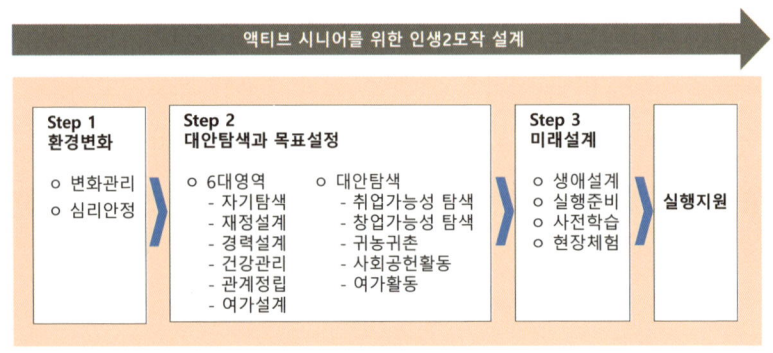

[제이엠커리어사의 인생 2모작 설계 프로세스]

결론적으로 초보자도 채택할 수 있는 기법은 차근차근 단계적으로 구성하는 '선형 접근법'과 기존에 존재하는 내용을 벤치마킹하는 '비통합 접근법'이다. 프로그램 개발의 필요성이 있을 때는 타 프로그램 벤치마킹이나 자사의 기존 프로그램 보유 여부를 파악하여, 차근차근 계단을 오르듯이 개발해보자.

구성 핵심 요소

앞의 두 가지 기법인 선형 접근법, 비통합 접근법을 적용할 때 필요한 것은 기본적으로 전직지원 프로그램의 기본적인 구성 요소는 어떤 것인지에 대한 의문이 생긴다.

그러면 먼저 자사에서 생각하는 프로세스나 규정된 프로세스에 맞는 콘텐츠를 구성해서 시간에 맞게 넣어보면 좋다. 물론 초안을 잡은 이후에 전후를 비교하는 등 순서 조정에 대한 시간 투자도 필요하다. 구성 핵심 요소는 아래와 같으며, 희망퇴직 기업의 요구, 고객의 요구, 그리고 전문 업체의 여러 가지 상황에 기초하여 구성하거나 순서를 정할 수 있다.

= 프로그램 구성 시 참고할 수 있는 주제 모음 =
① 프로그램 종류　　　　　　② 프로그램 제목
③ 목적, 목표 및 진행 단계　　④ 실시 기간 및 장소
⑤ 주관 및 추진 체계　　　　⑥ 기대효과
⑦ 투입 인력(운영, 컨설턴트, 강사 등)　⑧ 집중 교육 항목
⑨ 컨설팅 주제, 시간 및 회차
⑩ 현장 견학, 현장 실습 혹은 아웃팅(outing)
⑪ 전체적인 일정　　　　　　⑫ 예산
⑬ 행정 사항 및 책임 구분 등

4. 현장 프로그램 구성 기법

앞서 설명한 바와 같이 이론에 근거한 프로그램 구성기법이 있으나, 실제 현장에서의 적용 시에는 다소 전문성이 요구되는바 저자의 경험에 기초하여 현장에서 간단하게 사용할 수 있는 프로그램 구성이나 단시간 강의 구성을 할 수 있는 7가지 기법을 소개하고자 한다.

이야기할 순서는 아이디어 목마 기법, 만다라트 기법, 클러스트 활용 기법, 백와드 디자인 기법, 탬플릿/리스트 활용 기법, 스토리보드 기법, 그리고 마인드맵 순이다. 어떤 의미에서는 전체적으로 생각 발산 및 수렴 기법을 이용한 기획으로 볼 수도 있다. 이런 기획 기법을 소개하는 이유는 여러 가지 기획 수단에 대해 이해를 하면 프로그램 구성 시간을 줄일 수 있기 때문이다. 기획 시간을 충분히 가지지 않고, 바로 작성에 들어갈 때 진행 과정에서 혼돈을 초래하여 시간이 더 소요된다는 사실을 경험적으로 이야기할 수 있다. 기획 전에는 일단 다른 생각부터 먼저 해보자. 아인슈타인은 "똑같은 생각과 같은 일을 반복하면서 다른 결과가 나오기를 기대하는 것보다 더 어리석은 생각은 없다."라고 이야기하였다. 프로그램의 차별성은 다른 생각에서 나온다.

아이디어 목마 기법

이는 이미 존재하는 프로그램이나 내용에 새로운 의견을 덧붙여 수정 및 보완하는 것으로, 창의적 사고력을 확장할 수 있다. 기존의 프로그램 내부에 일정 부분 다른 내용을 넣는 내삽법, 외부에 추가하는 외삽법, 그리고 기존의 내용 2가지를 잇는 방법 3가지이다. 이 내용은 단순하지만 그런 개념의 인식 여부가 개발 시에 도움이 될 수 있다.

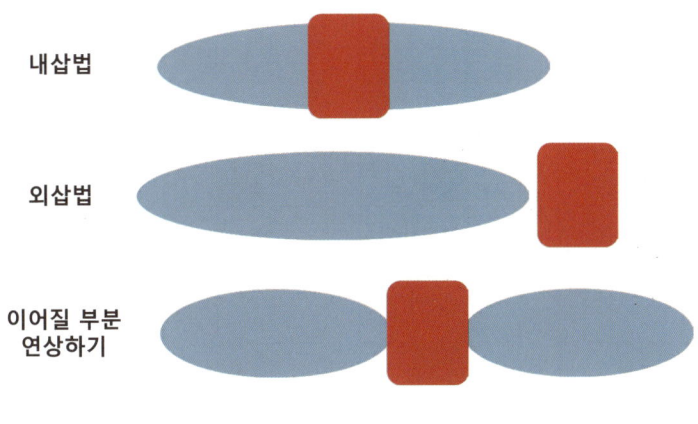

[아이디어 목마 기법]

만다르트 기법

이 기법은 하나의 발상으로부터 아이디어를 이어나가는 것이다. 9개로 나누어진 정사각형 그림인 만다르트 중앙에 최종 목표를 주제로 적고, 그 주변 8개의 칸에 주제와 관련된 아이디어, 즉 소주제를 적는다. 그 이후 소주제 하나하나도 똑같은 방법으로 전개해나가는 방법이다. 더 확장하면 다시 소주제에서 전개한 내용을 가지고 또 다른 만다르트를 이어나갈 수 있다. 작성 방법과 현장에서 세미나를 준비하면서 적용해본 사례는 다음과 같다.

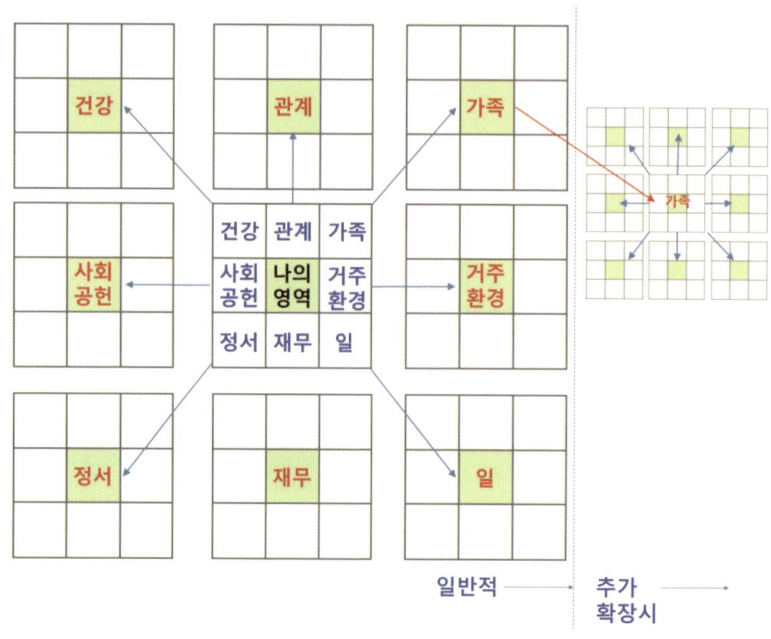

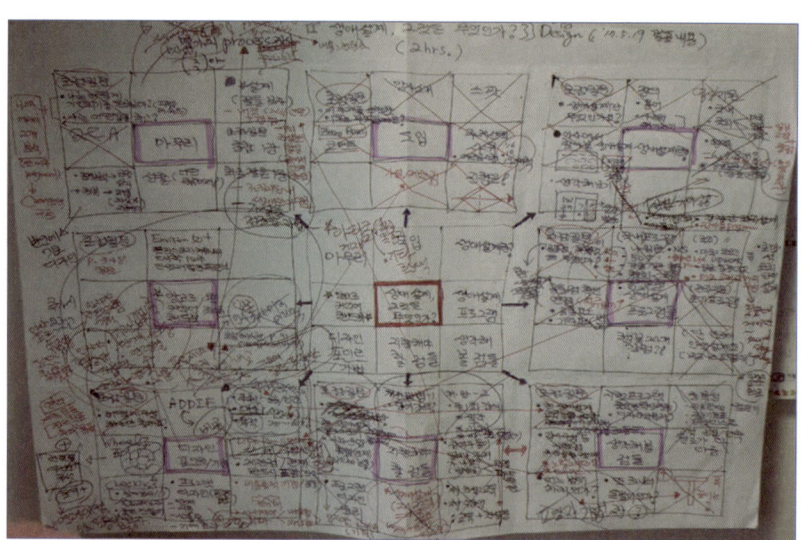

[만다르트 기법과 세미나 구성 시 적용의 예]

클러스트(cluster) 활용 기법

'클러스트'란 '무리, 집단, 뭉치'를 의미한다. 어떤 프로그램을 구성하든지 그 프로그램의 주요 구성 요소와 세부 구성 요소가 있다. 그런 요소를 나열한 이후에 유사한 것끼리 묶어서 클러스트를 만드는 방법으로, 그림에서 보는 바와 같이 대 클러스트, 소 클러스트로 구분한다. 클러스트를 나열한 이후에 주어진 시간에 따라서 프로그램을 구성해나가는 기법이다.

예로 든 내용은 저자의 생애설계 프로그램의 구성과 관련된 내용이며, 소 클러스트를 분류한 이후에 대 클러스트로 묶어서 시간이나 필요에 따라서 배열하였다. 더불어 명언, 격언, 토의, 과제 및 퍼실리테이션을 추가하여 프로그램의 유연함을 추구한다. 클러스트를 대, 소로 구분해놓은 내용과 시간에 따른 프로그램 구성의 예도 참고하면 좋다.

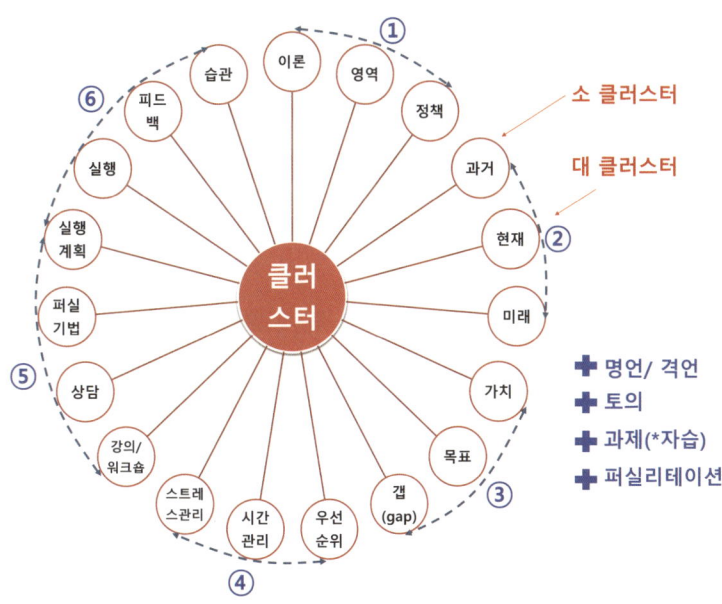

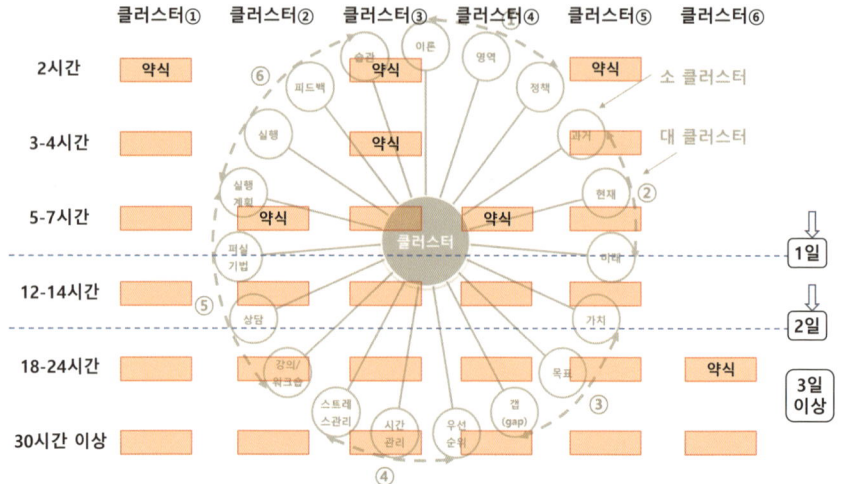

[클러스트를 활용한 생애설계 프로그램 구성의 예]

백와드(backward) 디자인 기법

백와드 디자인 기법은 통상적인 기법을 떠난 말 그대로 거꾸로, 뒤에서부터 기획하는 기법으로, 일정 시간의 프로그램 기획에 충분히 활용할 수 있으며, 공급자 중심이 아닌 학습자 중심의 프로그램 구성에 좋은 기법이다.

세부적으로 설명하자면, 통상적인 프로그램 구성 방법처럼 학습 계획부터 시작하는 것이 아니라, 최종 학습 결과부터 먼저 설정하고, 그를 통한 수용 가능한 증거를 결정한 이후에 그 증거를 산출하기 위한 학습 경험과 수업 경험하기 순으로 작성한다. 그래서 차례는 학습 결과, 학습 증거, 그리고 학습 계획순으로 작성한다. 아래의 사례는 저자가 백와드 기법을 사용하여 기획한 '전직지원 생애설계 심화 과정' 40시간의 예이다.

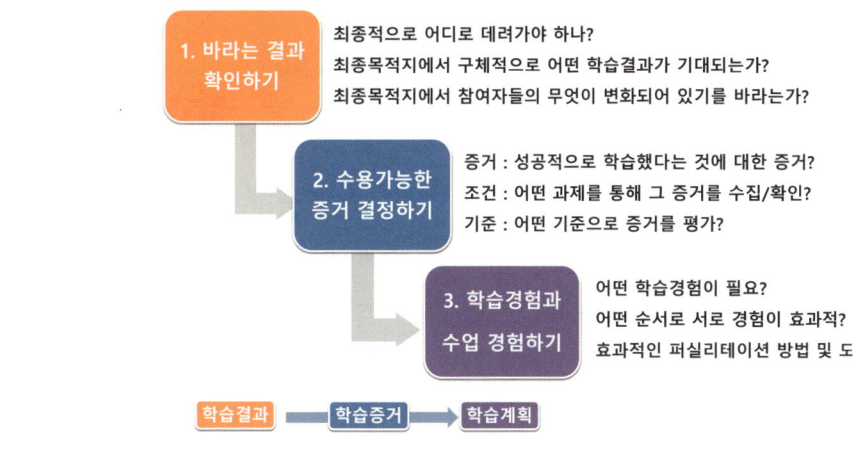

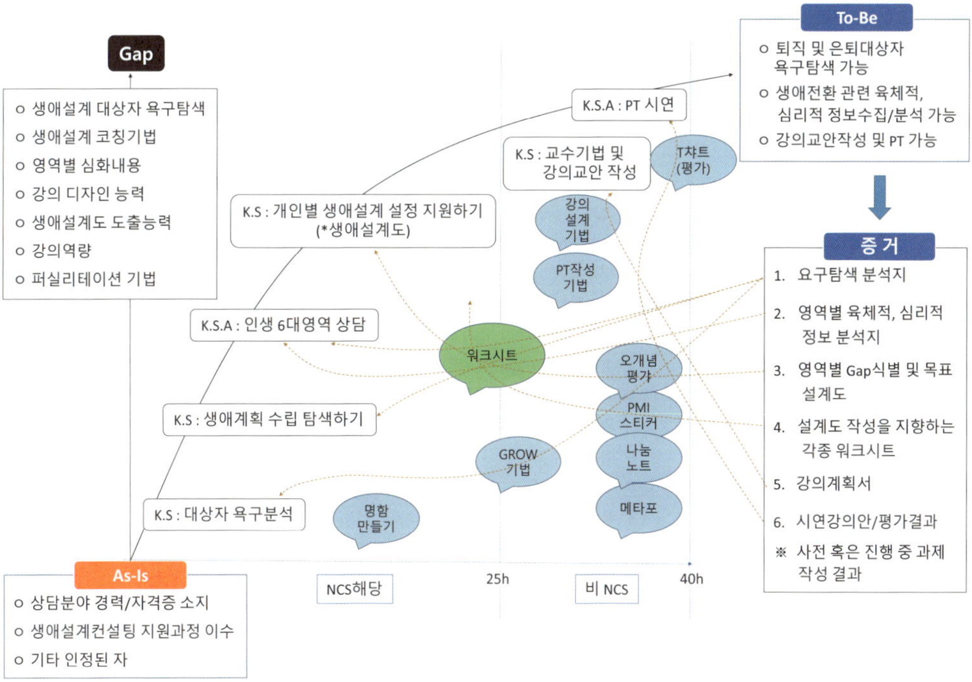

[백와드 기법을 적용한 생애설계 심화 과정 프로그램]

리스트(list, 목록)/템플릿(template) 활용 기법

리스트 혹은 템플릿 활용 기법은 주어진 프로그램 주제와 관련된 세부 내용, 즉 리스트에 대한 아이디어를 발산하여, 그룹으로 분류한 이후에 필요한 내용을 시간이나 요구에 맞추어 구성해나가는 방법이다. 리스트는 핵심 단어(keyword)로도 표현할 수 있다.

더불어 아래와 같은 예에서 볼 수 있는 목록을 적은 템플릿을 만들어서 그 템플릿을 자유자재로 옮겨가면서 좀 더 쉽게 프로그램을 구성하는 기법이다. 템플릿을 만들 시간이 없을 경우에는 종이 위에 목록을 적어서 구성하면 된다. 아래는 생애설계 프로그램과 관련된 리스트의 모음이다. 주어진 시간에 적합한 리스트를 추출하고, 추가 및 삭제해나가면 된다.

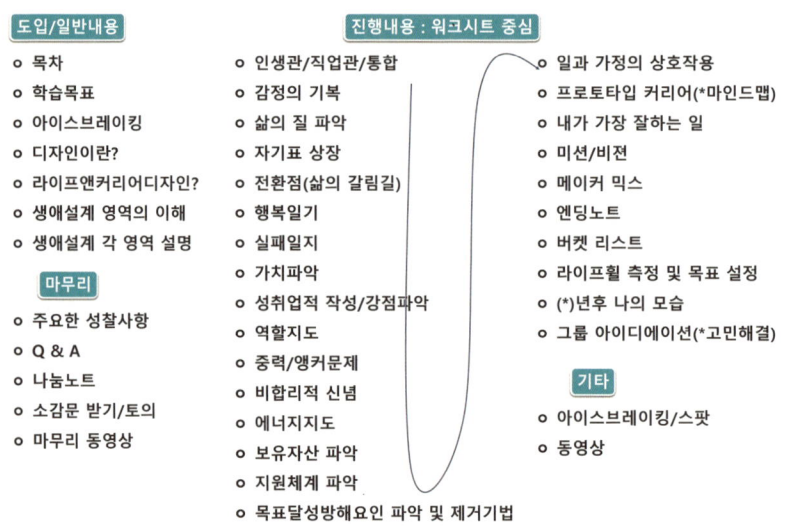

[생애설계 프로그램 구성을 위한 리스트 모음]

스토리보드(storyboard) 기법

스토리보드 기법은 원래 할리우드에서 영화를 촬영할 시에 만족스럽지 못한 촬영(NG, No Good) 때문에 필름을 계속 소비하는 일을 방지하고자 미리 종이 위에 박스를 만들어서 사전 브레인스토밍을 해보기 위해 개발된 기법이다. 오스카 4관왕을 차지한 「기생충」 영화를 제작한 감독 봉준호는 수상 인터뷰에서 영화를 만들기 위해서 사전에 주요 장면을 만화로 그려서 충분한 브레인스토밍 및 토의를 거친 후에 촬영했다고 한다.

　이는 사전에 필름과 같은 박스를 여러 개 그려놓고 그 박스 안에 전체 구성을 해보는 방법이다. 프로그램을 구상할 때에 사용할 수도 있지만 몇 시간의 강의계획 수립 시에도 효과적이다. 사용의 예는 아래와 같다. 스토리보드는 작성 중에 선을 이용하여 위치를 옮기는 표시도 가능하고 한눈에 볼 수 있는 장점도 있다.

[스토리보드 적용의 예]

마인드맵(mind map) 기법

　프로그램 전체를 구상하기보다는 단시간 특강 시 등에 사용할 수 있는 기법으로 중심에 주제를 놓고, 생각을 확산해나가는 방법이다. 자유로운 생각의 확산을 통해서 천천히 해당 내용을 이어나가는 방법이다.

　왼쪽의 사례는 민간 기업 희망퇴직 프로그램 특강 2시간의 경우이며, 오른쪽의 사례는 대학교에서의 취업 특강을 기획한 내용이다. 마인드맵도 진행 간에 계속 선을 그어서 위치를 조정할 수 있으며, 한눈에 볼 수 있는 장점이 있다.

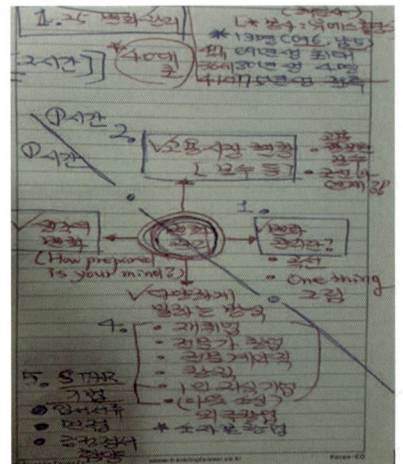 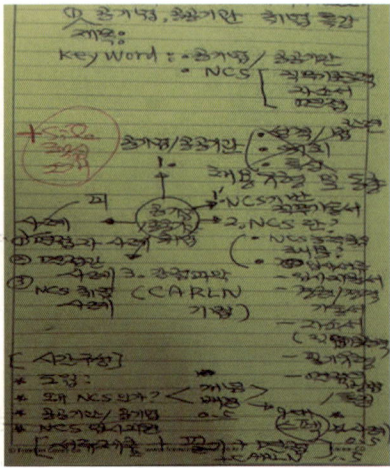

[마인드맵 적용의 예]

5. 프로그램 구성 사례

여기에서는 민간 프로그램 및 공공 프로그램 구성 사례에 관한 내용을 이야기하고, 이어서 현장에서 실제로 실습해본 사례순으로 소개해본다.

프로그램 구성에 관한 세부 내용은 전직지원 전문 업체의 저작권 문제 등이 존재하므로, 홈페이지 등에서 이미 공개된 자료를 통해서 이야기한다. 이런 기본 개념에 자기 생각, 기관이나 전문 업체의 생각, 그리고 희망퇴직 기업의 요구를 더 하여 프로그램을 구성할 때에 아이디어를 낼 수 있는 독자 여러분의 발화제가 되었으면 한다.

민간 프로그램

기본적인 민간 프로그램은 아래 그림에서 보는 바와 같이 진로 상담과 경력 컨설팅, 전직 교육과 훈련, 그리고 구직과 창업 활동 지원이라는 3단계로 구성되어 있고, 부가적으로 행정적 지원이나 사후 서비스로 이루어져서 실행되고 있다. 국가에서 실행하는 취업성공패키지 프로그램의 경우에도 3단계로 이루어져 있으며, 첫 번째 단계는 '진단, 의욕 제고 및 개인별 취업 활동계획 수립', 두 번째 단계는 '직업 능력과 직장 적응력 증진을 위한 프로그램 참여', 그리고 마지막 단계는 '취업 알선 서비스 제공 및 취업 성공'으로 구성되어 있으며, 개념적으로 위와 서로 유사한 3단계 프로그램이다. 결국 민간 프로그램과 공공 프로그램의 기본 구성 개념은 뒤에서 이야기하는 '진단-준비-실행'이라는 개념으로 서로 유사하고, 세부적인 각론에서는 특성에 따른 내용을 넣었다고 보면 된다. 따라서 특성에 따른 세부적인 내용이 그 프로그램의 질적인 수준을 이야기해준다고 보면 맞다.

아래에 제시된 프로그램도 크게 보면 컨설팅이나 진단의 결과에 따라서 관련 교육과 훈련을 통해 역량 향상을 도모하고, 마지막으로 구직 활동 등의 합리적이고, 단계적인 지원으로 이루어진다.

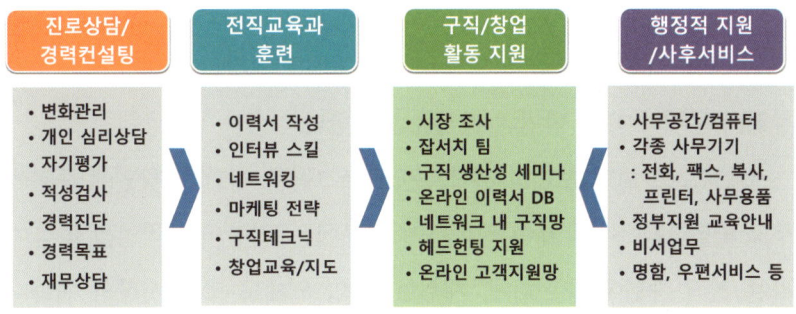

[민간 전직지원 프로그램 구성의 예1]

초기의 기본적인 민간 전직지원 프로그램은 다음 그림에서 보는 바와 같이 진단, 준비, 그리고 실행이라는 3단계로 구성되었다.

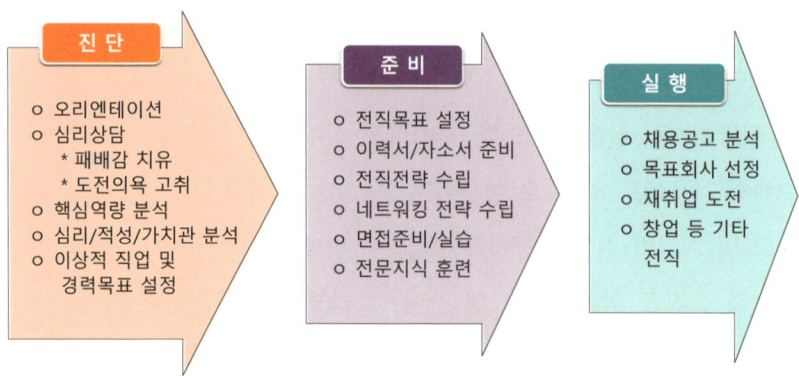

[민간 전직지원 프로그램 구성의 예 2]

첫 번째 단계인 '진단'에서는 오리엔테이션, 실직의 충격을 해소하기 위한 심리 상담, 핵심 역량 분석, 가치관 분석 등을 통해서 이상적인 직업 및 경력 목표를 설정한다.

두 번째 단계인 '준비' 단계에서는 전직 서류 준비와 함께 전직 전략 및 네트워킹 전략을 수립하고, 모의 면접 등을 실시하면서 전직 관련 전문성을 향상한다.

세 번째 단계인 '실행' 단계에서는 채용 공고를 분석하고, 목표 회사를 선정한 이후에 꾸준한 도전을 하게 되며, 재취업이 불가할 시에는 창업의 문이나 기타 방법의 전직을 지향한다.

전체적으로 보면 초기의 전직지원 프로그램은 재취업, 창업에 중점을 두고 있었으나, 이후 계속 진화하여 최근에는 '직장이나 직업을 옮김'이라는 전직 개념에 충실하게, 재취업, 창업 외에도 고용 시장의 변화나 세상의 변화에 따라 귀농/귀촌, 사회 공헌, 프리랜서, 창작, 제3섹터 등을 포함하여 다양하게 진화하고 있다.

아래에서 전직지원 전문 업체인 라이트매니지먼트사의 프로세스인 Z.I.P의 예를 들어보고자 한다. 이 프로세스는 크게 다섯 단계로 나뉘며, 준비, 시장 조사, 집중, 성공, 그리고 경력관리 단계순인데, 개요, 목표, 그리고 완료 지표순으로도 좀 더 세부적으로 구분되어 있다. 이 프로세스가 의미 있는 것은 성공을 향해 점차 좁혀 들어가면서, 성공 이후에도 경력관리라는 이름 아래 다시 확장해 나가는 개념인데, 실제 우리가 지향해야 할 바를 잘 설명해주는 좋은 프로세스이다.

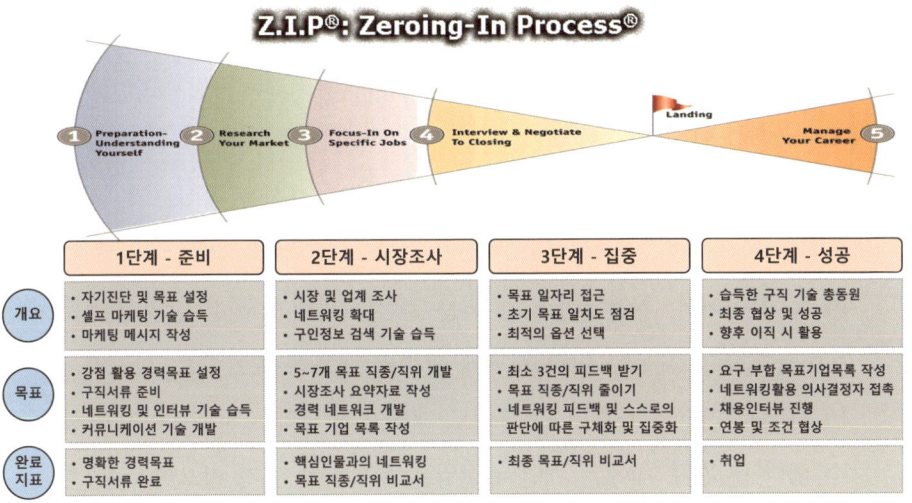

[라이트매니지먼트사의 제로잉-인-프로세스]

공공 프로그램

공공의 전직지원 프로그램은 중장년일자리희망센터에서 다수 주관하고 있으며, 여러 희망센터 중 한 곳의 '재도약 프로그램'을 살펴보면 다음과 같다.

일자	시간	주요내용
1일 차	3	· 교육 과정 소개 및 참여자 인사 · 취업에 대한 내 마음 살펴보기 · 나의 직업 가치 탐색
2일 차	3	· 재취업 고려 사항 정리하기 · 관심 직업 평가/ 탐색 직업 정리 · 취업 걸림돌 파악 및 해결 방법 찾기
3일 차	3	· 입사 서류의 이해 · 강점을 만드는 입사 서류 만들기 · 이력서 작성 실습
4일 차	3	· 면접의 이해+실전 모의 면접 · 교육 강평 및 수료식
계	12	-

[재도약 프로그램 구성의 예]

총 12시간으로 구성되어 있으며, 1일 차에는 자신을 돌아보고, 직업 가치를 탐색하며, 2일 차에는 재취업 고려 사항 정리 및 관심 직업 평가 등에 이어서, 취업에 방해가 되는 걸림돌 파악과 해결 방법 찾기로 이어진다. 3일 차에는 입사 서류에 관련된 내용을 지원하고, 마지막 4일 차에는 면접과 관련된 말 그대로 재취업 중심의 프로그램이라고 볼 수 있다. 시간표 내에는 개인 컨설팅은 포함되어 있지 않으며, 일종의 집단 프로그램으로 진행되고, 집단 내에서 시너지를 내는 형태로 진행하고 있다. 공공에서는 '생애경력설계' 프로그램도 개발하여 중장년일자리희망센터에 공급한 사례도 있다.

국가보훈처의 지원 프로그램은 제대 군인지원센터를 통해서 지원받는 컨설팅, 교육과 훈련, 구직 활동 지원, 그리고 행정 지원으로 구성되어 있으며, 이 역시 계층만 다를 뿐 앞서 설명한 3단계 프로그램과 그

맥락을 같이 한다.

아래 그림에서 보는 바와 같이, 제대한 이후의 제대 군인이 센터에서 최초로 심리적인 안정이나 진로 상담을 하고, 취업 교육이나 각종 워크숍에 참석하여 역량을 향상한 이후에 각종 취업이나 창업 정보를 받는 형태이다. 더불어 각종 정보가 탑재된 웹사이트 운영이라든지, 전직지원금 등을 지원받는다. 제대 군인의 경우, 제대 이전에는 현역의 신분으로 국방전직교육원에서 준비한 각종 전직지원 교육 등을 받으며, 제대한 이후에는 국가보훈처에서 전문 교육이나 취업 알선을 받는다. 엄격히 이야기하면, 제대 이전과 이후를 기준으로 각각 국방부 국방전직교육원과 국가보훈처 제대 군인지원센터의 업무가 분담된 것으로 보기 쉬우나, 실제로는 제대를 기점으로 볼 때 상호 지원 업무가 일정 기간 중첩되어 시행되고 있으며, 이는 전환기에서 필요한 중첩으로 볼 수도 있다.

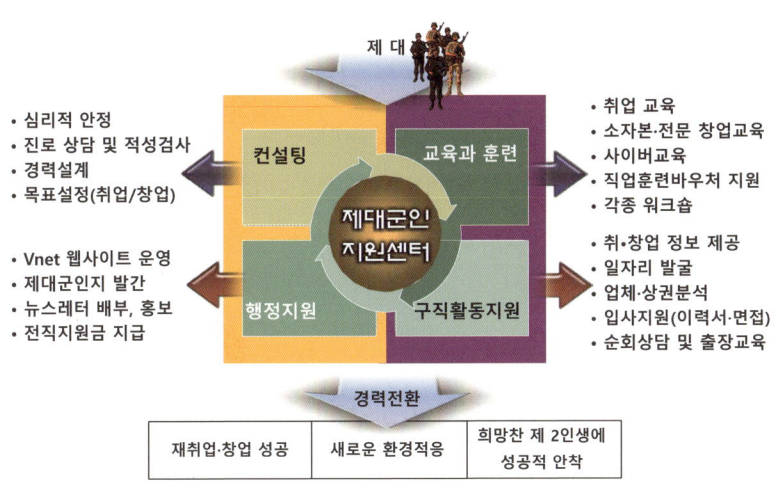

[국가보훈처 제대 군인 지원 프로세스]

현장 프로그램 구성 사례

저자는 현장에서 전직지원 관련 강사 업무를 수행하면서, 매 기수마다 프로그램 구성 실습을 커리큘럼에 넣어서 실행하고 있다. 대부분의 실습 내용은 실습 시간의 제한으로 1주일, 30시간의 커리큘럼 구성 실습이다. 물론 때에 따라서는 이 구성과 별도로 6회차 정도의 컨설팅 주제도 작성하도록 해본다.

아래 내용은 전직지원 전문가 양성 과정에서 실습한 '보험 회사 희망퇴직자를 대상으로 하는 조별 프로그램 구성 실습' 결과이다. 실습 전에 실습 방법은 앞서 설명한 '선형 접근법'과 '비통합 접근법'의 사용을 강조한다. 실습시 과목명을 다소 전환적으로 작성해볼 것을 요구한 결과 통상적인 명칭 부여보다는 은유적인 표현의 과목명을 붙여놓았다. 이런 형태의 30시간 실습은 기본적인 커리큘럼의 좋은 예가 될 수 있으며, 이 내용을 기반으로 컨설팅 등을 포함하여 프로그램의 기간이나 시간을 확대할 수도 있다.

통상적으로 민간 전직지원 프로그램의 경우에는 일주일에 하루 혹은 이틀간 3~6시간의 강의나 워크숍을 실시하고, 다른 날짜에는 컨설팅 시간으로 비워두면서 운영하고 있다. 2020년도 정부의 재취업(전직) 지원 서비스 의무화에 따라서 정년퇴직자에게도 16시간 이상의 전직지원 교육을 하도록 규정하였고, 이런 형태의 프로그램 구성이 좋은 참고 자료가 될 수 있다.

프로그램 작성 이후 토의 시 주로 시간의 적절한 구성, 전직 서류 작성과 목표 설정의 순서, 계층의 특성을 고려한 프로그램 구성, 그리고 전체적인 흐름의 적합성을 토의하여 서로 다른 조를 평가한 뒤에 발표하면서 수업의 질 향상을 도모한다.

통상 발견되는 실수는 시간의 일률적 편성, 전직 서류를 작성한 이후에 목표 설정 과목 배치, 계층의 특성을 고려하지 않은 비통합 프로그램 구성 기법에만 의한 모방, 그리고 실제 전직지원 절차에 따른 '진단-준비-실행' 형태의 프로세스 미준수 등이다. 항상 느끼는 바이지만, 프로그램 구성은 계층의 특성에 그리고 요구에 접근하면서 그들이 지닌 문제점의 발견에서부터 시작한다.

[커리큘럼 실습 사례]

앞서 소개한 프로세스 및 세부 프로그램 등은 좀 더 세부화하고, 차별성을 가한다면 서비스 제안 시에 사용할 수 있는 서비스 운영 부분의 핵심이 된다.

= 생각의 발산과 수렴을 위한 질문 모음 =

1. 요구와 요구 조사의 정의는?
2. 요구 조사 방법론 7가지는?
3. 전직지원 프로그램 모델 3가지를 간단히 설명하면?
4. 프로그램 개발 접근법 4가지 중 초보자들이 사용할 수 있는 방법 2가지는?
5. 선형 기법과 비통합 기법을 설명하면?
6. 아이디어 목마 기법은 어떤 기법인가?
7. 자신이 사용하는 프로그램 구성 기법은?
8. 만다르트 기법은 설명해보면?
9. 스토리보드 기법에 대해서 설명해보면?
10. 기본적인 민간 전직 프로그램 3단계 구성은?

제6장

전직지원 사례

제 6 장

전직지원 사례

📌 전직지원 사례란 전직 희망자가 현장에서 직면하는 여러 가지 문제 및 해결에 관한 의사결정 과정을 기술해놓은 것이다. 이를 통해서 희망퇴직자나 정년퇴직자가 현실 상황을 가늠하고, 자신의 전직탐색 활동에 참고하면서 실제 전직 현장에서 얻는 것과 유사한 간접 경험을 얻을 수 있다.

먼저 사례관리 전반에 대한 이해를 돕기 위해서 사례관리의 정의, 목적, 사례 관리자의 역할에 대해 알아보고, 실제 사례로 전직지원 서비스 사례, 희망퇴직자의 성공 및 실패 사례, 수기형 개인 전직 사례, 그리고 해외 전직 사례와 해외 전직지원 전문 업체의 개인 상황에 따른 컨설팅 모듈 구성 내용을 제시해본다.

1. 사례관리

사례관리는 1990년대 사회복지학과 간호학 분야에서 관심을 가지게 되면서 대한민국에 도입되었다. 당시는 시설 중심에서 지역사회복지 중심으로 이동하면서 재가 복지 서비스가 확대되던 시기였고, 1995년에 제정된 정신보건법에서도 사례관리를 강조하였다. 그 이전에는 서비스에 고객을 맞추는 개념이었으나, 사례관리를 강조하면서 고객에게 서비스를 맞추는 고객 중심 서비스로 전환하게 되었다. 미국에서는 1960년대 케네디행정부 당시 숱한 복지 정책을 구사하면서 서비스의 단편성이나 연속성 결여 문제를 해결하기 위한 서비스의 통합, 1970년대 탈시설화 도모, 그리고 1980년대 서비스의 조직화로 적절한 소득 보장, 직업 훈련과 취업 등을 강조하는 형태로 진행되었다. 그런 개념이 1990년대에 대한민국에 도입되었다.

미국 사례관리협회에서는 사례관리를 '질적, 비용 효과적 결과를 촉진하기 위한 의사소통 및 가용 자원을 통해 개인의 건강한 욕구에 부응하기 위한 서비스의 평가, 기획, 촉진 및 지지를 위한 상호 협력적 절차'로 정의한다.

사례관리의 목적

사례관리의 목적은 첫째, 고객의 삶의 질 향상, 둘째, 지속적인 보호의 제공, 셋째, 서비스 조정 및 개선, 넷째, 적합한 개별적 서비스 제공, 그리고 마지막으로 효과적 자원의 개발과 분배라고 할 수 있다.

전직지원 사례를 논하면서, 전직자에게 간접 경험과 방법론을 제공해야 하는 이유는 그들이 아래와 같은 다양한 생각을 하고 있기 때문이다.

① 고용 시장의 급격한 변화 때문에 전직이 이전보다 어렵다.
② 아직 젊은데 퇴직이 너무 빠르다.
③ 아직까지 가족 부양, 자녀 교육 등의 책임이 많이 남아있다.

④ 노후에 대해 생각해볼 겨를이 없어서 전혀 준비되어 있지 않다.
⑤ 나이가 많아서 재취업이 안 될 것이다.

따라서 '전직을 잘 할 수 있을까?' 그리고 '가능하다면 어디로 전직할 수 있을까?'라는 의문에 답하는 사례를 제시하면서 희망을 북돋아준다. 그것이 사례관리 및 작성의 목적 중 하나라고 볼 수 있다.

사례 관리자

사례 관리자란 일종의 문제 해결자나 서비스를 모니터링하는 사람 혹은 컨설턴트로서, 그의 역할은 전체적인 프로세스 관리, 계획의 발전을 위한 컨설팅을 제공한다. 전직지원 컨설턴트의 경우에는 고객과의 관계를 형성하는 가운데, 고객의 욕구를 파악하고 각종 지원 가능한 서비스를 고객과 연결하는 역할을 한다.

이 과정에서 컨설턴트가 사례 관리자로서 지켜야 할 할 사항은 아래와 같다.

① 고객의 가치, 라이프스타일, 태도 및 자세에 대해 믿음을 유지한다.
② 고객과 전문적인 관계를 유지하면서 고객 중심적 목표를 수립하고 고객의 결정을 존중한다.
③ 합의된 목표를 달성할 수 있는 고객의 능력에 대해 믿음을 유지한다.
④ 고객의 비밀과 사생활을 존중하면서 비판단적 태도를 유지한다.

2. 사례 작성

　사례 작성을 위해서는 고객의 상태 및 능력 등에 대한 진단 시행, 현실적인 목표설정 지원, 개별적인 전직탐색 활동 계획 수립, 그리고 마지막으로 평가 및 피드백을 하는 절차를 거친다. 그 과정에서 문제 해결을 촉진하기 위한 격려와 동기부여를 실시하고, 필요하면 계획을 수정하는 등 고객의 목표 달성을 지원한다.

　사례를 모은 사례집은 전직지원과 재취업 분야 등 사업의 성격에 따라서 광범위하게 작성되어 발간되며, 그를 통해서 이후에 같은 경로를 택하는 전직자가 참고하게 한다. 여기에서는 저자가 전직지원 강의 중에 사용한 사례 작성을 위한 내용도 제시해보고자 한다. 내용은 사례 관리 주관 기관 혹은 기업, 사례 관리자, 상황에 따라 수정될 수 있다.

　사례의 기록 및 작성은 고객의 활동 사항을 기술하면서, 객관적으로 간결하게 작성해야 하며, 올바른 용어를 사용해야 한다.

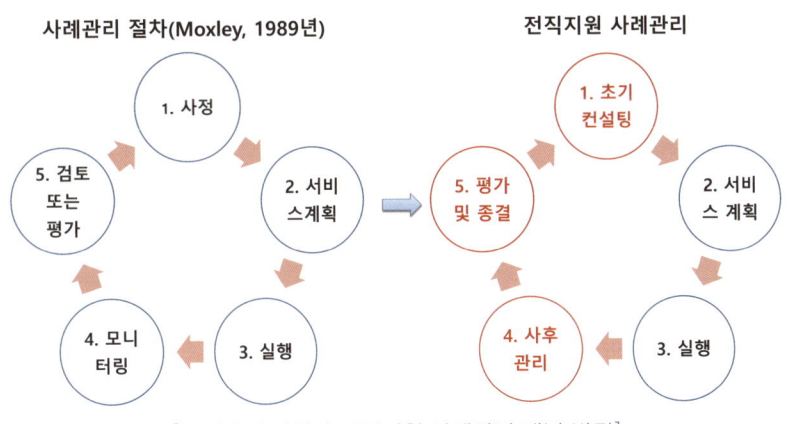

[사례관리 절차와 전직지원 사례관리 개념 발전]

　위 그림은 목슬레이(Moxley)가 이야기하는 사례관리 절차 5단계와 그

것을 저자의 생각으로 전환해본 전직지원 분야의 사례관리 절차로 참고할 수 있는 기본 개념을 제공하는 차원에서 제시해본다.

개인 전직 성공 사례 주제

아래는 '개인의 전직 성공 사례', 그리고 '희망퇴직 기업의 전직지원 서비스 사례' 작성을 위한 주제의 예이다. 개인의 전직 성공 사례는 성공에 영향을 미치는 방법론을 가늠해보기 위한 것이고, 희망퇴직 기업의 전직지원 서비스 사례는 전직지원 전문 업체가 사업을 제안하거나, 사업 수주 이후 전직지원 컨설턴트를 투입하기 이전에 시행하는 사전 교육 자료를 작성하는 데 도움이 된다.

개인 사례는 개인의 여러 가지 상황에 따라 주제를 가감해서 작성하면 된다. 개인 전직 사례의 작성 이유는 앞서 이야기한 바와 같이 희망퇴직자나 정년퇴직자에게 전직이 가능하다는 자신감을 심어주기 위한 것이다.

> 1. 인적 사항
> 2. 기존 경력 및 업무
> 3. 새로운 경력 및 업무
> 4. 성공을 위한 노력
> 5. 성공 포인트
> 6. 기타 사항 등

희망퇴직 기업 전직지원 사례 주제

아래 주제를 참고하여 희망퇴직 기업의 여러 가지 상황에 따라 주제를 가감해서 작성하면 된다. 기업의 사례를 탐색하기 위해서는 주로 기사 검색을 추천하고 싶다. 그 이유는 기업에서는 자사의 희망퇴직 사항을 알리고 싶지 않기 때문에 공개된 자료가 제한적이다. 따라서 키워드를 이용한 기사 검색을 추천하고 있으며, 기자가 전체적으로 잘 정리해서 보도하기 때문이다. 그 자료에 기타 기업 관련 기타 참고 자료를 더하면 완벽한 사례가 작성된다.

> 1. 희망퇴직 기업명
> 2. 희망퇴직 실시 사유
> 3. 대상, 기간, 인원
> 4. 진행 상황(노사 협력, 보상, 전직지원 서비스 시행 등)
> 5. 기사 내 논평
> 6. 사례 작성 이후 의견(바람직한 절차 등)

3. 민간 및 공공 전직지원 사업 사례

여기에서는 기사 검색을 통해서 정리해본 민간 전직지원 사례, 공공 전직지원 사업 사례를 제시해서 사업 전반에 대한 이해를 돕고자 한다.

사례의 제한점은 기사 검색을 통한 정리를 하였고, 희망퇴직 기업에서 세부 사항을 밝히지 않는 관계로 내용을 전부 제시할 수는 없다는 것이다. 전직지원 전반에 대한 이해 자료로는 충분하다는 생각으로 제시해본다.

유념할 점은 민간 전직지원은 그 대상이 민간 대기업이고, 기업의 비용을 사용했다는 점에서 민간 전직지원으로 분류했고, 공공 전직지원은 정부 주도적으로 실시했고, 정부 예산을 사용했다는 점에서 공공 전직지원 사업으로 분류하였다.

민간 전직지원 사업 사례

제시하는 사례는 대기업 사례로서 은행, 자동차, 그리고 조선 산업의 사례이다.

▶ OO은행

1. 사유
  ○ 비대면 거래 증가
  ○ 지점 운영 비용 절감 : 점포 운영 효율화, 영업 점포 감소
  (*최근 5년 점포 660개 축소)
2. 희망퇴직자 접수: OO년 O월 O일~O월 O일
3. 대상: 임금피크 대상자, 희망퇴직자(*OO~OO년 출생자)
4. 인원: 접수 중(*작년도 000여 명)
5. 퇴직 형태: 희망퇴직
6. 진행 경과
  ○ 'OO년 OO월: 임금피크 직원 대상 희망퇴직을 매년 정례화하기로 결정
  * 매년 말 희망퇴직 정례적으로 실시
  ○ 'OO년 OO월: 'OO은행 경력컨설팅센터' 설치 및 운영 시작
  * 생애설계 전직스쿨 운영
  * 전, 현직 직원 재취업 교육 등
7. 보상
  ○ 직위 및 나이에 따라 23~35개월 치 특별 퇴직금 지급
  ○ 자녀 학자금 혹은 재취업지원금 280만 원 중 택 1
  ○ 희망퇴직 1년 후 '계약직 재취업' 기회 부여
  ○ 본인과 배우자 건강검진 지원
8. 기사 내 논평
  ○ 영업 환경 변화의 영향으로 인원 감축
  ○ 추후 은행 수익성 더 악화 예상

이미 아는 바와 같이 은행권의 경우에는 비대면 거래 등의 영향으로 인해서 기존의 다수 점포를 운영할 필요성이 적어졌다. 따라서 경영 개

선을 위해서 희망퇴직을 매년 시행하고 있으며, 민간 전직지원 전문 업체에서 전직지원 서비스를 지원하는 경우가 많다.

이 사례에서는 상시 희망퇴직에 대비해서 별도의 '경력 컨설팅 센터'를 설치한 점이 특이한 사항이며, 퇴직자라면 누구라도 이용할 수 있다.

▶ OO자동차

1. **사유**
   - 세계적인 자동차 산업 상황 및 경영 상황 악화
   - 매출 감소: 전년 대비 15% 감소 등
2. **희망퇴직자 접수:** OO년 O월 O일~O월 O일
3. **대상:** 노조 포함 임원과 팀장급 이상 간부 1만 6천여 명
   * 전 직원 대상 희망퇴직 접수 공고
4. **인원:** 접수 중(*작년도 600여 명)
5. **퇴직 형태:** 희망퇴직 접수 이후 선별적 계약 해지(해고)
6. **진행 경과**
   - 'OO년 OO월: 희망퇴직자만 퇴직 위로금 지급
   - 'OO년 OO월: OO공장 잔류 직원 타 공장 전환 배치
   - 'OO년 OO월: 추가 희망퇴직 시행
7. **보상**
   - 퇴직 위로금은 근무 기간에 따라 연봉의 2년~최대 3년 치 지급
   (*OO년 이전 입사자)/지급액 1억 7천여만 원~2억 6천여만 원
   - 퇴직자 심리 상담 및 전직지원 실시
8. **기사 내 논평**
   - 한국 공장이 기술력 우위임에도 불구하고 희망퇴직 실시
   - 변화에 대한 유연성 필요

대한민국의 자동차 산업은 세계적으로 뛰어난 산업이지만, 국제적인 상황 및 전기자동차 개발 등으로 인하여 희망퇴직을 하게 되었다. 위 사례의 기업뿐만 아니라 다들 알만한 자동차 생산 대기업은 주기적으

로 희망퇴직을 시행하고 있다.

위 자동차 기업의 경우에는 대규모 구조 조정이 이루어져서, 전직지원 전문 업체에서 양성된 다수의 컨설턴트가 투입되어 서비스를 전개하였으며, 몇 회차에 걸친 희망퇴직을 연속적으로 시행해서 최소 3개월에서 최대 1년여 기간 동안 컨설턴트가 프로젝트에 투입되어 서비스를 제공하였다.

▶ OO중공업

1. 사유
- ○ 주요 수출 지역의 경기 침체로 매출 감소
- * 해외 시장 매출 25% 감소. 특히 중국 시장 매출 50% 감소
- ○ 해외 기업 인수 이후 사업의 실패   ○ 적자 지속
- * 당기 순손실 '00년 3/4분기 누적 2,121억 원

2. 희망퇴직자 접수: 00년 0월 0일~0월 0일/4차에 걸쳐 실시

3. 대상: 과장급 이상 사무직(이후 전 사무직), 기술 및 생산직

4. 인원: 1천 5백여 명(임원 30% 감원)

5. 퇴직 형태: 희망퇴직

6. 진행 경과
- ○ '00년 00월: 희망퇴직 진행. 신입 사원도 희망퇴직에 포함
- ○ '00년 00월: 여론 악화로 희망퇴직시킨 신입 사원은 재고용
(2~3년 차 사원 대상으로 계약직 재고용)

7. 보상
- ○ 연봉 기준 근속 연수에 따른 차등 지급. 10~20개월
- ○ 학자금은 3년간 재직 시와 동일 적용
- ○ 국민연금, 보험료는 회사 부담금 6개월 치 일시금으로 지급
- ○ 주택보조금은 최대 3년 치까지 일시금 지급
- ○ 지역 간 이동자 주거 지원은 2년 치 일시금 지급

8. 기사 내 논평
- ○ 기업의 사회적 책임을 다하지 못함
- ○ 청년 취업난의 심각성을 인식하지 못하고, 희망퇴직 대상자 선정의 합리적이고, 공정한 기준을 제대로 설정하지 못함
- ○ 기본적으로 시장 전망 예측 실패 및 그룹 차원의 총체적 관리 부재

위 중공업도 전직지원 전문 업체에서 양성된 다수의 컨설턴트가 투입되어 훌륭한 서비스를 제공하였다.

공공 전직지원 사업 사례

공공 전직지원 사업은 앞의 전직지원 개요에서 언급한 바와 같이 재취업지원 개념으로 고용노동부 고용센터를 중심으로 이루어지고 있다. 2003년도에 국방부에서 파일럿 전직지원 컨설팅 사업을 처음으로 공공 영역에서 실시한 이후 계속 공공 도입의 필요성만 강조하다가, 2010년에 시행된 전직지원 장려금 제도를 시작으로 인생 이모작, 중장년취업아카데미라는 이름으로 시행되어 오늘에 이르고 있다.

공공 전직지원 사업 사례는 사실상 대기업이 아닌 중소기업, 그리고 대기업을 지원하는 하청 업체 중심으로 이루어진다고 보면 좋다. 대기업의 경우에는 자체의 비용으로 서비스를 제공하기 때문이다. 재취업(전직)지원 의무화 이후에는 중장년희망일자리센터를 중심으로 공공 전직지원 서비스가 이루어지고 있다.

여기에서 제시하는 사례는 최근의 대규모 공공 전직지원 사업으로서 2016년도부터 시작되었던 '조선업희망센터'를 중심으로 논해보고자 한다. 조선업의 불황은 선박 건조의 가격 경쟁력이 높은 중국 조선소의 대규모 수주, 그리고 세일가스의 출현으로 인한 유가 하락 등이 그 원인이다. 2015년 기준으로 세계 선박 건조량 1위에서 4위까지를 현대중공업, 대우조선해양, 현대삼호중공업, 삼성중공업에서 차지하고 있었고, 6위는 현대미포조선, 9위는 STX조선해양이었는데, 앞의 불황 요인으로 인해 대규모 희망퇴직의 위기를 겪었다.

이에 정부에서는 울산, 창원, 거제, 그리고 목포(영암)에 4개의 '조선업희망센터'를 설치하여 2016년도부터 조선업 희망퇴직 근로자나 하청 업체 근로자들을 대상으로 서비스를 제공하였다. 당시 4개 지역 대부분에서 각 3개사 내외의 전직지원전문 업체를 선발하여 전직지원 서비스를 제공하였다. 서비스를 제공한 전직지원 전문 업체는 중앙의 대형 업체가 다수였고, 일부 지역에서는 지방 전문 업체가 참여하였다. 주요 프로그램은 아래 정리된 표에서 보는 바와 같이 각종 컨설팅 지원, 심리 상담 지원, 그리고 전직지원 프로그램 제공과 적합한 교육훈련이었다.

조선업희망센터의 경우에는 정부, 지방자치단체, 고용노동부 그리고 전직지원 전문 업체가 유기적으로 협력을 유지하면서 사업을 한 사례이다. '조선업희망센터' 사업은 세부 사항을 이야기하기보다는 당시의 4개 지역 센터 사업 제안 요청서를 살펴보면 사업의 패턴을 잘 이해할 수 있으며, 대규모 공공 주도 전직지원 사업의 좋은 예이다. 미래에도 공공 전직지원 사업은 이런 형태의 구성이 될 것이다.

저자가 그 당시에 정리한 4개 지역 사업 제안 요청서는 다음 표와 같다.

제안 요청 시 특이하였던 점은 창원/진해 지역의 조선업희망센터에서는 공통 27개 모듈, 재취업 27개 모듈, 창업 26개 모듈, 그리고 기타 11개 모듈을 제시하면서 프로그램을 구성하도록 요청하였다. 이는 현재 고용노동부에서 '전직지원 사업 표준 모듈'로 사용하고 있다. 이 모듈은 추후 프로그램 구성 시에 참고할 수 있는 훌륭한 자료이며, 미래의 공공사업 제안 요청이나 제안 시에도 참고할 수 있는 자료이므로 제시해본다.

= 조선업희망센터(*4개 지역) 제안 요청 요약 2-1 =

구분	기간	주관	프로그램 종류	위탁 기관 (개)	프로그램 목적 / 대상
영암	개소 – '16. 12. 31. (평가 후 '17. 7월말)	목포시 일자리경제과 061-270-3356	전직지원	지역당 전직 3, 심리 안정 2, 집단 1개 업체	* 전직지원 구조조정으로 인한 심리적 분노 조절 및 전 생애에 걸친 변화 관리, 진로 지도, 구직 스킬 강화, 취·창업 지원으로 취업 가능성이 향상되어 빠른 재취업에 이를 수 있도록 지원/ 조선업일자리희망센터를 통해 구직 활동을 하는 조선업종 근로자 대상 생애설계 등 전직 프로그램을 통해 신속한 재취업이 가능한 대상자 * 심리 안정 조선업종 퇴직 근로자가 실직으로 인해 겪는 스트레스를 극복하고, 심리적 안정을 통해 취업 가능성을 확대하여 빠른 재취업이 가능하도록 지원/ 조선업일자리희망센터를 통해 구직 활동을 하는 조선업종 퇴직근로자 대상 신속한 재취업을 위해 심리 안정 상담이 필요한 자 * 집단 상담 조선 업체 퇴직 근로자에 대한 불안 요소 해소 및 취업 지원 대상자의 취업 의욕 고취, 구직 기술 향상을 지원/ 조선업종 퇴직근로자 및 실업급여 수급자, 취업성공패키지 사업 참여자, 심층 상담 대상자, 그밖에 상담을 거쳐 취업 의욕·취업 기술 고취가 필요한 구직자
영암	개소 – '16. 12. 31. (평가 후 '17. 7월말)	목포시 일자리경제과 061-270-3356	심리 안정	지역당 전직 3, 심리 안정 2, 집단 1개 업체	
영암	개소 – '16. 12. 31. (평가 후 '17. 7월말)	목포시 일자리경제과 061-270-3356	집단 상담	지역당 전직 3, 심리 안정 2, 집단 1개 업체	
거제	개소 – '16. 12. 31. (평가 후 '17. 7월말)	(사)한국커리어 경남지사 사무국 055-900-6215	전직지원	지역당 전직 3, 심리 안정 2, 집단 1개 업체	
거제	개소 – '16. 12. 31. (평가 후 '17. 7월말)	(사)한국커리어 경남지사 사무국 055-900-6215	심리 안정	지역당 전직 3, 심리 안정 2, 집단 1개 업체	
거제	개소 – '16. 12. 31. (평가 후 '17. 7월말)	(사)한국커리어 경남지사 사무국 055-900-6215	집단 상담	지역당 전직 3, 심리 안정 2, 집단 1개 업체	
창원/진해	개소 – '16. 12. 31. (평가 후 '17. 6월말)	경남경영자 총협회 고용사업팀 055-263-0281~3	전직지원	지역당 전직 3, 심리 안정 2, 집단 1개 업체	
창원/진해	개소 – '16. 12. 31. (평가 후 '17. 6월말)	경남경영자 총협회 고용사업팀 055-263-0281~3	심리 안정	지역당 전직 3, 심리 안정 2, 집단 1개 업체	
창원/진해	개소 – '16. 12. 31. (평가 후 '17. 6월말)	경남경영자 총협회 고용사업팀 055-263-0281~3	집단 상담	지역당 전직 3, 심리 안정 2, 집단 1개 업체	
울산	개소 – '16. 12. 31.	울산시 동구 경제진흥과 (일자리지원계) 052-209-3502	전직지원	지역당 전직 3, 심리 안정 2, 집단 1개 업체	
울산	개소 – '16. 12. 31.	울산시 동구 경제진흥과 (일자리지원계) 052-209-3502	심리 안정	지역당 전직 3, 심리 안정 2, 집단 1개 업체	
울산	개소 – '16. 12. 31.	울산시 동구 경제진흥과 (일자리지원계) 052-209-3502	집단 상담	지역당 전직 3, 심리 안정 2, 집단 1개 업체	
계	–	지자체 2, 기타 2	전 지역 3개 프로그램 시행	지역당 최대 6개 업체	프로그램 목적 및 대상은 전 지역 동일

= 조선업희망센터(*4개 지역) 제안 요청 요약 2-2 =

구분	프로그램 구성	예산(억)	인원/건수	비용/평가
영암	* 전직지원 전 생애에 걸친 생애경력설계, 변화관리, 진로 지도, 구직 스킬 강화, 취업 알선 등 서비스를 원스톱으로 제공	6.25	200명	* 전직지원 취업 및 창업 프로그램 구분: 각 프로그램 1인당 200만 원, 20개 이상 모듈 이수 기준 / 수료 후 6개월 이내 취업(창업) 100만 원 성공금. 7~10개월 이내 50만 원
		0.5	800건	
거제	* 심리 안정 상담을 통한 스트레스 및 심리 상태 측정, 개별 문제 확인, 후속 심층 상담 및 스트레스 관리와 관련된 집체 교육 <심리안정지원 프로그램 개요> 1회기 상담 → 1차 스트레스 측정 및 스트레스 관리기법 전수 개인별 주 호소문제 확인 후속 상담 → 개인별 고충문제에 따른 후속 심층상담 2차 스트레스 측정 및 만족도 조사 연계 상담 → 정신질환 위험군 & 법률문제 Case 연계 집체 교육 → 스트레스 내공 높이는 마음력 강화 실천하는 긍정주의자 옵티미스트로 거듭나기	0.19	일반 5회, 단기 38회	* 심리 안정 건당 6만 원(건당 1시간 이상 상담), 1일 최고 상담 회수는 5회로 제한 * 집단 상담(일반) 프로그램 1회당 운영 비용 최대 190만 원 이내 지원 (인건비 1회당 120만 원, 운영비 1회당 40~70만 원) * 집단 상담(단기) 1회당 3시간, 인건비 20만 원, 운영비 5만 원
		6.0	200명	
		1.2	2,000건	
창원/진해		0.66	일반 6회, 단기 180회	
		4.05	135명	
		0.324	136명/ 1인 4회 이상	
		0.171	135명, 회당 15명, 9회 이상 (*50% 이상 위탁기관 자체 모집)	
울산	* 집단 상담 초기 상담 후 조선 업종 업종 대상자별 맞춤식 프로그램 분류 운영(취업 희망 프로그램 등 협의) 프로그램 구성 필수 모듈: 취업 정보 탐색, 실업 스트레스 관리, 취업 서류 작성법, 취업 면접 준비	15	500명	* 평가 : 정성+정량 평가 (모집률, 취업률, 만족도 평가)
		2.4	1,000건	
		0.95	일반 50회, 단기 450회	
계	-	31.30 4.424 1.971	37.695	일반 70회, 단기 678회	-

= 전직지원 사업 표준 모듈 =
[공통 27개 모듈]

구분	모듈명		시간	내 용
공통 프로그램	오리엔테이션		2	프로그램 소개, 정부 지원 제도 활용 방법의 이해 (4대 보험 처리, 생활자금 대출 등), 고용 환경의 이해
	개인 전직지원 계획서(IAP) 수립		2	개인별 취업 및 창업 계획서 수립
	변화관리		2	-취업 및 창업 시장의 트랜드 이해와 엿보기를 통한 고객 스스로의 전직 방향 및 접근 방법 수립 -퇴직으로 인한 심리적인 충격을 완화하고, 변화를 긍정적으로 받아들이는 방법 제시
	자기 진단	성격	2	MBTI, 에니어그램, MMPI, DiSC, Birkman, TA(교류분석)
		흥미	2	직업 선호도 검사, STRONG, 직업카드, 흥미카드, Birkman
		가치관	2	직업 가치 검사, 커리어앵커
		각종 지필 검사	2	능력, 보유 기술 등의 지필 검사
		진단 통합	2	진단 도구 2개 이상 구성할 수 있으며, 2시간 이상 운영 시 모듈 1로 인정함
	자기 경력 돌아보기		2	Career History Review, 주요 성과, 실적 등 직업 경험 정리
	고령자 취업 전략		2	고령자 적합 직종, 고령자 취업 현황, 취업 사례 분석, 재취업 전략 수립 등으로 고령자에 취업에 대한 전반적 이해 도모
	취업 환경 분석		2	기업 분석, 노동 시장 분석, 직업 환경 탐색
	목표 설정		2	의사결정 방법, 비전 설정, 경력 목표 설정
	스트레스 관리		2	새로운 출발을 위한 심리적인 안정과 마인드 셋업
	시간 관리		2	구직 활동에 있어서 시간 관리 중요성과 시간 관리 노하우 학습
	커리어 맵		2	경력관리를 위한 단기, 중기, 장기 커리어 계획 수립과 시간, 기간별 세부 실천 계획 수립
	인맥 관리		2	인적 네트워크 구성 전략을 수립해 재취업 활동뿐 만 아니라 창업에 있어서 지원을 받을 수 있는 인맥의 활용 방안 이해

[공통 27개 모듈](계속)

구분		모듈명	시간	내용
공통 프로그램	역량 강화	커뮤니케이션 스킬	2	대인관계에서 발생되는 여러 유형의 문제들을 알아보고 남을 이해하면서 남에게 자신을 이해시키는 효과적인 의사소통 익히기
		리더십	2	다른 사람들이나 조직에 영향을 끼쳐 그들이 자신의 능력을 최대한 발휘함으로써 임무, 목적 또는 프로젝트를 달성하도록 하는 리더십
		스피치 스킬	2	자신의 의견을 자신 있고 효과적으로 표현하기 위한 스킬
		중소기업의 이해	2	대기업 퇴직자로서 중소기업의 현황, 문화 이해, 업무 처리 방법
	생애 설계	건강 관리	2	건강 관리의 일환으로 건강 관련 전문 강사, 의사, 한의사의 진행으로 건강 관리법 강의 및 실습
		여가 관리	2	여가 이해, 직업과 여가 관계, 성공적인 여가
		재무 진단과 자산 운용	2	재정 정리 및 진단, 자산 운용 방법 습득, 금융·부동산 이해
		생활과 세무	2	세테크, 상속세 이해 등의 생활 속의 세무
		평생 직업	2	생계형 직업, 여가·봉사 직업, 꿈의 직업 등의 평생 직업 대안 탐색
		건강한 가족 관계	2	변화하는 가족에 대한 관리 및 대처 전략, 자녀 세대와 함께 만들어가는 새로운 가족 관계
		성공 인생을 위한 라이프 플래닝	2	초고령화 시대의 라이프 플래닝의 의의, 영역별 인생 설계 계획의 작성

[재취업 27개 모듈]

구분	모듈명		시간	내용
재취업 프로그램	핵심 역량 분석		2	개인별 직무 분석, 성과에 따른 역량 분석, 역량 분석에 따른 핵심 역량 도출
	이력서 등 지원 서류 작성	이력서	2	경력 목표에 따른 지원 분야에 적합한 파워 이력서 작성
		자기소개서	2	입사에 대한 태도, 포부, 지원 동기 등 자기PR하기
		경력기술서	2	현재까지 담당해온 직무 상세 경력 작성
		이력서 사례	2	연령별, 지원 분야별, 직종별 다양한 사례 공유
		영문이력서	2	수립한 경력 목표에 따른 지원 분야에 적합한 파워 영문 이력서 작성
		효과적인 지원 방법	2	이메일, 커버레터, 전화, 우편, 팩스 등 효과적인 지원 방법 익히기
		이력서/ 자기소개서 클리닉	2	이력서/ 자기소개서/ 경력기술서 등 지원 서류 클리닉 진행
		지원 서류 통합	2	위 항목 2개 이상 구성할 수 있으며, 2시간 이상 운영 시 모듈 1로 인정함
	면접	면접 전략	2	성공적인 면접을 위한 준비 방법을 이해하고, 지원 회사의 예상 면접 질문에 대한 대응전략 준비
		유형별 면접	2	토론 면접, 프리젠테이션 면접, 집단 면접, 현장 면접, 전화 면접, 행동 면접 등에 대한 스킬 습득
		영어 면접	2	지원 분야에 대한 실전 영어 면접 실시하고, 면접 평가표에 따른 피드백을 통한 실전 능력을 강화
		모의 면접	2	지원 분야에 대한 실전 모의 면접 실시하고, 면접 평가표에 따른 피드백을 통한 실전 능력을 강화
		비디오코칭	2	비디오 분석을 통한 항목별 면접 피드백
		이미지 메이킹	2	면접 상황에 따른 개인 이미지 완성(화법, 옷차림 등)
		연봉 협상	2	성공적인 연봉 협상 위한 협상 프로세스 이해 및 협상 전략 준비
		면접 통합	2	위 항목 2개 이상 구성할 수 있으며, 2시간 이상 운영 시 모듈 1로 인정함

[재취업 27개 모듈](계속)

구분	모듈명		시간	내용
재취업 프로그램	구직 전략	네트워킹 전략	2	네트워킹 원리 및 방법의 이해를 통해서 효과적인 구직 전략을 수립하며, 더 나아가 네트워킹 활동 계획 수립
		인사담당자 만남	2	기업 인사담당자를 초청하여 기업에서 요구하는 인재에 대한 기준 및 인재상 이해
		효과적인 구직 방법	2	구직 활동시 성공, 실패 경험담을 공유하고 잡서칭 스킬을 통한 효과적인 구직 활동 방법 학습
		시장 조사 및 잡서칭	2	산업별, 기업별, 직종별 노동 시장 및 기업 정보 조회 방법 및 온라인 취업사이트 활용법
		목표 기업 마케팅	2	관심 기업 프로세스 및 기업별 마케팅 전략 수립
		헤드헌터 활용 전략	2	헤드헌터의 효과적인 활용 방법
		취업 성공 사례	2	성공적으로 재취업한 선배와의 대화를 통해 구직 활동 점검 및 구직 목표 재확인
		구직 전략 통합	2	위 항목 2개 이상 구성할 수 있으며, 2시간 이상 운영 시 모듈 1로 인정함
	직장 적응 전략		2	재취업 후 3개월 동안의 직장 적응 전략을 안내하고 실제 사례를 통해 조직적응 애로 원인 및 해소 방안 학습
	구인 정보 제공		2	개인별 맞춤 구인 정보 5건 제공

[창업 26개 모듈]

구 분	모듈명	시간	내 용
창업 프로그램	창업의 이해	2	창업의 정의 및 종류, 창업의 다양성을 이해함으로써 비즈니스 마인드 정립과 사업 모델의 개념 이해
	창업 관련 자기 진단	2	창업 적성 검사를 통하여 창업 준비도를 알아보고 관심분야 및 니즈 분석
	창업 시장의 현황	2	창업 시장의 현황(사례) 소개, 안정적인 아이템의 요건 및 창업의 성공 요소 등을 알아봄으로써 창업의 가능성, 창업의 마인드 정리
	창업자의 이해	2	창업자 정신과 필요한 자질, 적합성 연습
	창업 행정	2	업종별 행정 절차 및 인허가 서식, 사업 형태 결정과 사업자 등록, 개인사업자 유형 등의 행정 학습
	사업 성공 이력서	2	사업 성공 요소를 소개하고 사업 모델 Frame Work을 제시하여 핵심 사업 성공 Factor 이해
	프랜차이즈 이해	2	프랜차이즈 시스템 및 라이프사이클을 이해하고 가맹사업법 숙지를 통해 분쟁 요소를 사전에 제거하고 프로세스별 확인 사항을 점검
	1인 창조 기업	2	1인 창조 기업을 이해하고 1인 창조 기업의 육성책 및 사례 소개를 통한 새로운 트랜드 이해
	경매의 이해	2	경매의 절차를 이해하고 경매를 통한 입지 개발 및 패러다임의 전환을 통한 창업을 새로운 방향에서 이해
	경매 실습	4	경매 절차에 대한 실전 실무 습득
	창업 자금 안내	2	창업 자금 계획, 소요 자금과 가용 자금 분석, 정책 자금 소개와 활용 방안 제시(기타 정부 지원 정책)
	아이템 선정 방법	2	아이템 선정 FLOW를 이해하고 아이템 선정 시 고려해야 할 여러 요소들의 이해
	상권 분석	2	점포 개발 및 상권 분석에 대한 이해와 입지 개발 실무에 대한 여러 부분을 알아봄
	법인 설립 절차와 세무 상식	2	법인 설립 절차와 법인 설립 시 꼭 알아두어야 할 세무 상식을 사례 위주로 알아봄
	아이템 추천 및 결정	2	관심 분야 아이템을 확인하고 관련 정보 분석 및 최종 아이템에 관한 상담
	고객 설정 및 타겟 분석	2	목표 고객 설정 및 고객 니즈를 파악하고 SWOT분석, 관련 마케팅 전략 수립 지원
	상권 분석	2	상권 분석 시스템을 통한 상권 분석 및 점검

[창업 26개 모듈](계속)

구분	모듈명	시간	내용
창업 프로그램	상권 조사 실습	4	고객과 컨설턴트가 함께 하는 상권 분석 현장 실습
	사업 타당성 분석	2	사업계획서 작성 시 사업 타당성 분석 요령, 경제성, 시장성, 수익성, 공익성 분석 방법 및 주의 사항
	사업계획서 작성(이론)	2	사업계획서의 필요성과 작성 시점, 사업계획서의 내용과 요건 등 사업계획서 작성
	사업계획서 작성(실습)	2	사업계획서 샘플과 작성 사례 실제 사업계획서 작성법
	점포 임대차 계약 실무	2	상가 임대차 계약, 권리금 산정 및 협상, 상가임대차보호법, 계약서 이해 및 분석
	점포 운영 실무	2	창업보다는 경영이 중요한 이유, 업종별 경영 포인트 등 실제 운영 시 고려되어야 할 요소에 대한 부분에 안내
	창업 성공 및 실패 사례	2	성공 및 실패 사례 분석을 통한 성공 창업의 길 안내
	창업 탐방	4	성공 창업 점포를 방문하여 입지, 상권을 분석하고 창업자의 생생한 경험을 체험하는 현장 실습 프로그램
	창업 박람회 참관 (아이템 추천)	4	업종별 창업 아이템에 대한 장·단점 이해 및 사업 모델 분석 및 손익 계산 작성 이해

[기타 11개 모듈]

구분	모듈명		시간	내용
기타	전직지원센터 이용		2	컴퓨터, 전화, 팩스, 사무집기 이용 회의실, 상담실 이용
	단체 문화 활동		2	공연, 영화, 연극, 뮤지컬, 연주회, 박람회, 산행 등을 통한 심신 회복 및 전직 의욕 증진
	문화 강좌		2	관심 분야(생활 풍수지리, 스포츠댄스, 요가 등) 특강
	취업.창업 관련 보드게임		2	게임을 통한 취업과 창업 가상 실습
	유학.이민		2	유학 또는 이민을 고려하고 있는 분들을 위해 유학/이민에 필요한 다양한 정보와 가이드라인 제공
	생활 법률		2	근로계약서, 노동법, 임대차 등의 일상생활에서의 법률관계 이해
	퇴직에 따른 심리 치료		2	음악/미술/영화를 통해 나에 대한 이해와 타인 이해
	웃음 치료		2	웃음 치료를 통하여 긍정적 에너지 100% 끌어내기
	컴퓨터 활용 기법	기본 과정	2	구직 서류 작성에 필요한 워드 작성법, 직업 정보 활용을 위한 인터넷 활용 방법
		전문가	2	구직 활동에 필요한 파워포인트 실제 작성법
	그룹 심리 상담		2	장기 실직 등으로 인한 정서적으로 어려움을 겪고 있는 구직자의 집단 심리 치료 ※ 1회 2시간으로 최대 3회까지 인정

4. 개인 전직(지원) 사례

개인 전직 사례는 대기업 민간 전직지원 서비스를 통해 지원한 개인의 전직 성공 사례 4건, 실패 사례 1건, 그리고 전직지원 컨설턴트로 일하는 은행권 출신의 컨설턴트와 저자의 수기형 사례를 제시한다. 전체적으로 서술 양식은 다르지만, 전직지원 전문 업체나 전직지원 컨설턴트, 그리고 전직지원 사업을 꿈꾸는 신생 업체나 신입 컨설턴트에게 참고가 되리라 본다. 제시하는 사례 하나하나가 독자 여러분에게 특별한 통찰력을 제공해주었으면 한다.

민간 대기업 출신 전직지원 사례
▶ 사례 1: 다른 업종, 다른 직무로 전직한 홍길동(62세)

홍길동은 개인적으로 첫 대면부터 특이하게 업무와 무관한 추억이 많은 고객이었고, 처음부터 '라포'가 잘 형성되었다. 자동차 산업에서 생산직으로 20년 이상 근무하다가 회사의 경영 상황 악화로 희망퇴직한 홍길동 고객은 고용 시장의 상황과 62세의 고령을 잘 인식하고 있던 차에 지인의 재취업에 대한 부정적 피드백 때문에 자신감을 상실한 상태로 재취업이 거의 불가능하다는 부정적인 선입견을 가지고 서비스에 참여하였다.

그의 재취업 욕구는 건물/시설물 관리 분야에 있었기 때문에 컨설팅을 통해 그 분야를 목표로 잡았고, 관련 교육 훈련 기관과 과정을 검색하던 중에 폴리텍대학에서 개설된 공조와 보일러 취업반 과정이 적합함을 식별하였고, 이어서 전기기능사 자격 취득반의 수강도 계획하였다. 그는 재취업을 위해서는 거주지를 벗어나서라도 일하겠다는 높은 재취업 의지를 가지고 있었고, 동시에 어떤 상황이라도 일하겠다는 생각도 하고 있었다.

그러나 자격 취득반 과정의 수강이 진행되면서, 한동안 컨설팅 진행이 지지부진하여 문자나 유선으로 접촉을 시도하던 중에 그가 수술하고 치유 중이라서 전직지원센터를 방문하지 못하였음을 밝히면서 추후 지속적인 지원을 요구하였다. 대단하게도 그는 다른 지역에 가서 재취업 이후에 문제가 될 만한 '백내장/각막복원', '임플란트 시술'을 하였다. 컨설턴트의 입장에서는 그런 이야기를 듣고, 다시 한 번 그의 재취업에 대한 의지를 확인할 수 있었다. 그는 퇴원 이후 지속적인 컨설팅 중에 기숙사가 지원되는 다른 지역 소재 반도체 부품 조립 업체에 지원하였고, 재취업에 성공하게 되었다.

전직지원 컨설턴트로서 홍길동 고객의 경우는 경력 목표를 재설정하고, 일관된 방향성 유지도 중요하지만, 진행 과정에서 다른 경로를 취할 수도 있음을 인식하였다. 더불어 고객이 지닌 포기하지 않는 의지가 중요한 전직 자산임을 깨닫게 해준 사례였다.

▶ **사례 2: 동일 업종, 동일 직무로 전직한 백두산(46세)**

백두산은 조선산업의 대기업 디젤 엔진부 가공 장비 운영과 관리, 생산 설비 현장감독을 하는 직장 출신으로 컨설팅 초기에는 전기 기능사반, 태양광 설비 사업(**투자비 0억 생각 중**), 그리고 화물기사 취업에도 관심을 보이는 등 경력 목표를 구체화하기에는 너무 준비가 되어있지 않았다. 이에 커리어 앵커, 인맥 수준 진단 등을 통해서 타 직종보다는 유사 직종 생산직으로 전직하는 것이 효율적이고, 적합하다는 결론의 합의에 이르러서 목표 달성을 위한 실행 계획을 수립하는 데 노력을 투자하였다.

더불어 전직 스킬 지원으로서 이력서, 자기소개서의 클리닉 및 모의 면접 등에 대한 10차에 걸친 컨설팅을 하였다. 최초 마스터 이력서를 작성한 이후에 목표 기업의 채용 조건, 기업 비전과 경영 이념 등에 맞추어 타겟 이력서와 자기소개서를 작성하고 지속적인 컨설팅을 하던 중에 다른 지역 소재 대기업 가공 장비 관리자 채용 공고에 지원하였고, 성공적으로 면접을 본 이후에 전직자로서는 비교적 고액의 연봉인 0천 0백만 원 정도의 취업 제의를 받았다.

그러나, 취업 이후에 가족(자녀가 0명으로 많았음)을 떠나 기숙사 생활을 해야 한다는 거부감으로 취업 제안을 거부하려는 상황까지 치달았으나, 컨설턴트가 과거 경험을 들려주는 등 격려도 하고 용기를 북돋아 주어 취업 제안을 수용하고 며칠 후 출근하게 되었다.

전직지원 컨설턴트로서, 전직지원 시 내담자와 채용 기업의 채용 조건(직무, 급여, 근무 조건)을 배합하는 것도 중요하지만, 내담자의 개인적 환경도 고려하여 컨설팅해야 하고, 심리적인 지원도 절실히 필요하다는 사실을 재삼 일깨워주는 사례였다.

▶ **사례 3: 동일 업종, 동일 직무로 전직한 제주도(53세)**

제주도는 자동차 공장 프레스부에서 25년 동안 근무하는 동안 원자재 코일을 성형하여 최종 제품을 차체 공장으로 공급하는 프레스 공장 책임자로서 전반적인 생산 계획을 수립하는 중요한 역할과 책임을 맡고 있었기에 회사 근무 시 남달리 자긍심과 만족감이 높았던 고객이었다.

초기 컨설팅 시 라포가 형성된 이후에 그는 아내와 아이를 볼 낯이 없어서 오랫동안 술독에 빠져있었고, 함께 일하던 동료의 전화도 받을 수 없을 정도였다고 말하였다. 25년간에 걸친 회사 생활을 접고, 다시 출발선에 선다는 두려움과 초조감 때문에 자신을 내려놓은 일도 너무 어려웠다고 이야기하였다.

그에 대한 컨설팅은 먼저 경력 및 경험을 분석하고, 공개채용 시장보다는 서치펌을 통해서 비공개 시장을 노크해보자는 장기 전략을 수립하는 것이었다. 그 이후 끊임없이 탐색하던 중에 모 헤드헌팅사로부터 면접 제의가 왔고, 중견기업이었던 채용 희망 기업의 요건과 직급에서 요구하는 직무 역량을 철저히 분석하여 맞춤형 컨설팅하였다. 이후 4차례에 걸친 면접을 통과하여 그 기업의 프레스부 부서장으로 재취업에 성공하였다.

컨설턴트로서 제주도의 경우를 경험한 이후에 중장년 재취업을 위해서는 첫째, 과거의 지위나 자존심을 버리고, 현재의 자신을 객관적으로 냉정하게 볼 수 있어야 한다는 점, 둘째, 전직을 전문적으로 지원하는 전문 기관 혹은 기업의 프로그램과 컨설턴트를 활용하면 전직이 일반적인 경우보다 훨씬 쉬워질 수 있다는 점을 깨달았다.

▶ 사례 4: 다른 업종, 유사 직무로 전직한 유미인(40대 중반)

유미인은 40대 중반 여성으로 자기 존중감이 매우 높은 전직자였다. 그녀는 무역 업무를 담당하는 해외 기업에서 관리자급으로 일한 경험으로 외국어에 능통하고 비즈니스 마인드가 매우 훌륭하였다. 그녀는 직장 근무 중에 이직이나 전직을 희망하여 헤드헌팅 업체 등 지원 기관을 찾아가는 등 전직탐색 활동을 했지만, 자신이 지닌 경력과 전혀 무관하거나 턱없이 낮은 보수를 제안받는 등 여러 차례 전직 실패로 지쳐버렸다.

그러나 자신이 오랫동안 경험한 직무 지식, 기술 및 태도에 대한 강점을 명확하게 전달할 수 있고, 자신이 국내 기업에도 잘 적응하고 이전 기업과 마찬가지로 관리자급으로 채용될 수 있다는 확신을 가지고 있었다.

그녀는 전직을 위해서 집단 프로그램에도 참여하여 유사한 상황에 있는 전직 희망자와 교류를 하면서 성격, 가치관, 흥미 및 성취 업적 등의 이슈를 다루거나, 나누면서 자연스럽게 국내 채용 시장 및 상황에 대해서도 인식할 수 있었다. 그리고 자신의 걸림돌은 무엇이며, 극복 방안과 현 상황에서의 최선책은 무엇인지를 찾아내었다.

이후 그녀를 지원하던 전직지원 기관에서는 국내 의료기기 업체의 인사담당자를 통해 무역 업무(해외 박람회 유치)를 담당할 부장급 구인 요청을 받았는데, 문제는 그녀가 대표와 함께 잦은 해외 출장을 소화해 낼 수 있을지, 남편과 자녀가 이를 이해하고 적극 지원할 수 있는 상황인지가 의문이었다. 이후 그녀는 업체 대표와의 미팅을 시작으로 자신이 맡게 될 직무에 대한 자세한 소개를 받고, 남편을 설득하여 적극적인 지원을 받을 수 있었다. 현재 그녀는 석 달에 한 번꼴로 독일, 미국, 일본 등을 돌며 의료기기 무역 업무를 하고있는데, 해외 박람회 유치 업무, 그리고 해외 바이어와 자사 대표간의 의사소통 업무를 담당하고 있다. 유미인과 의료기기 업체 대표 그리고 그녀의 남편은 국가에서 실시하는 공공 전직지원 서비스에 최고의 찬사를 보냈다.

컨설턴트로서 전직을 희망하는 고객이 집단 프로그램에 참여하면 동일하거나 유사한 고민을 하는 사람과 서로 문제 해결을 지원할 수 있다는 점을 느꼈고, 가족의 지지도 중요함을 느꼈다.

▶ 사례 5: 동기부여가 되지 않았던 강원도(54세)(*실패 사례)

강원도는 전직지원 서비스 설명회에 참석하지 않았고, 신청서를 작성하지 않았으나, 콜드콜을 통해서 전직지원 서비스에 참여한 고객이었다. 그는 당시 본인의 컴퓨터 활용 능력을 높이기 위해 학습하고 있었으며, 전직지원 서비스의 효율성에 대해서는 긍정적인 자세를 보이지 않았던 관계로 이후의 서비스 수용과 컨설팅 일정을 정할 수 없는 상황이었다.

따라서 다시금 서비스의 효율성을 설명하고 참여를 독려하는 온라인 컨설팅의 시간도 가졌다. 얼마 후에 그로부터 연락이 오고 컨설팅 약속을 잡아달라는 말을 해서 컨설턴트로서는 매우 고무되었는데, 자발적인 서비스 참여 의지가 추후 컨설팅 진행에 많은 도움이 될 것으로 생각하였기 때문이다.

그러나 첫 대면 컨설팅에서 그런 희망은 산산조각이 났고, 지금도 마음의 상처로 남아있다. 그는 첫 대면에서 "그래, 여기서 서비스를 해준다고 해서 왔으니, 어서 선물 보따리나 풀어보세요. 뭘 해줄 수 있어요?"라고 하였고, 컨설팅 시 몸을 뒤로 젖히고, 팔짱을 끼거나, 다리를 꼬는 등 컨설턴트를 경멸하는 자세를 보였다. 컨설턴트 입장에서 초기 라포 형성과 컨설팅의 방향을 잡기 위한 노력을 보였음에도 불구하고, 컨설턴트를 교체해달라고 소란을 피우기 시작하였다. 어찌하였던 그를 설득하려 했으나 무위로 끝나고 컨설팅 매뉴얼에 따라서 다른 컨설턴트에게 인계하게 되었다.

그러나 그는 다른 컨설턴트에게도 똑같은 행태를 보였다. 이전의 안락한 둥지를 떠날 준비가 되지 않은 고객에게 컨설팅을 실행하기 어렵다는 생각도 들었고, 본인의 의지가 없을 경우에는 컨설턴트의 노력도 받아들여지지 않는다는 생각도 들었다. 이후 그는 다시 전직지원센터에 나타나지 않았고, 전화도 받지 않았다.

위와 같은 사례의 발생 이후에 컨설턴트로서 좀 더 자세를 가다듬고, 초기 라포의 형성 이후에 고객의 상황에 따라서 구직 준비도 등의 간단한 진단을 통한 사전 워밍업, 그리고 친밀감을 느끼는 과정을 프로세스 내에 구조화하였다. 더불어 그런 고객을 즉시 응대할 수 있는 심리 전문 컨설턴트를 전직지원센터에 상근으로 배치하면 좋겠다는 생각도 들었다.

5. 수기형 개인 전직 사례

개인 전직 사례는 전직지원 컨설턴트로 일하는 은행권 출신으로 전직 분야에서 일하는 컨설턴트의 사례, 그리고 해군 장교로 인생 1막을 마친 이후, 주로 프로젝트 매니저 업무와 컨설턴트 업무를 병행한 이후 그 경험에 기초하여 현재 강사를 하는 저자의 사례 2가지를 수기 형태로 제시해보고자 한다. 사례 2가지는 라이나생명의 공익 재단인 라이나전성기재단에서 발간하는 월간지 『헤이데이(HEYDAY)』에 게재되었던 내용이다.

전체적으로 서술 양식은 다르지만, 전직지원 전문 업체나 전직지원 컨설턴트, 그리고 전직지원 사업을 꿈꾸는 신생 업체나 신입 컨설턴트에게 참고가 되리라는 생각에서 미흡하지만, 사례로 제시해본다. 사례 하나하나가 진정한 의미의 전직으로서 독자 여러분에게 통찰력을 제공해주는 도움이 되었으면 하는 마음을 가져본다.

민간 대기업 출신 컨설턴트 전직 사례

올해 50대 후반의 컨설턴트 강동구는 국내 유명 은행에서 00년간 근무하면서 영업 및 고객관리 업무 등을 수행하는 가운데 지점장까지 마치고, 50대 중반에 희망퇴직하였다. 그 역시 다른 전직자처럼 퇴직 시에 인생 2막 진로를 어떻게 결정할지가 최초로 다가온 고민이었다. 그런 힘든 시기를 잘 극복한 그는 현재 군 장병을 대상으로 하는 '진로도움 찾아가는 서비스'를 시행하는 전문 컨설팅 회사에서 전직지원 컨설턴트로 일하고 있다. 그가 어떻게 고용 시장의 파도를 슬기롭게 넘으면서 앞으로 나아가고 있는지를 한 번 살펴보자.

▶ 인생 2막, 어떻게 준비했나?

그는 은행 근무 시 고객을 상대하던 자신의 이전 경험에 기초하여, 미래에도 서비스직으로 종사하고픈 꿈을 실현하고자 별다른 휴식의 시간도 없이 00대학교 심리학과 3학년에 편입학하면서 컨설턴트의 꿈을 키우기로 했다. 은행 퇴직 이후에 참여한 각종 전직 교육 과정 및 탐색 과정에서 만난 전직 컨설턴트가 그의 성실성과 업무 추진력 등을 고려하고, 심리 검사를 통한 그의 성향을 파악한 결과에 따른 선택이었다.

자신의 믿음도 그러하였지만, 전직 컨설턴트의 정성 어린 컨설팅과 조언에 따라서 컨설턴트의 업무 수행 간에 필요한 강사 과정도 이수하고, 직업상담사 자격증에도 도전하기로 하였다. 그 과정에서 젊은 층도 바로 합격하기 힘든 직업상담사 자격증을 단번에 취득하는 열정을 보이기도 하였다. 더불어 자신과 같이 기업에서 희망퇴직하거나 기타 이유로 퇴직하는 자를 지원할 목적으로 '전직지원 전문가 양성 과정'에 지원하여 340시간에 걸친 강의도 수강하면서 전문가로서의 현장 적응 역량도 향상했다. 그 과정의 주 강사 중 한 사람이었던 저자는 그의 이전 경력 및 경험, 그리고 자질에 기초하여 전직지원 컨설턴트로 일하는 데 필요한 역량을 전수하면서 관련 일자리 정보 제공과 일부 잡매칭도 실시하는 등 진로에 대해 세심한 컨설팅을 하기에 이르렀다. 남달리 열정적이었던 그가 컨설턴트로 입직하기 이전에 역량 향상 전반에 투자한 시간은 약 600여 시간이었다.

▶ **희망하던 경로로 진입한 이후 계속 구직 파도를 타고 있다…**

지성이면 감천이라던가? 전직지원 전문가 양성 과정을 마친 그에게 바로 기회가 왔다. 전문 컨설팅 회사인 000사에서 00중공업 희망퇴직자 전직지원 사업을 수주한 이후에 채용 면접을 거쳐 그를 채용하였으며, 00에 있는 전직지원센터에 배치되면서, 희망퇴직자를 대상으로 전직지원 컨설턴트로서 최초의 경력을 쌓을 수 있었다. 드디어 그는 기업 희망퇴직자를 대상으로 자신의 역량을 발휘할 기회를 얻게 되었다. 자신의 거주지를 떠난 먼 곳에서 서비스를 제공하는 처지이었으나, 자신이 원하던 분야에서 최초의 경력을 쌓는다는 점에서 문제가 되지 않았다. 그곳에서 그는 희망퇴직자의 인생 2막을 위한 전직지원 프로젝트에 6개월 동안 참여하면서, 퇴직자의 심리 안정뿐만 아니라 재취업, 창업, 생애설계 지원 등을 통해서 컨설팅 경력을 축적하였다. 그 과정에서 다수의 성공 사례도 낳으면서 보람을 느끼기도 하였다.

그러나 통상적으로 기업 전직지원은 몇 개월에 걸쳐서 실시되는 프로젝트형 서비스였던 관계로 초기 경험 6개월을 축적한 이후에 다시 퇴직하게 되었다. 물론 처음부터 전문 계약직 형태로 몇 개월에 한정된 근로 계약을 체결한 상태였으나, 해당 전문 컨설팅 회사에서는 그의 성실성 및 전문성에 기초하여 추후 유사 사업이 있을 때 다시 연락하겠다는 말을 남겼다.

이후 약 4개월에 걸친 구직 기간에는 최초 경력과 경험에 기초하여, 공공 일자리센터 혹은 정부의 취업지원 사업을 수행하는 민간 기업 및 정부 기관의 컨설턴트직에 열심히 지원하면서 구직자로서의 경험을 재축적하였다. 그 이유는 자신의 퇴직, 재취업, 실직 그리고 구직 활동 경험이 다음에 컨설팅할 다른 구직자를 지원할 때에 소중한 자산이 될 수 있다는 생각 때문이었다.

더불어 그 기간 중에도 역량 개발을 게을리하지 않으면서 OO대학교 평생교육원에서 실시한 '생애설계 OO과정'도 수료하면서 재취업의 기회를 맞이할 준비를 하고 있었다. 그 과정에서 저자는 그와의 수시 개인 상담을 통해서 지원서의 적합성이나 채용 공고가 나온 직장의 지리적인 접근성 등에 대한 심층적인 컨설팅을 하였다. 그러나 번번이 연령이나 경험 부족 등의 이유로 인해 면접에 탈락하는 등 많은 전직 파도도 만났다. 그러나 저자가 본 그는 실망은커녕 앞만 바라보고 묵묵히 걸어가는 가운데 재취업에 대한 의지를 다지면서 더욱 단련되고 있었다.

그러던 중 컨설턴트로서 최초 경력을 쌓았던 전문 컨설팅 회사에서 '군 장병 진로 도움 찾아가는 서비스'에 지원하라는 연락이 왔다. 이후 다수가 지원한 상황에서 면접을 거쳐, 군 장병을 대상으로 하여 진로 컨설팅 및 교육을 하는 컨설턴트직을 수행하게 되었다. 자신이 선발되면서 다시 인정받았다는 생각에 그는 기뻤다. 현재 그는 전방 지역 육군 OO사단에서 근무하는 장병을 대상으로 일주일에 2~3회 부대를 방문하면서 진로, 취업 교육 및 1:1 컨설팅을 하는 가운데, 컨설턴트로서 자신의 열정을 불태우고 있다.

신중년으로서 젊은 장병을 대상으로 역량을 마음껏 발휘할 수 있을 뿐만 아니라 그들의 진로 설정 및 취업을 지원해줄 수 있다는 생각에 그는 요즈음 하루하루가 즐겁다. 물론 전방 지역으로 오기 때문에 자신의 피로도가 축적되는 애로점도 있지만, 젊은 장병을 만나는 순간 피로는 사라지고, 언제나 그러하였듯이 컨설턴트로서의 사명감과 책임감이 충만한 채로 열심히 일하고 있다.

▶ 미래를 희망하는 삶을 지속하고 있다…

그는 현재의 컨설팅 업무를 성실히 수행하면서 또 다른 꿈에 부풀어 있다. 2020년부터 일정 규모 이상의 기업 퇴직자에게 '전직지원 서비스를 의무적으로 제공하는 법안'을 정부 기관에서 입법 예고하였기 때문이다. 별일이 없으면 서비스 의무화가 전격적으로 시행될 가능성이 크기 때문에 자신의 전문성을 발휘할 수 있는 또 다른 기회가 온다는 점이 그를 기쁘게 해주었다.

가능하다면 현재의 군 장병 진로 도움 서비스 프로그램에서 컨설턴트로 지속해서 일하고픈 생각도 있지만, 기업에서 퇴직한 자신의 경험에 기초하여 기업퇴직자에게 더욱 양질의 서비스를 제공할 수 있다는 자신감에서 그쪽 진로도 고려 사항에 넣어두고 있다.

현재 그는 00대학교 00학 박사 과정에 입학하여 "중장년층(베이비부머 세대)의 인생 이모작 설계에 대한 실증 분석"에 관한 예비 논문을 준비하는 등 희망하는 미래의 삶을 지속하는 꿈을 계속 꾸고 있다. '미래 예측과 그에 대한 사전 준비가 답이다!'라는 개인적인 캐치프레이즈를 가진 신중년의 한 사람인 그의 안전 항해를 빌어본다.

해군 장교 출신 필자의 전직 사례

'경력선장'으로 잘 알려진 '라이프앤커리어디자인스쿨' 표성일 대표(공동 저자)는 해군 중령으로 00년도에 전역한 이후 공공과 민간 분야의 재취업 및 전직지원 분야 전문 강사로 활약하고 있으며, 12년에 걸친 자신의 인생 2막 경력 및 경험에 기초하여, '생애선장'이라는 이름 아래 '라이프 앤 커리어 디자인 코치'로의 변신도 꾀하고 있다.

▶ 브랜드 탐색: "나 자신을 찾아서…"

약 33년에 걸친 인생 1막에서 해군 전투 장교 생활을 마칠 즈음에 과연 인생 2막에서는 어떤 일을 할 수 있을까?라는 고민에 빠졌다. 물론 인생 2막의 준비는 전역 7여 년 전부터 차근차근 준비하면서, 흥미를 느끼거나 잘할 수 있는 일과 관련된 역량을 축적하기 시작하였다.

이후에 주변 상황 및 개인적 역량에 기초한 국제무역사, 물류관리사, 커리어 컨설턴트, 통번역사, 그리고 재난관리사라는 여러 가지 가능성 있거나, 기본 자격을 갖춘 일을 놓고 시장 상황을 분석하였다. 결론적으로 군 생활의 마지막 직무가 '국방부 전직지원 교육 담당관'이었던 관계로 인생 2막도 관련 분야에서 제대 군인의 취업지원 사업에 참여할 경우 별도의 많은 준비 없이 순탄하게 옮겨갈 수 있고, 업무의 성격상 타인의 인생 2막 안착을 지원하기 때문에 나름 보람을 느낄 수 있다는 생각도 하게 되었다.

이후 제대 군인 재취업지원 사업을 하거나, 희망하는 민간 전문 컨설팅 기업과의 네트워킹 및 협력을 통해서 제대 군인 관련 사업 제안에 성공하게 되면서, 그 사업을 책임지는 사업부장으로 인생 2막의 첫발을 내디디게 되었다. 더불어 자신의 차별성인 기획, 평가 및 관리 역량과 군 간부로서 부하들의 애로를 상담했던 경험 등도 십분 활용할 수 있었다.

그 이후 약 6여 년에 걸쳐서 제대 군인, 실업자, 신용회복 대상자, 북한 이탈 주민, 그리고 기업 퇴직자 등 여러 계층을 대상으로 각종 재취업, 전직지원 사업을 관리하거나 컨설팅 업무를 성공적으로 수행하였는데, 자신의 전문성에 기반을 두어, 잘할 수 있는 적합 직무 찾아야 한다는 전략이 주효한 셈이었다.

▶ 브랜드 구축: "자신을 세우기 위해서…"

그러나 인생 2막의 취업 및 전직지원 사업을 관리 및 수행하는 과정에서 짧게는 1년, 길게는 2년 반 정도의 직장 경험을 가지면서, 3번의 이직과 재취업이라는 시련 아닌 시련도 겪었다. 그때에는 군 생활 당시에 어려웠던 일들을 잘 헤쳐나가면서 목표를 달성했던 경험을 거울삼아 인내하면서 슬기롭게 잘 헤쳐나가면서, 나름 전문성을 축적할 수 있었다.

그런 과정에서 적지 않은 자신의 나이를 고려하여 조직에 소속되어 일하는 것도 좋지만 이후에는 자신의 전문성에 기초해서 '1인 지식 기업'을 운영하는 프리랜서의 길을 걷는 것도 적합하다는 개인적인 분석과 직감 때문에, 기존의 직무 수행 경력 및 경험, 그리고 전문성에 기초하여 전문 강사의 길을 택하게 되었다.

다행히 그 당시에 도전했던 한국고용정보원 사무직 베이비붐 세대 퇴직 지원 프로그램의 전문 강사로 선발되어 강사의 길로 무리 없이 전환할 수 있었다. 자신의 이직과 재취업 경험을 가까운 미래에 퇴직할 예정이거나, 기퇴직한 베이비부머를 대상으로 하는 전문 강사는 여러 가지 차원에서 적합하고 잘 할 수 있는 일이라는 확신도 가졌다.

그러나 '1인 지식 기업'이라는 이름으로 일하는 프리랜서 강사의 길은 만만하지 않았다. 그 과정에서 전문 강사인 자신의 정체성을 잘 알릴 수 있는 '브랜드는 무엇인가?' 하는 생각이 자주 들었고, 자신의 차별성을 간단하게 알리면서, 기억에 남게 만들 수 있는 것에 대해 고민하기 시작하였다.

이후 여러 가지 브랜드 명칭을 직접 디자인해보기도 하고, 몇 회에 걸친 명함 만들기 워크숍에 참석하면서 '경력선장'이라는 브랜드 이름을 탄생시켰다. '경력'이라는 이름으로 자신이 일하는 분야를 대변하였고, '선장'이라는 책임감이 스며들어 있는 이름으로 자신이 운영하는 강의 혹은 컨설팅을 받을 경우, 즉 운항하는 '선박'에 고객이 승선할 경우에 원하는 목적지까지 안전하게 도달하도록 지원한다는 개념이 혼합된 브랜딩이었는데, '경력선장'이란 명칭은 자신을 잘 대변해주기 때문에 주변의 지인으로부터 많은 찬사와 호기심 어린 관심을 받고 있다.

▶ 브랜드 확신 및 관리: "자신과 고객의 미래를 지향하면서…"

이후 만나는 많은 분이 건네드리는 명함을 받아들이면서 "경력선장이라는 명칭이 참 특이합니다."라고 말씀하시는 것을 자주 들었고, 일반적인 명함 교환 시나 자기소개 시와 달리 단시간 내에 서로 교감할 수 있는 대화 수준을 유지할 수 있었다. 강의 시작 시의 강사 소개 시에는 '경력선장'이라는 브랜드 이름을 소개하고 있으며, 다른 분들이 "어떻게 불러드리면 좋을까요?"라고 질문 시에도 "경력선장으로 불러주세요."라고 이야기하면서 자신의 브랜드를 계속 전파하고 있다.

넓은 바다를 항해하는 것과 우리의 인생살이는 같다고 볼 수 있다.

선박이 출항지에서 입항지까지 항해하면서 겪는 모든 상황은 우리의 삶에서 겪는 모든 상황과 유사하다. 현 상황이 바로 출항지이며, 미래 희망 상황이 바로 입항지이다. 항해하는 과정에서 만나는 여러 가지 파도, 즉 인생의 다양한 문제를 만나고 해결하면서 궁극적으로 바라는 미래 희망 상황, 즉 입항지에 도달하는 것이다.

그 외에도 '경력선장'이 일하는 재취업 및 전직 분야에서는 브랜드 이름에 걸맞은 바다에서 사용하는 각종 장비를 그래픽이나 비유적 표현으로 많이 사용하고 있다. 예를 들면, 나침반, 파도, 타륜, 쌍안경, 등대, 북극성, 닻 등이 바로 그런 장비이다. 그래서 '경력선장'이라는 브랜드 이름이 현재 하는 일과 자연스럽게 연계된다.

브랜드 관리 및 확산을 위한 방법론으로는 블로그를 통해서 '경력선장'이라는 이름으로 글을 쓰고 있고, 밴드 지기로 운영하는 '라이프 앤 커리어 디자인 스쿨'이라는 밴드를 통해서 000명 이상의 회원을 확보하여 서로 소통하면서 브랜드를 알리고 있다.

최근에는 전 국민의 화두가 된 '라이프 앤 커리어 디자인 프로그램(*생애설계 프로그램)' 콘텐츠도 구축하고, 생애경력설계사, 전직지원 컨설턴트 등 민간자격증 3개 과정을 개설해나가는 과정에서 '생애선장'이라는 브랜드 이름도 사용하면서 또 많은 호응을 얻고 있다. "나는 고객들의 희망 경로를 책임지고 지원하는 영원한 '경력선장', '생애선장'이다!"

6. 해외 전직 사례 및 컨설팅 모듈 구성 사례

해외 전직 사례는 해외의 전직지원 전문 업체의 간단한 사례를 발췌하여 실어본다. 더불어 전문 컨설팅사가 각 고객의 개인 상황에 따라서 어떻게 컨설팅 모듈을 구성하는지에 대한 간략하면서도, 좋은 자료가 있어서 한국화하여 소개해본다. 출처는 미국의 라이즈스마트사(RiseSmart) 홈페이지에서 발췌한 내용이다.

해외 전직 사례

▶ **사례 1: 인력 감축 대상으로 지정되었다가 조직 내 재배치**

클라크는 기업의 인력 감축 대상자로 지정되어, ABC컨설팅사에서 제공하는 6개월에 걸친 패키지를 시작하면서 전직탐색 활동에 돌입하였다. 컨설턴트는 먼저 그의 열정을 발견하기 위한 컨설팅을 지원하였다.

이후 클라크는 기회를 탐색하던 중 회사 내부에서 수평적으로 역할을 확장할 수 있는지도 고려하게 되었고, 회사 내부 다른 부서에 재배치되는 행운을 안았다. 그러나 불안했던 그런 경험에 겪은 뒤에 자신만의 사업도 구상해두기로 하면서, 포트폴리오 커리어로서 코치 역량을 배양하였다. 그 과정에서 컨설턴트는 마케팅 플랜 수립을 지원하였고, 코칭 수가라든지, 관련 웹사이트 등도 알려주었다. 그리고 지난 8년 동안 매주 1회 통화를 하면서 계속 지원을 하였는데, 이제는 거의 가족과 같은 친구가 되었다.

> 전직 고객은 자신의 일자리, 일거리 탐색 및 전직에 대한 확신과 신뢰를 주는 컨설턴트의 지원을 절실히 필요로 한다.

▶ **사례 2: 열정적으로 한 직무에서 일한 이후에 더 이상 그 직무에 흥미를 느끼지 못하고 자신이 좋아하는 일로 전환**

아메는 30여 년에 걸쳐서 재무 업무를 하다가 해고되었다. 그리고 그녀는 더 이상 그 일을 하고 싶지 않았고, 돈을 버는 일도 이제는 그녀의 흥미를 끌지 못하였다.

컨설턴트는 그녀를 어떤 방향으로 지원해야 할지에 대해서 의문을 품었고, 부드러운 전직을 하기 힘들다는 생각도 하였다. 그 과정에서 그녀는 컨설팅을 할 때 자신이 흥미를 느끼는 일에 관해서 이야기하였는데, 소프트볼을 좋아하기 때문에 코치로 자원봉사를 하겠다는 생각과 동시에 청년층을 대상으로 하는 재무 분야 강의도 하고 싶다고 하였다. 따라서 컨설턴트는 좀 더 심층적으로 그런 흥미를 중심으로 컨설팅하였다.

일정 시간에 지난 이후에 그녀는 지인의 도움으로 고등학교에 소프트볼 코치로 자원봉사하는 일을 맡았다. 유급 코치로 일하지 못한 것은 이미 다른 유급 코치가 있었기 때문이었다. 그리고 몇 주가 지난 이후에 그녀는 유급 코치로 일하게 되면서 마침내 자신이 하고 싶은 일을 하게 되었다.

> 자신이 하고 싶은 일을 찾을 때는 재무적인 문제는 차선책일 수도 있다. 하고픈 일을 먼저 찾는다면 금전은 결과물로 다가온다.
> 금전은 일하는 목적이 아닌 결과물이다.

▶ **사례 3: 뛰어난 자질의 고객이지만, 최종 면접 파워포인트 발표를 위한 슬라이드 제작 문제가 등장**

소살리토는 기업 임원에서 해고된 이후 다른 일을 찾을 수 있는 많은 인적 네트워크를 지닌 고객이었는데, 컨설턴트는 그를 대상으로 전직지원 패키지를 시작하였다.

그 과정에서 소살리토는 다수의 면접 기회도 얻었는데, 컨설턴트는 그의 전직을 위해서 지속적인 면접 성공을 위한 컨설팅을 하였다. 시간이 지나면서 소살리토는 희망하던 목표 기업에서 몇 차례에 걸친 대면 면접을 하였고, 마지막으로 그 회사 임원들 앞에서 피티 면접을 실시하라는 주문을 받았다. 그러나 기뻐하기는커녕 자신이 만들 수 없는 파워포인트 슬라이드 때문에 고민하기 시작하였다.

그는 컨설턴트에게 슬라이드 작성에 대한 지원을 요청하였으나, 컨설턴트는 그런 지원이 자신의 컨설팅 범위에 해당되는지에 대해 고민하게 되었다. 그럼에도 불구하고, 컨설턴트는 그에게 전문가를 소개하여 슬라이드 작성을 지원하게 하고, 소살리토는 그런 지원을 받은 슬라이드로 면접이 예정된 도시로 비행기를 타고 가서 무사히 발표를 마치고, 전직에 성공하게 되었다.

> 컨설팅 업무의 상호 책임 및 지원 한계는 존재하나, 고객의 필요나 요구에 부응하기 위해서, 컨설턴트의 지원 범위를 좀 더 전향적으로 생각해볼 필요도 있다.

컨설팅 모듈 구성 사례

이 내용은 실제로 제3장 전직지원 컨설팅 이론에서 이야기한 컨설팅 회차 구성 체크리스트와 유사한 내용일 수 있으나, 고객의 현 상황에 기초하여 회차를 구성한다는 차원에서 이야기해본다. 특히 각 회차별로 다른 내용을 구성하지 않고, 몇 개의 모듈로 회차를 구성한다는 점이 특이하여 제시해본다.

구조조정으로 인한 전환 경험은 각 이해 당사자에게 다르게 다가온다. 희망퇴직 기업의 입장은 채택할 전직지원 서비스 프로그램의 수준을 결심하게 되고, 희망퇴직자는 긍정적 전환을 도모해줄 지원 모듈 및 내용을 선택하게 된다. 이때 서비스 프로그램은 희망퇴직자의 상황이 제각각 다르므로 전체적이면서도 유연한 그리고 개인 맞춤형 서비스를 제공할 필요가 있다.

▶ **사례 1: 19년간 근무한 이후에 부서장으로 정리해고를 당한 경우**

50대인 데이비드는 19년간 근무 후 부서장 업무를 하던 중 정리해고를 당하였다. 그는 근무하던 회사와 하던 일을 좋아했기에 많은 시간과 노력을 투자하였다. 따라서 하던 일이 자기 정체성의 일부가 되어있을 정도였다. 개인적으로는 재무적인 부담이 너무 컸기 때문에 재무 안정감 혹은 장기적인 재무 계획은 오히려 수립하지 않고 있었다. 그는 일에 너무 열중했던 나머지 불안 및 우울증 증세를 보인 적이 있었을 뿐만 아니라, 운동 부족과 다이어트 실패로 건강 상태는 의료상의 개입이 필요한 상황이었다.

그에 대한 컨설팅 모듈 설계는 다음과 같다.

○ 8개 모듈- 선임 전직지원 컨설턴트를 배치하여 질적 이력서를 작성하고, 링키드인(Linkedin)을 통한 그의 전직탐색 전략을 지원
○ 6개 모듈- 임상심리학자가 변화 기간 동안 지원
○ 2개 모듈- 건강 기능 회복을 위한 평가 및 체중 관리 기반 구축 지원
○ 2개 모듈- 불확실한 현재 및 미래의 재무 안정을 위한 재무관리사 컨설팅

▶ 사례 2: 8년간 부서장으로 근무한 이후 정리해고를 당한 경우

40대 후반인 얼리버드는 부서장으로서 8년간 근무 이후 정리해고의 상황에 빠졌다. 매사에 철저하였던 그녀는 일 때문에 받는 압박 때문에 오랫동안 행복감을 느끼지 못하던 상황에서 다시 일해야 할지 혹은 이번 기회에 완전한 은퇴를 해야 할지를 가늠하지 못하고 있었다. 더불어 일 때문에 받은 큰 스트레스로 건강도 좋지 않은 상태이며, 체중도 늘어났고 담배도 자주 피우고 있다. 그녀는 자신이 원하는 바에 대한 확신도 잃었고, 새로운 일을 찾아도 자신의 개인적 이미지를 잘 유지해 나갈 수 있을지에 대한 의문을 가지고 있었다.

그에 대한 컨설팅 모듈 설계는 아래와 같다.

○ 6개 모듈- 일과 경력 개발에 대한 결심 지원 컨설턴트 배치
○ 2개 모듈- 질적인 이력서 작성 지원 및 링키드인을 통한 기회 포착 준비 지원
○ 3개 모듈- 이미지메이킹 컨설턴트가 완벽한 이미지 컨설팅을 통해 자신감 회복 조치
※ 1대1 컨설팅을 통해서 더욱 건강한 삶을 영위할 수 있도록 지원

▶ 사례 3: 7년간 미디어 관련 업무를 수행하다가 정리해고를 당한 경우

40대 중반의 루카스는 미디어 관련 업무에서 7년간 근무하다가 해고

당하였다. 그러나 그는 평소에 유지하던 인적 네트워크에 힘입어 해고 이전에 새로운 직무에 접근할 기회를 얻었다. 그러나 그는 이전의 직무 성격 및 압박을 생각해보면 자신이 유사한 직무로 이직할 수 있는지에 대한 의문도 가지고 있었고, 확신할 수 있는 미래를 위한 장기적인 계획도 없었다. 더불어 그는 어린 자녀를 부양하면서 자신을 돌보지 않아서 영양 상태도 불량하였으며, 운동도 거의 하지 못한 상황에 있다.

그에 대한 컨설팅 모듈 설계는 아래와 같다.

- ○ 6개 모듈 – 장기적인 경력경로를 정의하고, 제안된 직무에 대한 검토를 지원할 수 있는 전문 컨설턴트 배치
- ○ 2개 모듈 – 질적인 이력서 작성 지원 및 링키드인을 통한 기회 포착 준비 지원
- ○ 4개 모듈 – 바쁜 일상을 고려하여, 건강한 섭생 및 운동 습관을 가질 수 있도록 자격 있는 다이어트 및 피트니스 전문가들을 배치

위에서 보는 바와 같이 사례를 통해서 저자가 느끼는 바는 고객이 지닌 문제를 잘 분석해서 그에 맞는 맞춤형 컨설팅을 하는 것이 전직지원 서비스와 컨설팅 성공의 관건이라는 점이다. 더불어 여러 가지 모듈로 구성하는 점이 특이하다.

우리는 맞춤형 서비스라는 이야기를 사실상 입에 달고 살지만, 과연 그렇게 하는지에 대하여 잘 생각해볼 문제이다.

= 생각의 발산과 수렴을 위한 질문 모음 =

1. 사례와 사례관리에 대해 설명해보면?
2. 사례 관리자의 역할은?
3. 막스리(Moxley)의 사례관리 5단계는?
4. 본인이 생각하는 성공 사례의 목차를 나열해본다면?
5. 조선업희망센터 운영 시에 적용한 3가지 프로그램은?
6. 해외의 컨설팅 모듈 구성 사례를 보고 느낀 점은?

제7장

전직지원 컨설턴트

제 7 장

전직지원 컨설턴트

🔖 전직지원 컨설턴트는 사실상 전직지원 서비스를 이끌어나가는 핵심 구성원이다. 컨설턴트는 규정된 사업 절차에 따라서 수행 능력을 발휘하지만, 개인적으로 지닌 인성이나 콘텐츠가 서비스의 차별성과 전문성을 보완해준다.

본 장에서는 그런 컨설턴트의 역할, 구비 역량 및 요구 자격, 그리고 전문성을 개발하는 방법론을 이야기해본다. 더불어 추후의 진로, 실제 전직지원 서비스에서 일하는 방식과 업무 관련 윤리, 그리고 업무수행 간에 생기는 스트레스 관리에 관해서 이야기해보고자 한다.

먼저 전제하고 싶은 것은 전직지원 컨설턴트는 사실상의 전문가로서 전직지원 전문 업체의 매뉴얼 등에 따라서 기본적인 업무를 수행하지만, 자신이 지닌 전문성, 차별성도 있으므로 일반적인 형태의 고용이나 일하는 방식으로 설명이 잘 안 될 경우도 있다. 컨설턴트가 일하는 방식은 현장에서 만나는 많은 컨설턴트 지망생이나 전직지원 분야에서 일하고 싶은 유사 분야 컨설턴트가 많이 하는 질문이지만, 저자가 그 방식에 대해 답변하면 전혀 이해하지 못하거나 의아해하는 경우가 많았다. 일반적인 정규직이나 비정규직으로 딱 잘라서 설명하기가 힘들기 때문이다. 그럼에도 불구하고, 여기에서 설명하는 컨설턴트가 일하는 여러 가지 방식은 세계적인 추세임을 말하고 싶고, 어떤 의미에서는 전문가가 일하는 방식이기도 하다.

그렇다면 먼저 전문가란 어떤 사람인지에 대해서 이야기해보자. 전문가란 '특정 분야의 일을 줄곧 해와서 그것에 관해 풍부하고 깊이 있는 지식 몇 경험의 소유자'로 정의한다. 전직지원 컨설턴트는 어떤 의미에서는 전직 컨설팅에 관한 한 타의 추종을 불허하는 전문가로서 지식 근로자이다. 그래서 피터 드러커 박사가 자신의 저작인 『프로페셔널의 조건』에서 논한 지식 노동자의 자기 관리 지침을 소개해본다. 그가 이야기한 내용은 아래와 같은데, 우리에게 금과옥조와 같은 이야기이다.

첫째, 목표와 비전을 가지고 그에 기초하여 미진한 점은 항상 다시 도전하면서 성숙화시킨다.

둘째, 누구도 알아주지 않지만, 신이 보고 있다는 신념으로 완벽히 한다.

셋째, 끊임없이 새로운 주제를 검토한다.

넷째, 새로운 업무를 맡게 되면 그에 부응하는 학습을 하고 평생학습을 습관화한다.

다섯째, 피드백을 활용하여 자신이 개선해야 할 점, 강점과 한계점 등을 숙지한다.

여섯째, '자신이 어떤 사람으로 기억되고 싶은가?'라고 자신에게 자주 질문해본다.

주요 키워드 및 내용을 뽑아보면 목표, 비전, 도전, 성숙화, 완벽화, 신념, 신주제 검토, 평생학습, 피드백 그리고 어떤 사람으로 기억 등이 된다. 컨설턴트는 지식 전문가로서 위에서 피터 드러커가 이야기한 내용을 잘 기억하면서 수시로 자세를 가다듬어야 한다고 본다.

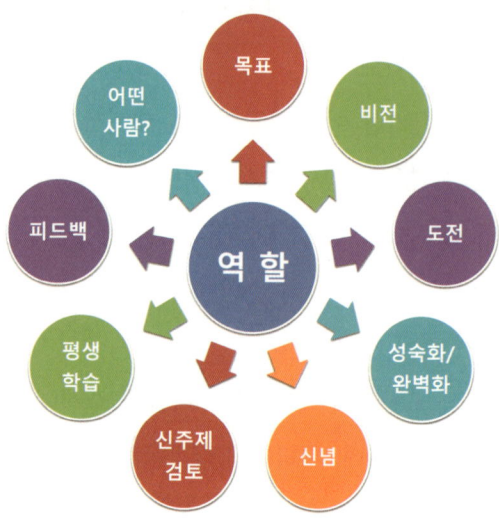

[지식 전문가와 관련된 키워드 모음]

1. 역할

역할의 사전적 의미는 '마땅히 하여야 할 맡은 바 직책이나 임무'로서 '할 일'로 간단히 표현될 수 있다. 대한민국에서 직업 상담의 장을 새로이 열었던 (사)한국직업상담협회의 협회장인 김병숙 교수는 그의 저작 『직업상담심리학』이란 책자에서 '직업 상담가의 직무와 역할'을 잘 설명해주고 있다. 김병숙 교수의 저작에서는 직업 상담가의 역할을 상담자, 처치자, 조언자, 개발자, 지원자, 해석자, 정보 분석자, 관리자, 연구 및 평가자,

그리고 협의자라는 10가지로 잘 설명해주고 있다.

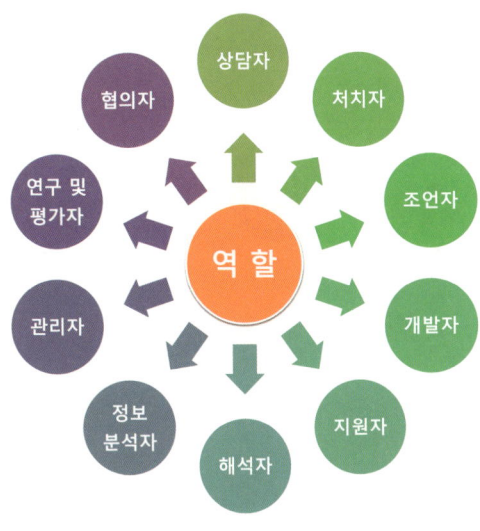

[직업 상담가의 역할]

　전직지원 컨설턴트도 고객의 진로나 직업을 컨설팅하는 역할을 가지고 있으므로 별도로 역할을 정의할 수도 있지만, 직업 상담가의 역할을 준용해도 좋다. 수행 직무에 따라서 위 역할의 몇 가지를 수행하고 있기 때문이다. 그렇다면 실제 전직지원 서비스에 초점을 옮겨 현장에서 수행하는 역할을 기준으로 분류해보면 다음 그림과 같다.

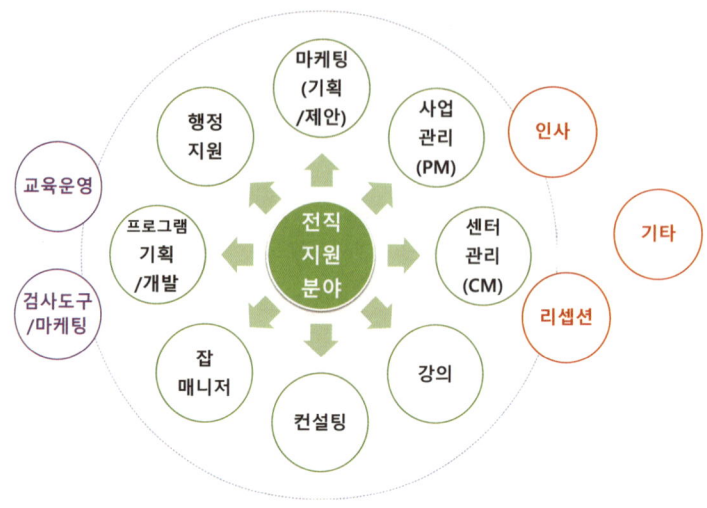

[전직지원 컨설턴트의 현장 역할]

위 구성은 회사의 규모, 그리고 사업의 성격에 따라서 달라질 수도 있지만, 현장의 역할은 다 포함되었다고 본다.

먼저 컨설턴트로서는 컨설팅을 하면서, 시간이 지나면 강의도 진행하게 된다. 그리고 일부 컨설턴트는 기업 협력을 주 업무로 하면서 구인처를 개발하는 잡매니저로도 임무를 수행한다.

마케팅 부서에서도 컨설턴트가 일을 하고 있는데, 주로 기획 업무와 제안 업무를 하게 되며, 사업의 수주 시에는 전체적인 사업을 책임지고 수행하는 사업 관리자, 그리고 지역의 센터를 관리하는 센터 관리자로 구분된다.

규모가 큰 전직지원 전문 업체에서는 프로그램을 기획하고 개발하는 컨설턴트나 직원을 두기도 한다. 그리고 행정을 지원할 수 있는 직원을 별도로 두기도 한다. 물론 규모가 작은 업체의 경우에는 컨설턴트가 행정 업무도 병행하는 경우가 많다.

컨설팅 업무의 성격상 인사 업무를 하는 사람은 원래부터 인사 업무를 하던 사람들을 배치할 수도 있으나, 컨설턴트의 전문성을 이해하는 경력 있는 컨설턴트가 수행하는 경우가 많다. 그리고 센터를 드나드는 고객을 영접하는 리셉션(reception) 직원도 있는데, 이런 직원의 경우는 리셉션뿐만 아니라 교육장, 개인 컨설팅 공간, 임원실 등 공간을 예약 관리하는 업무도 병행하고, 일부 전문 업체에서는 잡서치로도 활용한다. 따라서 리셉션뿐만 아니라 행정 지원 요원도 대부분 직업상담사나 기타 전직지원 전문 교육을 이수한 직원을 채용하여 일정 기간이 지나면 컨설턴트로 진입할 기회도 부여한다.

교육 운영의 경우에는 전직지원 서비스가 교육과 컨설팅을 핵심으로 구성되어 있으므로 업체 규모가 큰 경우에는 교육팀 등을 별도로 구성하여 교육 운영 업무를 맡긴다. 소규모 회사에서는 컨설턴트가 책임진 교육을 직접 운영할 때도 많다.

검사 도구, 마케팅의 경우에는 전문 업체가 별도로 보유한 검사 도구를 이용하여 사업의 마케팅 요소로 사용하거나, 검사 그 자체만의 사업을 확대하는 경우가 많다. 예를 들면, 제이엠커리어사의 '버크만'이나 인덱스루트코리아사의 '프레디저'가 그런 경우인데, 별도 법인으로서 검사 도구 그 자체로 사업을 꾸려나가는 경우도 존재한다. 따라서 컨설턴트는 전직지원 서비스를 중심으로 검사 도구를 활용할 수도 있지만, 검사 도구만을 전문적으로 취급하는 업무도 추구할 수 있다.

2. 역량 및 자격

역량은 간단히 이야기하면 '어떤 일을 해낼 힘' 그리고 '성과를 낼 수 있는 힘'을 의미한다. 따라서 역량은 어떤 일을 하는 사람의 자격 규정과 자연스럽게 연계된다. 직업상담사는 국가기술자격으로 1급과 2급이 있으나, 전직지원 컨설턴트의 경우는 그 자격을 구체적으로 규정한 것은 아직 없다. 2016년 정부가 '장년 고용 대책'을 발표 시의 내용 중에는 추후의 전직지원 의무화를 언급하면서, 직업상담사 1급 자격자에게 전직지원 전문 컨설턴트 자격을 부여할 예정이라는 내용을 밝힌 바 있었다. 2020년도에 시행한 '재취업(전직) 지원서비스의무화' 법안에서는 직업상담사 자격 보유자 혹은 관련 경력 2년 이상 보유자로만 규정하고 있다. 그러나 이는 아직 사실상 합의된 내용이 없다는 뜻이지만, 전직지원 전문 업체에서는 자체적으로 별도의 역량 및 자격 기준을 설정해두고 선발 시 적용한다.

역량

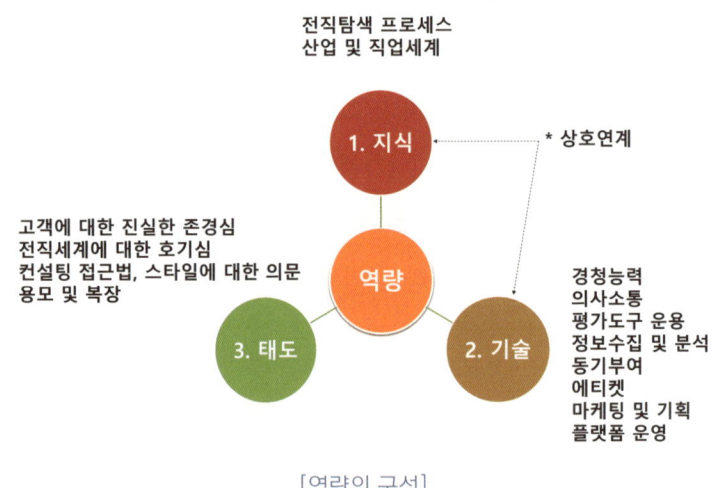

[역량의 구성]

여기에서는 국가직무능력표준(NCS)을 준용하여 지식(Knowledge), 기술(Skill) 및 태도(Attitude)로 역량을 이야기해보고자 한다.

먼저 지식(K) 및 스킬(S)은 아래와 같이 설명할 수 있다. 지식과 스킬은 어떤 의미에서는 서로 연계되어 있기 때문이다.

① 경청 능력이다. 컨설팅 기법의 중심에는 정확하게 경청하는 능력이 있다. 고객의 메시지와 느낌을 이해하는 능력이 중요하다.
② 평가 도구 운용 기법이다. 컨설팅 시 고객의 결심을 지원할 때에 유용한데, 컨설턴트는 자신이 지닌 경쟁력의 한계를 인식하고 자격을 지닌 평가 도구만 운용해야 한다.
③ 전직탐색 프로세스 이해이다. 프로세스 전반을 이해하고, 각 국면에서 고객을 지원할 수 있는 광범위한 기법과 접근법을 보유해야 하는데, 다양한 고객에게 각기 다르게 접근해야 하기 때문이다.
④ 산업 및 직업 세계에 대한 지식이다. 주요한 트랜드 및 미래 발전 사항에 대한 광범위한 지식을 가지고 항시 최신화해야 하는 상황으로 고객의 경력 기획, 목표 설정, 그리고 결심 지원에 효과적인 수단이 된다.
⑤ 전직 관련 정보 수집 및 분석이다. 다양한 자원, 데이터베이스, 보고서 등을 수집하고, 분석하여 목표 기업을 탐색 중인 고객을 지원한다.
⑥ 의사소통 기법이다. 고객의 전직 서류 작성 지원, 자기표현 능력 등을 향상하고, 그의 네트워킹에 필요한 지원과 맞춤형 피드백을 제공할 수 있다.
⑦ 지속적인 동기부여 능력이다. 특정 고객은 전직탐색 중에 심리적인 불안 상태에 빠질 수 있어서, 높은 수준의 전직탐색이 힘들다. 따라서 컨설턴트는 동기부여자의 업무도 수행해야 한다.
⑧ 자신을 드러내는 에티켓이다. 고객에게 전문가라는 신뢰성을 주면서, 고객이 이전에 근무하였던 기업 문화도 잘 이해하고 있다는 점을 재확신시

키는 방법이다.
⑨ 전략적 마케팅 및 기획 스킬이다. 고객의 전직탐색 활동 계획을 발전시킬 때에 원활한 지원을 하기 위해서는 효과적인 마케팅 전략 및 스킬과 기획역량이 필요하다. 이 스킬은 고객의 차별성을 발전시킬 때 필요하다.
⑩ 플랫폼 운영 역량이다. 4차 산업혁명 시대에 즈음하여 각종 플랫폼을 운영할 능력이 필요하다. 예를 들면 AI 등을 활용하는 면접이나, 역량 평가, 그리고 온라인 화상 컨설팅, 회의 등에 필요한 역량이다.

전직지원 컨설턴트에게 요구되는 개인적 자질이나 특성에 해당하는 태도(A)는 아래와 같이 구분할 수 있다.

① 고객에 대한 진실한 존경심이다. 개인적인 차이점을 존중하려는 노력은 컨설턴트의 핵심 가치이다. 연령, 배경, 교육 수준, 그리고 가치 등의 차이를 인정해야만 한다.
② 전직 세계에 대한 호기심이다. 전직 세계는 항시 급격한 변화를 겪기 때문에 그에 대한 호기심의 유지가 필요하다. 컨설턴트는 지속적인 조사 및 관찰로 고객에게 최선의 대응 방법을 지원할 수 있어야 한다.
③ 자신의 컨설팅 접근법과 스타일에 대한 의문이다. 자신의 컨설팅 접근법과 그 스타일이 고객에게 미치는 영향을 이해하고 촉진자 역할을 수행해야 한다. 그를 위해서는 다양한 수준의 분석을 통해서 자신의 발전도 도모해야 한다.
④ 용모 및 복장이다. 무엇보다도 컨설턴트는 자신의 용모 및 복장을 통해서 전문적인 모습을 보여주어야 한다. 이는 고객과의 라포 형성 요인 중 하나로도 작용한다.

전체적인 역량에 대해서는 별지 A. 전직지원 컨설턴트 역량 표준을 참고하기 바란다.

자격

전직지원 컨설턴트의 자격에 대해서는 일치된 의견은 없다. 특히 민간 전직지원 전문 업체의 경우에는 민간 전직지원 서비스에서 직업상담사 자격증을 필수로 하지는 않는다. 그러나 공공 전직지원 서비스 투입 시에는 직업상담사 자격증을 요구한다. 민간 전직지원 서비스에서는 컨설턴트 각 개인의 경험이나 경력을 통해서 축적한 자산이 자격 요건으로 인정받는 경우가 많다.

전직지원 컨설턴트의 유입 통로를 2가지로 그들의 자격을 구분해보면 아래와 같은데, 이를 통해 그들의 자격을 가늠해볼 수 있다.

첫째, 민간 (대)기업에서 근무하면서 경험과 경력을 보유한 '비즈니스' 그룹인데, 기업 근무 경력자로 보면 된다. 전직지원 서비스의 성격상 근본적으로 기업의 희망퇴직자나 정년퇴직자를 중심으로 하는 서비스이기 때문에 그의 경력, 경험 및 기업에 대한 이해 정도를 높이 사는 것이다. 현재 민간 전직지원 전문 업체의 선발은 기업에서 인사/총무 업무나 교육 업무 경험자를 선호하는 형태이다.

둘째, 정식 컨설팅 훈련을 받고 경력이나 경험을 보유한 '컨설턴트 그룹'이다. 기존의 컨설팅 경험과 경력이 자연스럽게 서비스 제공의 기반이 되는 것이다. 이는 직업상담사로서 공공사업이나 민간사업에서 각종 경력 및 경험을 보유한 컨설턴트이거나, 민간 전직 컨설팅 기경험자이다.

위 두 가지 기본 그룹 이외에 현재 경력 개발 관련 교육 분야 사업의 발전에 따라서 교육 관련 경력이나 경험을 보유한 자도 일부 선발되며, 기타 그룹에서 소수가 진출하여 컨설턴트로 일하는 상황이다.

3. 전문성 개발

컨설턴트가 전문성을 개발해야 하는 이유는 무엇일까? 여러 가지 이유가 있겠지만, 세 가지로 요약해보면, 첫째, 더 나은 연봉을 희망하고, 둘째, 전문성 구사를 통한 근로의 즐거움을 느끼며, 마지막으로 자신의 직급이나 지위를 향상할 수 있기 때문이다.

전직지원 컨설턴트는 기업의 희망퇴직자와 정년퇴직자를 대상으로 주로 컨설팅을 제공하면서, 필요하면 강사의 역할도 수행한다. 위에서 제시한 바와 같은 다양한 역할을 수행하고, 다양한 역량을 제공하는 차원에서 일반적인 지식, 기술 및 태도로는 지속적인 역할 수행이 어려울 수 있으므로 평생학습 차원의 전문성 개발은 필수적이다.

전직지원 컨설턴트로서 전문성 개발을 해야 하는 이유를 4가지는 아래와 같다.

첫째, 서비스 범위 확대에 따른 전문성 향상이 필요하다. 전직지원 의무화에 따라서 서비스 범위 및 물량이 확대되었기 때문에 그에 따른 지속적인 전문성 향상이 필요하다.

둘째, 다수 컨설턴트의 장기적인 경력 발전 문제가 대두된다. 서비스 대상의 고령화 추세에 따라서 컨설턴트는 추후 몇십 년간 할 일이 많아진다. 따라서 그에 상응하는 지속적인 개발도 필요하다. 특히 젊은 층의 컨설턴트에게는 중요한 문제이다.

셋째, 고객의 전직 소요기간이 이전과 달리 길어졌다. 시장 상황의 변화에 따라서 이전보다 고객의 전직 소요 기간이 길어지고, 그에 따라 어려운 시장 상황 속에서 경력 기획 및 탐색 분야를 컨설팅할 수 있는 차별적인 전문성이 더욱 필요하다.

넷째, 자신의 전문성 개발 소홀은 서비스에 대한 열정 감소로 이어진다. 더불어 무기력 상태를 일으킬 수 있으므로 극복을 위한 방법론으로 전문성 개발의 필요성이 대두된다.

따라서 여기에서는 다양한 전문성 개발 방법을 논하고자 한다. 전직지원 컨설턴트에게 적합한 전문성 개발 방법과 더불어 한 차원 높은 방법으로서 분야 전문가를 벤치마킹하는 방법도 이야기해보고자 한다.

전문성 개발 방법론

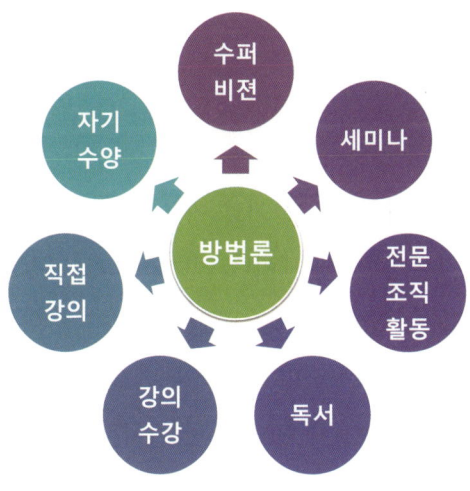

[전문성 개발 방법]

전직지원 서비스를 전문적으로 제공하는 전직지원 컨설턴트의 전문성 개발 방법은 크게 7가지로 나뉘는데, 슈퍼비전, 세미나 참석, 전문적 조직 활동, 독서, 관련 강의 수강, 강의, 그리고 자기 수양으로 나뉠 수 있다.

▶ 슈퍼비전

이는 개인 전직지원 컨설턴트가 자신이 제공하는 전직지원 서비스와 연계하여 제기되는 임상적 문제나 각종 전직탐색 문제를 동료 전문가 혹은 수퍼바이저와 토의하는 프로세스이다.

이는 컨설턴트의 입장에서는 자질 향상과 직업적인 발달을 조장하고, 고객의 입장에서는 손상된 컨설턴트로부터 보호를 받고, 효과적이고 신뢰성 있는 서비스를 받게 하는 조치이다.

슈퍼비전 활동은 먼저 교육 활동으로서 컨설턴트가 획득하지 못한 기술을 익히거나 연습하고, 둘째, 단기간에 걸쳐 전문가의 조언을 들으며, 셋째, 고객이 적절한 도움을 받고 있는지 혹은 보호되는지를 평가하는 것이다.

▶ 세미나

분야와 관련하여 관심을 기울이면 여러 곳에서 전문가나 전문 기관에서 개최하는 국내 및 국제 세미나가 주중 혹은 야간, 그리고 주말에 열리고 있음을 알 수 있다.

분야 관련 세미나에 참석하면 주제에 대한 전문성을 향상하여, 자신의 서비스 제공 시 적용할 수 있을 뿐만 아니라 만나는 전문가와 네트워킹하면서 더욱 발전할 기회도 생긴다.

▶ 전문 조직 활동

관심 분야, 유사 분야 혹은 개발을 희망하는 분야에 관심을 가진 사람끼리 모여서 동아리 등 전문 조직 활동을 하는 것이다. 독서 토론회, 글쓰기 그룹, 워킹 그룹 등이 그런 범주에 속한다.

전문 조직 활동 역시 인적 네트워크의 확대에 따라서 좀 더 다른 생각에 접근할 수 있을 뿐만 아니라 활동을 통해서 획득되거나 추출되는 콘텐츠를 통해서 전문성을 확대할 수 있다.

▶ 독서

여기서 이야기하는 독서는 독서 토론회 등의 집단 활동이 아닌 개인 활동을 의미한다. 컨설턴트는 남다른 전문성을 가져야 하지만, 모든 경험을 다 해볼 수는 없는 노릇이다.

따라서 독서를 통해서 간접적으로 전문성을 향상할 수 있는데, 대체로 컨설팅 이론, 직업 세계 이해, 기업의 이해 등 직접적인 분야뿐만 아니라 분야에서 경력 사다리를 올라가기 위한 기획이나 다양한 자기 계발 책자 등이 좋다.

▶ 강의 수강 및 직접 강의

홀로 전문성을 향상할 수도 있지만, 어떤 때는 한계를 느낄 때가 있다. 그럴 경우에는 전문가가 개강하는 관련 분야, 유사 분야 및 희망 분야의 강의를 수강하는 것이 좋다.

더불어 직접 가르치는 것만큼 전문성 개발에 좋은 방법은 없다. 필요시 자원하여, 혹은 강의를 개발하여 직접 강의에 뛰어드는 방법도 좋다.

▶ 자기 수양

실체가 보이는 활동은 아니지만, 컨설턴트는 사람을 상대로 하므로 무엇보다도 항시 자기 수양에 힘써야 하는데, 이 역시 전문성이나 차별성을 보완하는 한 가지 방법이 된다.

인문학 서적의 독서나 명상이 좋다.

전문가 벤치마킹 방법론

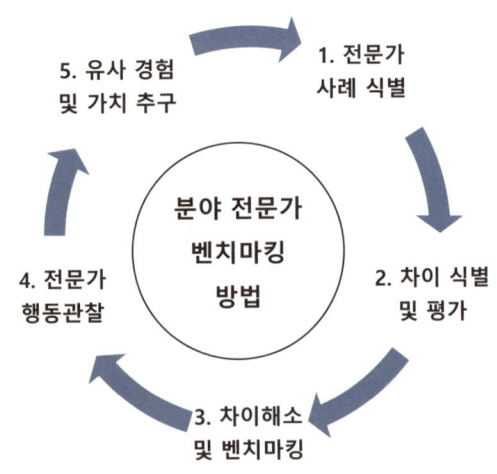

[분야 전문가를 벤치마킹하는 방법]

앞서 설명한 6가지 전문성 개발 방법에 이어서 직접 관련 전문가를 벤치마킹하면서 전문성을 향상하는 방법론도 설명해보고자 한다.

전문가 벤치마팅 방법론은 순차적인 5단계로 이루어지는데, 전문가 사례를 식별한 이후에 자신과의 차이를 식별 및 평가하고, 그 차이의 해소를 위해 노력한다. 더불어 전문가의 행동을 잘 관찰하고, 유사 경험을 해보면서 자신만의 가치를 높이는 방법이다.

▶ 전문가 사례 식별

자신이 일하는 분야의 진정한 전문가, 상사, 동료나 부하 직원으로부터 신뢰를 받는 전문가, 혹은 본받고 싶은 전문가의 사례를 식별한다.

▶ 차이 식별 및 평가

자신과 모범적인 전문가의 차이를 식별 및 평가한 이후에 변화의 폭을 측정하고 변화할 준비를 하는 것이다. 이는 확실한 자기 평가를 전제로 한다.

▶ 차이 해소 및 벤치마킹

전문가와의 차이가 크면 해소를 위해서 자신이 직접 할 수 있는 것부터 시행해보는 것으로, 자기 학습이라든지 여러 가지 자기 계발 방안을 탐색 및 실행한다. 벤치마킹은 전문가에게 그의 전문성을 공유하도록 설득하는 노력도 포함하는데, 이때 자신의 성실한 모습과 기본적인 지식 보유를 보여줄 때 가능하다. 일부 전문가는 공유를 꺼리기도 한다.

그의 지식을 추출할 수 있는 2가지의 강력한 질문은 "왜 그렇습니까?"(why?)와 "사례를 설명해주실 수 있나요?"(what? how?)와 같은 질문이다. 이런 핵심적인 질문을 활용하여, 전문가와 관계를 개선하고 그에게 확신을 부여하면 공유가 용이하다.

▶ 전문가 행동 관찰

종종 전문가와의 인터뷰보다는 집중적으로 그의 행동을 관찰하는 것도 좋다. 실시간으로 그가 어떻게 생각하고, 행동하는지를 습득하는 방법인데, 세미나, 전문가 콘퍼런스 등을 통해서 그의 문제 해결 기법도 배울 수 있다.

이후 전문가가 취하는 행동과 이유를 자신에게 설명해보면서 자발적인 학습도 할 수 있다.

▶ 유사 경험 및 가치 추구

앞서 관찰한 전문가의 행동에 기반을 두어 제한된 방법, 환경에서 그와 유사한 역할을 경험할 기회를 식별하고 경험해보는 것은 전문가를 더욱 잘 이해할 수 있는 기회이다.

이후 자신의 노력과 발전을 보여줄 수 있는 설득력 있는 증거물(예: 콘퍼런스, 미팅, 강의 등에서 사례 제시 혹은 시현 등)을 축적하면서 필요하면 가시적인 가치를 추구하면 된다.

4. 채용 및 일하는 방식

여기에서는 전직지원 전문 업체에서 컨설턴트를 채용하는 방식, 그리고 운영하는 방식, 다시 말해서 컨설턴트의 일하는 방식은 어떤지에 대해서 설명해보고자 한다.

채용 방식

먼저 전직지원 전문 업체에서 컨설턴트를 채용하는 방식인데, 가능성 있는 방식을 5가지로 분류해보았다.

첫째, 기업 근무 경력을 가지고, 기업에서 희망퇴직 서비스를 제공한 경험자를 채용하는 형태이다. 기존 기업에서 HR 관련 업무도 하였고, 기업 근무 중에 자사의 희망퇴직 업무에 참여했던 경력자는 채용에 유리하다.

둘째, 기업 근무 경력을 가졌으나, 컨설팅 경험이나 경력이 없는 자를 바로 컨설턴트로 채용하는 형태이다. 이는 특별히 전문 업체에 즉각적인 수익이나 가치를 안겨줄 수 있는 자이다. 그런 역량이 사전 경력의 부재라는 약점을 보완해준다. 통상적으로 사업의 수주에 영향을 미칠 수 있거나, 장기적인 수익 향상에 도움을 줄 수 있는 자로 보면 된다.

셋째, 공공 재취업 사업 등에서 컨설팅 경험을 보유한 자를 채용하는 형태이다. 공공 재취업 사업 등에서 경험과 경력을 쌓은 컨설턴트 중에서 전직지원 서비스 제공이 가능한 자를 선발하는데, 다소 규모가 큰 전문 업체는 자사의 컨설턴트 중에서 선발하는 경우가 많다.

넷째, 전직지원 전문 업체, 혹은 타 교육 기관에서 주관하는 전직지원 컨설턴트 양성 프로그램을 이수한 자를 채용하는 형태이다. 기업 근무 경력을 가졌거나, 타 사업의 경력을 보유한 자 중에서 양성 프로그램을 이수한 자를 선발하기도 한다.

다섯째, 컨설팅과 무관한 직위에 채용하는 방법이다. 이 경우는 일정한 자질이나 자격을 보유하였으나, 경력이 없는 경우에 해당한다. 일단 채용하여 다른 직무에 배치하여 경력이나 경험을 쌓게 한 이후에 전직지원 서비스 컨설턴트로 채용하는 방식이다. 마케팅 부서, 기업 협력 부서, 정보 탐색 직무, 그리고 인사 직무부터 시작하는 경우이다.

일하는 방식

전직지원 전문 업체도 기업인 관계로 '인력 운영의 유연성'이 자사의 생존에 큰 영향을 미친다는 사실을 잘 알고 있다. 예를 들어, 대규모의 사업을 수주할 때는 다수의 컨설턴트가 필요하지만, 사업 수주나 실행 중인 사업이 소규모일 경우에는 다수의 컨설턴트를 계속 유지할 필요가 없다. 따라서 필요한 수의 정규직과 비정규직인 협력 컨설턴트를 유지하는 방식을 사용한다.

명심할 점은 전문성을 지닌 비정규직인 협력 컨설턴트는 정규직을 제시해도 다른 일이 많거나, 본인의 가치에 기초하여 원하지 않는 경우가 많다. 여기에서는 인력 운영 패턴, 보수 산정 방식, 그리고 인력 풀을 운영하는 특이한 방식을 이야기해본다.

▶ 인력 운영 패턴

따라서 전직지원 전문 업체는 2가지의 인력 운영 형태를 보인다.

첫째, 정규직으로 핵심 전문가를 유지하는 방식이다. 지속적인 연간 사업 전망을 고려하여 그것에 맞게 정규직 전문가를 일정 수준으로 유지하는 방식이다. 대부분의 전직지원 전문 업체는 정규직을 적절한 소수로 유지하는 이유는 사업의 수주 전망에 기초했다고 보면 맞다.

둘째, 정규직이 아닌 협력 컨설턴트(Associate Consultant, AC) 전문가를 운영하는 방식이다. 평시에는 위의 첫째 항과 같이 인력을 유지하지만, 수시로 사업을 수주하여 사업 규모가 커지고 정규직으로는 처리할 수 없는 물량일 때에 그에 맞는 협력 컨설턴트를 일정 기간 채용하는 방식이다. 대부분의 전직지원 전문 업체가 사용하는 방식이다. 물론 협력 컨설턴트의 입장에서는 여러 가지 포트폴리오 커리어를 가지고 일하다가 일정 기간 프로젝트에 지원하여 일하는 형태이다.

원거리에서 사업이 전개될 때는 그곳에 거주하거나, 쉽게 이동하여 서비스를 제공할 수 있는 협력 컨설턴트를 유지하거나, 협력 회사를 활용하는 때도 있다.

▶ 보수 산정 방식

정규직에게는 기업 내규에 따라서 보수를 지급하겠지만, 협력 컨설턴트에 대한 보수를 지급하는 방식은 일하는 형태에 따르는데, 크게 3가지로 구분하여 그에 맞는 보수를 지급하게 된다.

첫째, 일정 기간 풀타임으로 근무하는 형태이다. 이는 주로 수주한 프로젝트 기간에는 풀타임으로 일하는 형태이다. 일부 회사에서는 4대 보험을 제공하는 때도 있다. 이런 형태는 다른 포트폴리오 커리어가 없는 컨설턴트에게 적합한 방법이다.

둘째, 출근 일자나 요일을 지정하여 일하는 형태이다. 1주일에 며칠 혹은 특정 요일에만 출근하여 일하는 형태이다. 이는 다른 업무를 하고 있거나, 풀타임으로 일할 수 없는 불가피한 경우에 적용하고, 출근 일수에 따라 보수를 산정한다.

셋째, 컨설팅할 고객 수를 할당하는 방식이다. 이 방식은 컨설턴트에게 특별한 출근 일자를 지정하지 않고, 일정 고객 수와 컨설팅 회차 수만 지정하고 컨설턴트가 자율적으로 업무를 수행하게 하는 방식이다. 이는 고객 수에 따라 컨설팅 비용을 받는다. 이 경우 경력이 있는 컨설턴트에게는 비교적 많은 고객을 그리고 경력이 많지 않은 컨설턴트에게는 다소 적은 수의 고객을 할당한다.

기업에서는 고정비를 감소시키기 위해서 위와 같은 여러 가지 방식을 사용하는데, 인력 운영비를 감소하면서도 서비스 지역과 컨설턴트에 대한 통제력을 유지함이 목적이다.

▶ 인력 풀 운영 방식

정규직을 다수 운영할 수 없는 처지라면, 전직지원 전문 업체에서는 평시에 전문 인력 풀을 잘 유지해두어야 유사시 그 풀을 운영하여, 서비스를 성공적으로 수행할 수 있다.

국내의 외국계 컨설팅 기업 일부는 특이한 인력 풀 운영 방식을 채택하고 있는데, 아래와 같은 방식을 이용해서 풀을 지속해서 유지한다. 아래 방식은 협력 컨설턴트와 파트너십을 가지고 일할 좋은 계약 방법의 예로서, 이런 방식을 통해서 경험이 많은, 그리고 질적인 서비스를 제공할 수 있는 컨설턴트를 유지할 수 있다.

① 공고를 내거나, 기존의 사업에서 수행 능력이 우수했던 컨설턴트를 인력 풀로 선발한다.
② 회사 내부의 일정한 업무 공간을 마련해서 사업 수행과 관련없이 유지하는 인력 풀이 수시, 혹은 상시로 자기 일을 할 수 있는 기반을 마련해둔다. 주로 도서관 부스 형태의 사무실을 유지하는데, 고정석은 아니다. 컴퓨터나 프린터가 배치되어 있다.
③ 회사의 명함을 제작하여 배포하고, 사용할 수 있도록 한다. 인력 풀은 평시에 자신의 명함도 사용할 수 있지만, 필요에 따라서 제공된 명함도 사용하면서 개인적인 강의 및 컨설팅을 통한 수익도 올린다. 다만, 경쟁사의 일을 하지 못한다는 일정한 제한을 받는다.
④ 회사의 주요한 콘텐츠를 전파하는 교육 등에 참석시킨다.

⑤ 평시에 지급하는 보수나 수당은 없으나, 프로젝트 수주 시 참여 우선권을 부여한다.

⑥ 회사의 각종 복지 혜택을 일정 부분 받는다. (예) 회식, 명절 선물 등

5. 윤리 규정

윤리란 '사람으로서 마땅히 지키거나 행해야 할 도리나 규범'이다. 전직지원 서비스 분야에 일하는 사람이 지켜야 할 윤리를 규정하는 사유는 '서비스의 질과 표준의 유지'에 있다.

전직지원 서비스 윤리는 크게 3가지 범주로 구분할 수 있다. '직무 수행과 관련된 윤리', '관계 유지와 관련된 윤리', 그리고 '비밀 준수와 관련된 윤리'이다.

위 세 가지 카테고리의 윤리 규정에 포함될 핵심 내용은 아래와 같다.

① 희망퇴직 기업에 대한 컨설팅 관계 표준 규정
② 고객과의 컨설팅 관계
③ 전문적인 서비스 시행 방안
④ 전직지원 사업 발전 방안
⑤ 고객에 대한 존경심 유지
⑥ 비밀 유지
⑦ 고객의 복지 향상
⑧ 고객의 결심에 대한 지원 및 책임감 독려

국내외의 각 전직지원 전문 업체, 코치 협회, 그리고 직업 상담 협회 등은 나름의 윤리 규정을 보유하고 있다. 여기에서는 최초 전직지원 서비스가 발전한 미국의 '전직지원전문가협회'에서 제정하여 운영하는 표준 윤리 규정을 아래와 같이 소개해본다. 전체적인 내용은 우리 전직지원 전문 업체나 컨설턴트가 참고할 수 있는 좋은 내용이고, 저자의 입장에서 볼 때 금과옥조 같은 윤리 규정이라서 소개해본다.

세부적인 윤리 표준에 대해서는 별지 B. 전직지원 컨설턴트 윤리 표준을 참고하기 바란다.

서비스 관련 윤리적 이슈

= 미국 전직지원전문가 협회 윤리 규정 =
- 전직지원 컨설턴트는 기업 고객과 참여자 모두를 대상으로 높은 수준의 전문적 행위를 유지해야 한다.
- 전직지원 컨설턴트는 윤리 규정 표준에 대한 지식을 포함하면서도, 자신의 경력 전반을 통해 전문적 성장을 지속할 책임이 있다.
- 전직지원 컨설턴트는 전직지원 컨설팅 관계에서 참여자에 대한 존경심을 유지해야 하며, 참여자의 능동적 결정을 지향하는 전직지원 활동에 중점을 두어야 한다.
- 전직지원 컨설턴트는 서비스를 마케팅할 때에 자신이 보유한 전문적 자격의 범위를 벗어나는 주장이나 암시를 해서는 안 된다.
- 전직지원 컨설턴트는 자신이 보유한 경쟁력의 범위를 인식해야 하며, 훈련이나 경험을 통해서 자격이 부여된 서비스나 기법만을 제공해야 한다.
- 전직지원 컨설턴트는 공중 혹은 고객 조직에 사례와 관련된 정보를 제공할 시에는 일반적이면서도, 정확하고, 편견이 없는 그리고 객관적이면서도 사실적인 자료를 제공해야 한다.

서비스와 관련된 이슈는 서비스 전달 시의 이슈와 마케팅 시의 이슈로 크게 구분할 수 있으며, 그 예를 아래에서 전개해본다. 더불어 컨설턴트가 혼자 생각해볼 수 있는 앞의 3가지 카테고리 각각에 해당하는 윤리 연습 예제도 각각 제시해본다.

서비스 전달 단계에서는 여러 가지 윤리적 이슈가 발생할 수 있으나, 그런 이슈 중에서 서비스 진행 관련, 소송 문제, 그리고 기타 이슈 3가지를 간략하게 이야기해보고자 한다.

▶ 서비스 전달 시 이슈

- 이슈 1: 서비스 진행 관련

  희망퇴직한 고객이 퇴직으로 인한 분노로 제3자에게 위협을 가할 것 같은 상황에서는 전직지원 컨설턴트는 신속하게 의사 혹은 심리 전문가에게 의뢰할 필요가 있으며, 더불어 누가 위협에 처하였는지를 알려야 한다. 이는 해를 끼칠 수 있는 자를 막고, 개입된 제3자에게 알리는 것이다.

  서비스의 효율적인 운영을 방해할 정신적, 병리적 문제를 지닌 고객의 경우에는 발주사에 상황을 알리고, '재직자 지원 프로그램(Employee Assistance Program, EAP)'과 유사한 서비스나 심리치료를 받을 수 있도록 전문 기관이나 전문가에게 의뢰한다.

- 이슈 2: 소송

  컨설턴트는 서비스를 제공하는 고객이 희망퇴직과 관련하여 퇴직한 기업에 대해서 소송을 제공하려는 의도를 가지고 행동에 옮기려는 경우에 어떻게 해야 할까? 설득해야 할까?

  소송을 포기하도록 하는 컨설팅은 이해관계 갈등에 개입하는 것으로서 컨설팅의 영역을 넘어서는 행위이다. 그렇다고 방관적인 자세도 지양해야 한다. 다만 고객에게 미래에 발생할 상황의 영향에 관해서는 설명해야 한다. 불가피할 시에는 고객의 비밀을 유지하는 가운데, 일반적인 방법으로 희망퇴직 기업에 통지하는 조치를 취해야 한다.

- 이슈 3: 기타 이슈

  고객이 성적인 관계를 요구하거나, 성적인 끌림이 발생하면 윤리적 대응은 어떻게 해야 하나? 컨설턴트는 항상 고객의 복지를 존중하면서 고객의 능동적인 결정을 지향하는 서비스 활동에만 중점을 두어야 한다. 더불어 고객과의 로맨틱(romantic)한 상황에 빠지지 않도록 유의해야 하고, 더 이상 효과적인 서비스 제공이 불가할 시에는 다른 컨설턴트와 교대하는 조치를 해야 한다.

▶ 서비스 마케팅 시의 윤리적 이슈

- 이슈 1: 고객에게 일자리 제공이 가능한 사실을 시사하는 경우

  이 경우는 고객이 서비스에 참여하면 컨설턴트 등이 많은 기업의 인사 책임자를 잘 알고 있으므로 일자리를 제공해줄 수 있다고 말하는 경우이다.

  마케터나 컨설턴트는 현실적이지 않은 가공된 사실을 말해서는 안 된다. 고객이 자신의 노력 없이 현 전직 상황을 해결하려는 바램을 가질 수 있기 때문이다. 더욱이 그런 발언을 하면 그때부터 고객은 컨설턴트를 '알선 전문가'로 보면서 채용 면접관과 만나는 상황에서 보여주는 '마케팅 모드'로 전환하여, 자신의 상황을 진실하게 이야기하지 않는 상황을 초래하기 때문에, 더 이상 효과적인 컨설팅 관계를 이어나갈 수 없다.

- 이슈 2: 서비스 마케팅 시에 잠재 서비스 발주사나 고객이 이전 고객과 관련된 정보를 요구하는 경우

    이런 경우에는 이전 서비스 발주사나 이전에 서비스를 제공하였던 고객으로부터 사전에 제공과 관련된 동의를 받아야 하고, 개인정보 보호 차원에서 제공을 지양해야 한다.

윤리 연습 예제

앞서 이야기한 윤리 규정의 세 가지 카테고리인 직무 수행, 관계 유지, 그리고 비밀 준수와 관련된 예제를 아래와 같이 제공하니, 독자는 각각의 경우에 대한 적합한 조치를 생각해보기 바란다. 사실상 답은 간단하고 명확하게 이야기할 수 있지만, 생각해볼 기회가 되었으면 한다.

▶ 직무 수행 관련 예제

- A사에 근무하는 전직지원 컨설턴트 진해만은 컨설턴트 양성 과정 동기인 B사에 근무하는 강남구로부터 자료 제공을 요청받았다.
- 강남구는 진해만에게 '자신이 00 사업의 제안을 책임지게 되었는데, 경험도 없고 자료도 없어서 작년도에 A사에서 제안한 자료를 보여줄 것을 요청하였다.
- 강남구는 자료를 제공해주고, 제안에 성공할 경우, 맛있는 식사 및 술자리를 마련하겠다고 이야기하였다.
- 진해만은 강남구가 친한 동기라는 점과 혹시 다음에 B사에 입사할 기회가 생길 수도 있다는 생각을 하면서 망설이고 있다.

▶ 관계 유지 관련 예제

- E사에 근무하는 전직 컨설턴트 부산항은 00사 전직지원 서비스 제공 창업을 고려 중인 고객으로부터 좋은 아이템이 있으니, 투자를 해주면 은행 이자의 10배에 해당하는 수익을 남겨준다고 하는 제안에 고민하고 있다.
- 아직 전셋방을 전전하면서, 벌이가 시원찮다고 종종 부인으로부터 질타를 받는 부산항으로서는 사실 그 제안이 솔깃한 상황이다.
- 투자금이야 아내 몰래 넣어둔 은행 정기 적금을 해지하거나 아니면 고향 부모님의 땅을 은행에 담보 후 빌린 돈으로 해결할 수는 있다는 생각이다.
- 요즈음 일도 손에 잡히지 않고 제안에 대해 고민 중이다.

▶ 비밀 준수 관련 예제

- G사에 근무하는 전직 컨설턴트 마라도는 H사 인사에 근무하는 절친한 제주도로부터 자사 월간 회의 시 전직지원 서비스에 대해서 브리핑을 해야 한다고 도와달라는 말과 함께 관련 자료를 제공해달라는 요청을 받았다.
- 제주도의 요청 자료는 현재 마라도가 지원 중인 00사의 부장급 이상 고객의 인원수, 직급, 희망 직무와 재취업자의 경우 어디로 취업 했는지에 대한 자료였다.
- 제주도의 요청을 거절하지 못한 상황에서 있던 자료를 익명 처리 등을 하지 않고 그대로 제주도에게 전달하였다. H사에서는 전달받은 자료를 그대로 발표 하였는데, 마침 G사에서 전직지원 서비스를 받은 이후 그 회사에 취업한 고객이 그 회의에 참석하여, 자신의 이름과 취업처, 재취업 직무를 보고 문제 제기를 하여 난처한 상황에 빠졌다.

6. 스트레스 관리

전직지원 컨설턴트는 고객과 업무 환경의 다양성으로 인한 스트레스 상황에 빠질 수 있다. 그런 상황에 빠지면 무기력함을 느껴서 궁극적으로는 질적인 서비스 제공이 불가하여 업무 성과에도 영향을 미친다.

피로 및 만성적 무기력, 카페인, 흡연, 알코올의 흡입 증가, 긴장 및 압박 등으로 집중 불가한 상태에 돌입하거나, 기계적으로 고객을 응대한다든지, 고객의 일에 과도하게 개입을 하거나, 냉소주의, 지루함 등을 느끼는 것은 스트레스 상황을 나타내는 지표이다.

이러한 스트레스는 조기 인식, 개입, 그리고 예방이 필요한데, 초기 신호는 단조롭다는 느낌, 기계적인 방식으로 일을 처리한다는 느낌, 그리고 자신이 마치 전직탐색 기술자와 같다는 느낌이다.

스트레스 원인

전직지원 컨설턴트에게 스트레스를 제공하는 원인은 개인 혹은 쌍방 관계 요인, 문화적 요인, 그리고 조직적 요인에서 비롯되는 것 3가지이다.

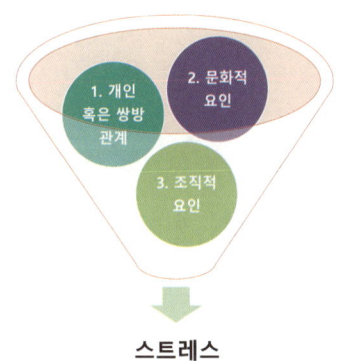

[전직지원 컨설턴트 스트레스 원(源)]

▶ 개인 혹은 쌍방 관계

개인 스트레스는 컨설턴트가 종종 사람을 돕는다는 자부심을 가질 때 발생한다. 그러나 실제로 고객인 다른 사람과 일하는 것은 감정적으로 힘든 일이다. 예를 들면, 평소에 고객의 질문이나 의문에 대해서 정확한 답변을 해야 한다는 생각을 가지면 그 자체가 스트레스 요인으로 다가온다.

쌍방 관계 스트레스는 서로 다른 스타일과 욕구에서도 온다. 경험이 많은 컨설턴트는 자신에게 스트레스를 주는 고객을 잘 인식한다. 더불어 자신이 도움을 주는 사람이라는 인식 때문에 오는 스트레스도 있다.

▶ 문화적 요인

전직지원 서비스는 사회적, 경제적 요인 등의 영향 아래에서 실시된다. 이전에 비해서 전직탐색 활동에 더욱 많은 시간이 소요되고, 전직 시장의 상황이나 미래 상황에 대한 불안이 스트레스로 다가온다.

더불어 고객의 문제 상황은 단시간 내에 해결이 불가하므로 그의 경력 기획이나 전직탐색 활동을 저해하는 요인은 컨설턴트에게 또 다른 스트레스로 작용한다.

▶ 조직적 요인

이 요인은 정규직 컨설턴트와 비정규직 컨설턴트가 근로 조건으로 인해 받는 스트레스이다. 정규직의 경우에는 자신이 책임을 지는 컨설팅 건수가 자신이 잘 관리할 수 있는 현실적인 건수인지에 대한 의문과 직무의 다양성 수준 등 자신의 발전과 관련된 스트레스이다.

비정규직 컨설턴트의 경우, 컨설팅 과업의 예측은 가능한가? 수입 수준은 지속적인가? 그리고 정규직에 비교해서 어떤 범위의 가치를 인정받거나 존중받는가?와 같은 생각 때문에 받는 스트레스이다.

스트레스 해소 처방

앞에서 설명한 컨설턴트의 스트레스를 해소하는 방안은 크게 3가지로 분류된다.

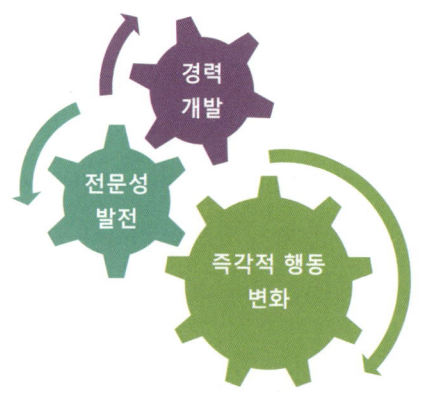

[컨설턴트 스트레스 해소법]

▶ 경력 개발

첫째는 전직지원 서비스라는 범위 내에서 전문성을 개발하여 성장하는 방법이다. 둘째는 전직지원 서비스의 범위를 넘어서서 조직 컨설팅, 다양성 컨설팅, 인적자원 관리 혹은 개발 컨설팅, 프로그램 발전 업무와 관련된 개발을 도모하는 방법이다. 마지막으로 전직지원 서비스 분야를 이탈하여 다른 분야의 경력도 개발할 수 있다.

▶ 즉각적 행동 변화

이는 특정한 행동을 취하지 않는 방법도 포함하고 있으며, 완벽한 전문가가 되기 위한 과다한 노력을 일시 중단하는 방법도 있고, 필요시에는 동료 혹은 고객 중 전문가의 지원을 요청하는 방법도 있다. 더불어 점심시간을 이용한 독서, 성찰, 쇼핑이나 동료와 점심을 같이 하는 외부지향적 활동도 포함된다.

▶ 전문성 발전

이는 앞에서 설명한 컨설턴트의 전문성 발전 내용과 같다. 슈퍼비전, 세미나, 전문 조직 활동, 전문서적 독서, 강의 및 강의 수강 등이다. 독서는 미래 변화라든지, 비즈니스 상황에 관한 책자가 될 수 있다. 아래는 전문성 발전으로 스트레스 상황을 벗어난 컨설턴트의 사례이다.

= 전문성 개발로 스트레스를 해소한 사례 =
- 재취업(전직)지원 업무를 7년간 이어온 컨설턴트 울릉도는 어느 날 자신의 기계적이고 융통성 없는 업무, 그리고 끝없이 이어지는 현실적 업무 때문에 한 숨이 나왔다. 평일의 과도한 업무뿐만 아니라 주말에도 연속되는 업무 때문에 머릿속이 복잡한 상황이었다.
- 그 때문인지 일을 바라보는 열정도 이전보다 떨어지고, 업무 효율도 떨어진다는 느낌을 받았다. 그리고 조그마한 일에도 짜증이 나기 시작하였다. 그런 환경 속에서 '언제까지 이 일을 계속할 수 있을까?'라는 생각도 들었다.
- 그는 이런 상황을 동료 컨설턴트에게 이야기해보았다. 울릉도의 업무에 대한 열정을 누구보다 잘 알고 있던 동료 컨설턴트는 그에게 교육 수강을 권하였다. '액션러닝'과 관련된 교육이었는데, 울릉도는 별 생각 없이 그 교육을 수강하면서 이전과 다른 세상을 경험하고, 배운 것을 사용하고픈 마음도 들었다.
- 이후 자신의 경로를 재취업(전직)지원 전문 강사로 잡고, 액션러닝 스킬을 적용해나가면서 다시 일에 흥미를 느끼면서 스트레스 상황에서 벗어나게 되었다. 지금도 그는 약간의 스트레스가 찾아올 경우에는 세미나나 기타 강의를 수강하면서 역량도 강화하고 스트레스도 해결해나가고 있다.
- 그는 현재 자신의 경험을 동료들에게 권고하면서 업계 내에서 자신의 경험에 기초한 스트레스 관련 강의도 하고 있다.

= 생각의 발산과 수렴을 위한 질문 모음 =

1. 전문가란 어떤 사람을 말하는가?
2. 전직지원 컨설턴트의 주요 역할 몇 가지를 말해보면?
3. 전직지원 컨설턴트의 주요 역량은?
4. 전직지원 컨설턴트의 전문성 개발 이유와 방법은?
5. 전문가 벤치마킹 방법에 대해서 논해보면?
6. 전직지원 컨설턴트의 인력 운영 패턴은?
7. 전직지원 컨설턴트의 보수 산정 방식은?
8. 전직지원 윤리의 3가지 범주는?
9. 전직지원 컨설턴트의 스트레스 원인 3가지와 해소 방법 3가지는?
10. 자신이 받았던 스트레스와 해결 방법은?

제8장

전직지원 행정

제 8 장

전직지원 행정

📌 본 장에서는 전직지원 행정에 필요한 전반적인 사항을 이야기한다. 사업의 운영상 기본적인 컨설팅과 교육도 중요하지만, 서비스의 세부 요소가 통합적으로 운영되기 위해서는 무엇보다도 원활한 행정 지원이 필요하다.

따라서 전직지원 사업을 수주하기 위한 마케팅에서부터 서비스의 준비 및 시행과 관련된 사항, 전직 행정 서류에 관해 이야기해보고자 한다. 행정 서류는 사업의 성격이나 기관에 따라 작성 양식이 다르고, 공공사업의 경우에는 일부 양식이 사전에 제시되는 경우가 많다. 따라서 여기에서는 공통적인 행정 서류 목록을 제시한다.

1. 서비스 마케팅

전직지원 서비스 마케팅은 기본적으로 사업 수주를 위한 마케팅과 사업의 수주 이후 서비스 제공 시의 마케팅 2가지로 구분된다. 사업 수주를 위한 노력은 기본적인 마케팅 요소이지만, 사업의 성공을 위한 본 서비스의 성공적 수행도 서비스 마케팅의 구성 요소임을 명심해야 한다.

따라서 마케팅은 마케터만의 책임이 아니라 컨설턴트의 질적인 컨설팅 시행을 포함하는 관련 요원 모두의 책임이라고 보아야 한다. 그런 차원에서 현장에서 일하는 컨설턴트도 서비스 마케팅에 비교적 정통해야 하므로 이 내용을 포함하였다.

서비스 마케팅 개념

전직지원 서비스 마케팅은 서비스에 기초한 일종의 '관계 판매'이다. 관계 판매는 '누군가와 좋은 관계를 구축하는 데 중점을 두면서, 그 관계를 통해서 가치 있는 서비스를 제공하는 프로세스를 시행'하는 것이다.

일반적으로 우리가 인식하고 있는 것은 유형적 재화의 판매를 위한 '전통적 판매' 개념인데, 서비스는 '관계 판매'로서 전통적 판매의 개념과 다른 판매 개념을 가진다. 아래는 관계 판매와 전통적 판매를 비교해본 내용이다.

전통적 판매	관계 판매
· 유형적 재화의 판매에 중점 　* 승자와 패자가 존재하는 경쟁	· 서비스의 판매에 중점 　* 구매자와 판매자 모두가 승자
· 구매자가 반드시 사도록 설득 　* 반드시 구매한다는 가정에 기초	· 고객을 설득하기보다는 도와줌 　* 서로 파트너로 인식하여 고객의 문제 해결을 지원
· 판매의 종료를 매우 강조함 　* 판매하기 위한 끈질긴 의지는 판매자의 귀중한 자산	· 특정 고객을 위한 개인 맞춤형 판매 　* 판매 종결을 지향하는 것이 아닌 구매 이후에도 지속적 서비스 제공

| · 도전심, 경쟁심 그리고 두꺼운 얼굴 | · 욕구를 식별하고 기교 있는 질문과 대응 스킬 유지 |

[전통적 판매와 관계 판매의 비교]

전직지원 전문 업체 마케팅 개념

전직지원 전문 업체의 마케팅 개념은 크게 마케팅 프로세스, 마케팅 접근법, 그리고 마케터 운영 방법이라는 3가지로 나누어 설명할 수 있다.

▶ 마케팅 프로세스

전직지원 분야의 마케팅 프로세스는 아래와 같다.

첫째, 최초 마케팅을 할 때는 사업 수주에 영향을 미치는 의사결정자를 접촉하는데, 대표 대 대표의 만남으로부터 시작된다. 최근에는 책임 부서장에게 위임된 경우가 많아 그가 사업 선발 권한을 가진다. 이때 전직지원 전문 업체는 자사가 제공할 수 있는 서비스의 차별성과 전문성을 홍보하는 형태로 접근한다. 포함되는 요소는 서비스 제공 경험, 서비스의 질 및 후속 서비스, 업체의 접근성, 그리고 온라인 서비스 등이다. 최근에는 AI 등을 이용하는 서비스가 일부 전문 업체의 마케팅 내용에 포함된다. 여러 가지 좋은 조건을 갖춘 업체가 아닌 소규모의 전문 업체는 서비스 발주 기업 대표의 관심 사항에 집중하는 경우가 많다.

둘째, 최초 접촉 이후 지속적인 마케팅을 한다. 성공적인 서비스 판매는 최초 만남으로 바로 성사되는 것이 아니므로 이후에 지속해서 만남의 기회를 만든다. 그때는 좀 더 세부적이고 두드러진 마케팅을 하는데, 서비스 발주 기업의 욕구에 기초한 맞춤형 서비스 제공 노력을 홍보한다.

셋째, 사업 수주 이후에도 계약의 준수를 위해 노력하면서 지속적인 접촉을 유지한다. 이는 사업을 수행하면서 서비스 진행 상황이나 고객의 상황에 대해서 보고하는 일이다. 더불어 제시된 서비스 목표의 성공적인 달성도 추구한다. 서비스 발주 기업에게 지속적인 정보를 제공하면서 관계를 유지하고 서비스 목표를 달성하는 것은 미래를 지향하는 간접 마케팅이다.

▶ 마케팅 접근법

일반적으로 전직지원 전문 업체의 마케팅 수단은 홈페이지, 블로그, 페이스북 등 온라인 마케팅과, 마케팅팀을 이용한 오프라인 마케팅으로 구분할 수 있다. 온라인 수단 중에서 홈페이지가 중요한 이유는 희망퇴직 기업이 희망퇴직을 준비하는 단계에서 그 서비스를 제공할 몇 개 전문 업체를 탐색할 때에 홈페이지를 통해 업체의 수준을 가늠한 뒤에 제안서 제출을 요청하기 때문이다. 따라서 전문 업체에서는 공개가 가능한 수준에서 주요 서비스 프로세스나 그동안의 서비스 제공 경험 및 성과 등을 홈페이지에 게시해둔다.

위와 같은 접근법은 대부분의 업체가 하는 일반적인 접근법이다. 아래는 전직지원 분야에서 볼 수 있는 다소 특이한 방법의 마케팅 접근법 세 가지이다.

첫째, 교육 세미나를 개최하는 방법이다. 이는 전직지원과 관련된 그리고 관심을 끌고 있는 주제에 관한 세미나를 개최하는 방법이다. 주로 대형 콘퍼런스홀을 빌리거나, 근사한 호텔 공간을 빌려서 개최하는 방식으로 기업의 관심 주제에 정통한 HR 전문가를 초빙하여 교육한 이후에 자사의 전직지원 서비스 내용에 관해서 설명하는 형태로 진행한다. 세미나 초대 대상은 주로 기업의 사업 책임 간부나 인사 실무자이며, 추후 사업의 기반을 마련하기 위해 노력하는 접근법이다.

둘째, 법률, 회계 및 노무 법인과 같은 전문 회사와 네트워킹을 구성해두는 방법이다. 이전의 프로세스에서 언급한 바와 같이 희망퇴직 기업은 희망퇴직과 관련된 기업 차원의 공식 공고를 하기 이전에 각종 법률, 회계 및 노무 문제 등 모든 사안을 심층적으로 검토하여 추후 소송 등의 문제를 없애고자 한다. 물론 사내 전문가도 있지만, 관련 전문 회사의 조언도 받는다. 따라서 전직지원 전문 업체는 평소에 그런 전문 회사와 네트워킹을 유지하면서 사전에 미래의 희망퇴직 등과 관련된 정보를 입수하고 마케팅에 나서기도 한다.

셋째, 추후 수행하고자 하는 서비스와 관련된 상위 직급 퇴직자나 계층 관련자를 사전에 채용하는 방법이다. 이는 신사업에 진출할 때 다소 많이 사용한다. 프로그램의 발주 기관이나 발주 기업에서 근무한 경력이 있는 상위 직급 퇴직자나 계층과 관련된 전문가를 채용하여 마케팅에 도움이 되게 하는 방법이다. 우리가 일하는 분야에서도 많지는 않지만 이런 경우가 다소 존재한다. 서비스 기업과 관련된 전문 경력을 가지고, 계층에 대한 이해가 많으면 사업 수주나 서비스의 진행에 도움을 주기 때문에 궁극적으로 수익 향상에 기여한다.

▶ 마케터 운영 방법

전직지원 전문 업체에서 마케터를 운영하는 방법은 크게 3가지로 구분할 수 있다. 마케팅 업무에만 헌신적으로 이바지하는 마케터를 운영하는 때도 있고, 다른 경우는 컨설턴트 중 마케팅 업무가 가능한 자를 마케터로 동시에 운영하는 방법, 그리고 마케터와 전문 컨설턴트 두 사람을 1개 조로 운영하는 방법이다. 큰 전문 업체의 경우에는 마케터를 별도로 운영하는 전자의 방법을 사용하지만, 영세한 전문 업체는 마케터와 컨설턴트 업무를 한 사람이 병행하는 경우가 많다.

첫째는 헌신적인 마케터를 사용하는 방법이다. 이 방법은 마케터가 전적으로 마케팅을 책임지면서 서비스 제공에는 참여하지 않는 방법이다. 시간의 100%를 마케팅에 사용하기 때문에 마케팅 업무 역량을 향상할 수 있고, 더욱 충실한 직무 수행이 가능하다. 이는 컨설턴트 직무를 병행 시에 발생할 수 있는 서비스 불만족으로 인한 잠재적인 갈등은 없지만, 마케팅 시에 서비스 세부 사항에 대한 전문적인 의사소통이 다소 미흡할 수도 있다.

둘째는 컨설턴트가 마케터 임무를 병행하는 방법이다. 이는 마케팅에도 참여하면서 동시에 서비스 수주 시에 컨설턴트 임무도 병행하는 형태이다. 앞에서 이야기한 바와 같이 이런 방법은 사업 수주 이후에 서비스 불만족으로 인한 잠재적인 갈등을 겪을 수는 있으나, 마케팅 시에 서비스에 대한 완벽한 설명이 가능하므로 사업 수주의 가능성을 높일 수도 있다.

셋째는 마케터와 컨설턴트 두 사람을 1개 조로 운영하는 방법이다. 마케팅 스킬도 보일 수 있고, 전문적인 서비스 설명도 가능해서 질적인 마케팅이 가능하지만, 두 사람의 업무 시간 활용 차원의 문제가 발생할 수도 있다.

마케팅 스킬

희망퇴직 기업에서는 전직지원 전문 업체의 마케터를 통해서 요구하는 수준과 스킬을 탐색하기 때문에 마케터는 뛰어난 마케팅 스킬의 소유자라야 한다. 마케터는 실직, 퇴직 등으로 인해 야기되는 민감한 사안을 처리할 수 있는 성숙도, 균형감, 판단력, 그리고 신뢰성도 갖춰야 한다.

마케터에게 요구되는 스킬 3가지는 아래와 같다.

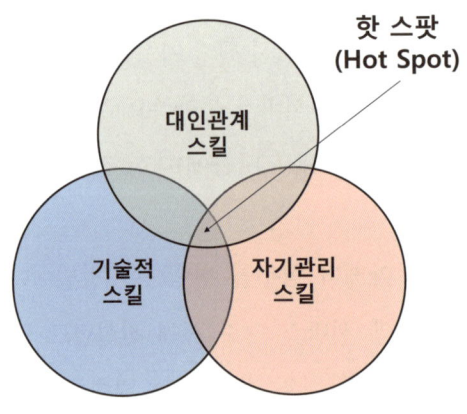

[마케터에게 요구되는 스킬 3가지]

첫째, 대인관계 스킬이다. 전직지원 서비스는 관계 판매이기 때문에 훌륭한 관계를 구축할 수 있어야 하는데, 기술적 스킬을 적용하는 자질과 관련된 스킬이다.

둘째, 기술적 스킬이다. 이는 서비스나 산출물을 실제로 운용 및 생성할 수 있고, 그 성격 및 특징에 대해 잘 이해하고 있는지와 관련된 스킬이다.

셋째, 자기 관리 스킬이다. 마케터로서 주어진 직무를 수행할 자신의 관리 능력인데, 시한 내 과업을 완료하는 시간 관리 및 마케팅으로 인한 스트레스 관리와 관련된 스킬이다.

2. 서비스 준비 및 실행 관련 사항

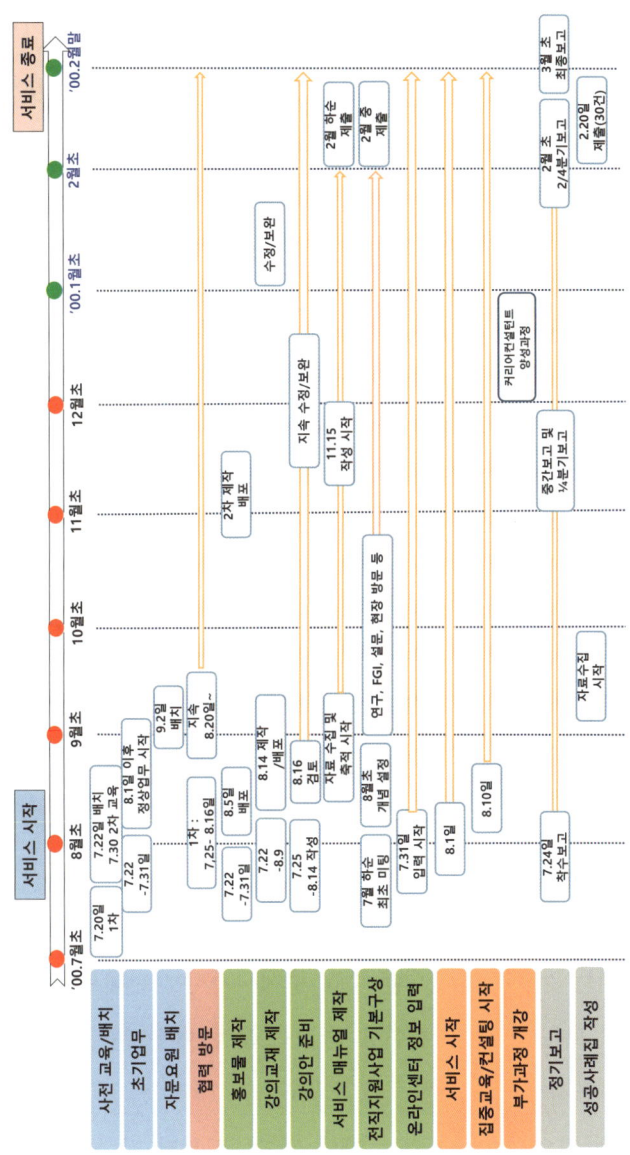

[전직지원 사업 일정표의 예]

서비스의 준비는 먼저 사업의 주요 구성 요소를 전체 서비스 일정에 넣어보면서 가늠해보는 것이 좋다. 사전 준비는 서비스 시작일로부터 역산하여 실시하면 된다. 예를 들어 아래 일정표에서 보는 바와 같이 서비스가 8월 1일부터 시작될 때 사전 교육을 7월 20일경에 실시하도록 조치하는 등 역산해서 시행하고, 서비스가 시작되면, 계획된 대로 집행하면서 진행 간 문제점을 해결하면 된다.

서비스는 잘 기획된 경우에는 준비된 대로 잘 진행되지만, 철저한 사전 준비가 필수적이다. 따라서 예상되는, 그리고 요구되는 서비스 세부 사항을 하나하나 삽입한 전체 일정표를 먼저 그려야 한다. 그 그림에 따라 서비스 항목별 세부 추진 계획이 수립된다.

아래는 저자가 OO퇴직 지원 사업을 실행할 때 기획한 일정표이다. 세로축에는 주요 서비스 항목을, 그리고 가로축에는 기간을 표시하였다. 이에 기초하여 세부적인 시행 계획을 수립한 이후에 시간이 지남에 따라 하나씩 지워나가면서 진행 상황을 확인하였고, 컨설턴트 및 기타 서비스 관련자 모두가 이 일정을 공유하여, 서비스의 질 향상에 직접, 간접적인 도움이 되도록 하였다.

사전 교육 및 배치

여기에서는 서비스에 필요한 주요 주제 4가지에 관해서만 설명하고자 한다. 사전 교육 및 배치, 컨설팅 및 교육 운영, 예산 운영 및 비용 처리, 그리고 기타 사항이다.

서비스에 필요한 컨설턴트는 제안 단계에서부터 자사 내부의 컨설턴트를 투입하거나 혹은 선발하여 투입한다. 사전 교육은 통상 사업 시작

10일 전후에 시행하면 좋다. 그 이후 실제 사업장에는 2~3일 전에 배치하여 준비한다. 통상 사업 인력 투입은 직급이 높은 순으로 먼저 배치하여 서비스 세부 사항을 기획하는 가운데, 시간의 진행에 따라서 팀장, 팀원 순으로 배치하면 좋다. 직급이 높은 자가 전체적인 사업을 먼저 준비한다는 개념이다.

일반적으로 전직지원 전문 업체는 서비스의 난이도 혹은 전문성 요구에 따라 2~3일간에 걸친 사전 교육을 하는데, 서비스에 관련된 이해 도모 및 완벽한 사전 준비가 그 목적이다. 사전 교육 강사는 회사 경영진에서부터 서비스를 잘 이해하는 강사진이다. 주요 교육 내용은 아래와 같은데, 서비스의 성격 및 상황에 따라 가감하여 해당 책임자가 준비한다.

= 사전 교육 구성의 예 =

1. **인사 말씀**(*경영진 혹은 사업 책임 부서장)
2. **회사 조직 및 센터 배치**(*신규 채용 컨설턴트 대상)
3. **회사 서비스 지원 체계 등록 및 운용 방법**
4. **서비스 성격 및 계층에 대한 세부적인 이해**
5. **서비스 실행 세부 교육**
   ○ 지원 관련 법규
   ○ 사업 시행 조직
   ○ 발주 기관(기업) 협조 사항
   ○ 사전 준비 사항
   ○ 업무 분장
   ○ 집중 교육 및 컨설팅 준비
   ○ 컨설팅 기법 및 일지 운용
   ○ 사업 유의 사항 및 컨설턴트 윤리
   ○ 각종 행정 사항(서류 및 비용 운용 등)
6. **애로 및 건의 사항, 소감 나누기**

컨설팅 및 교육 운영

전직지원 서비스의 핵심은 컨설팅과 교육으로 볼 수 있는데, 서비스의 성격에 따라서 알선도 강조한다. 컨설팅에 대해서는 제3장 컨설팅 이론에서 방법론, 회차 및 일지 기록 등에 관해서 이야기하였으므로, 여기에서는 교육 운영에 관해서만 이야기한다.

서비스 제공 시에는 필수적으로 계약에 따른 각종 교육이 이루어지며, 계획된 내용을 일정에 따라 실시하게 된다. 규모가 큰 전문 업체에서는 별도의 교육 지원팀이 맡아서 운영하지만, 서비스를 제공하는 컨설턴트가 고객과의 교감 차원에서 직접 운영하는 예도 있다. 교육팀이 없는 전문 업체의 경우에는 컨설턴트가 운영한다. 아래는 교육 운영에 필요한 사항을 정리해둔 것이다. 이 역시 공공이나 민간 전직지원 교육의 성격 및 상황에 따라 가감해서 사용하면 좋다.

국면	준비 사항
홍보	· 온라인: 전화, SNS, 이메일 등 · 오프라인: 포스트, 전단, 액스배너, 플래카드 · 동시에 내부 강사 배정 및 외부 강사 섭외 시행
모집	· 홍보와 병행 · 참여 신청서 수령 및 현황 유지 · 교육 오리엔테이션 실시
교육 시작	· 강의 장비: 컴퓨터, 마이크, 프로젝트, 빔 포인터, 사진기 등 · 문방 용품: 출석부, 명찰, 교재, 워크시트, 필기구 등 · 기타 다과류, 음료수와 컵 비치 및 내부에 플래카드 부착
교육 종료	· 설문 조사(기간 및 상황에 따라 횟수 결정) · 수료증

[교육 운영 시 준비 사항 모음]

사업 운영 예산 및 비용 처리

전직지원 사업의 예산은 크게 컨설턴트 인건비와 각종 경비, 그리고 전문 업체의 수익으로 구분된다. 사업 예산은 사업의 범위, 기간, 그리고 고객의 수에 기초하여 변화된다. 비용 처리는 각 전문 업체의 처리 규정에 따라 사용 및 청구하면 된다.

▶ 사업 예산 항목

사업 예산은 공식적으로 밝힐 수 없으므로 금액, 비율 등을 삭제하고 아래와 같이 예산 항목만 예로 제시해본다. 사업을 계획 시 아래 내용을 참고하여 적합하게 가감하여 사용하면 된다.

구 분			비 고
인건비	직접 경비	프로젝트 매니저	보수 지급
		선임 상담사	
		상담사	
		행 정	
	간접 경비	간접비	4대 보험, 퇴직 충당금, 연차 수당 등
	외래 강사비	강사비	필요시 내부 강사비도 포함
경비	교육 프로그램	교 재	교재 제작비
		검 사	검사지/답안지 구매 등
		프로그램 운영비	다과, 문구, 인쇄, 행사비, 식대 등
		보험료	참여자 단체보험
	홍보비	홍보비	홍보 전단지, 배너, 현수막, 인쇄물 등
	복리후생비	복리후생비	생일, 경조사, 명절 선물 등
	운영비	임차료	전직지원센터 건물 임차료
		공공 요금	전기세, 수도세 등
		일반 운영비	서비스 요원 문구, 식대 등

경비	운영비	출장비, 회의비	간담회, 관계 기관 방문, 사후관리 방문 등
		기타	회식비

[예산 운영 항목의 예]

▶ 사업 비용 처리

전직지원 서비스를 제공할 때 사업 예산의 범위 내에서 서비스 제공과 관련된 각종 비용이 소비된다. 비용 처리는 청구서를 작성하여 처리권자의 승인을 받아서 재무 부서에 제출하여 처리하게 된다.

비용 청구서는 개인 지급 청구서와 거래처 지급 청구서 두 가지로 나뉜다. 개인 지급 청구서는 임직원이 개인카드, 법인카드, 현금 등으로 결재하였을 시에 사용하는 청구서이며, 거래처 지급 청구서는 용역이나 재화를 직접 제공한 자에게 대금을 입금하기 위해 사용하는 청구서이다.

각 전문 업체는 비용 사용에 대한 내부 규정을 유지하고 있으며, 금액에 따라 승인권자를 차등화하고 있다.

통상 교육팀이나 컨설턴트에 해당하는 사항은 제반 교육 운영비와 강사료, 교통비 등이고, 강사료의 경우 강사로부터 통장 사본, 신분증, 그리고 필요하면 강의 계획 관련 자료를 받아서 거래처 지급 청구서를 작성하여 승인권자의 승인을 받아서 제출하면 지급 일자에 강사에게 지급 된다. 다른 거래처도 관련 서류와 청구서를 제출하여 처리한다. 업무에 필요한 교통비의 경우에는 교통카드를 제공하거나, 자가 차량을 킬로미터 당 일정액을 지급하는 방식, 유류비와 톨게이트 통과료 등의 영수증을 제출하면 실비로 처리하는 방식 등이 있다.

비용 처리는 각 전문 업체의 내부 규정에 명시된 절차에 따르면 된다.

기타 사항

▶ 원거리 서비스 운영

전문 업체의 본사 혹은 중심 센터와 떨어진 떠난 원거리 지역에서 전직지원 서비스를 운영할 때는 센터 설치 문제와 컨설턴트 배치 문제가 생긴다. 이런 경우에는 전국적으로 산재한 지사를 이용하는 경우가 많다.

그러나 지사가 없거나, 지사가 좁으면 지방 협력 업체의 시설을 이용하는 때도 있으나, 대부분 별도로 전직지원센터를 신속하게 그 지역에 설치하여 서비스를 제공하고, 서비스 종료 시 센터를 폐쇄하거나 타 용도로 운영하는 경우가 많다.

그런 원거리 지역에는 통상적으로 서비스를 제공할 수 있는 역량을 갖춘 컨설턴트가 부족할 경우가 많다. 따라서 대규모 사업 등의 경우에는 수도권에 거주하는 컨설턴트를 이동 배치하는 경우도 발생한다. 그럴 경우에는 컨설턴트에게 보수 이외에 숙소를 제공하고, 주말에 거주지로 복귀하는 교통비도 제공한다. 일부 전문 업체에서는 복지 차원에서 식사비 일부를 지원하는 때도 있다. 그러나 이는 업체의 내부 규정과 사업의 성격, 그리고 사업 예산에 따라 지원의 범위가 달라진다.

3. 행정 서류 모음

전직지원 서비스 관련 행정 서류는 서비스 시작 때부터 종료 시까지의 모든 업무를 행정적으로 기록 유지해야 하는 관계로 필요하다. 여기에서는 전직지원 전문 업체의 서류 양식을 제공할 수 없으므로 주요 서류 목록을 제공한다. 필요시에는 아래에서 제시하는 행정 서류 목록을 사업에 맞추어서 가감하여 서비스 진행 시에 사용할 수 있다.

일반적으로 공공 및 민간 전직지원 서비스에서 사용하는 주요 행정 서류를 서비스 국면별로 분류해보면 아래와 같다.

국면	서류명
홍보/ 모집	· 홍보 안내서/ 전단지 　　　· 서비스 신청서/ 정보 공개 동의서 · 홍보 계획 보고/ 결과 보고　· 관계 기관 담당자 연락처
컨설팅	· 고객 서비스 현황　　　　　· 개별 컨설팅 계획 · 서비스 고객 총원 명부　　　· 컨설턴트별 담당 고객 명부 · 구직 활동 증명서　　　　　· 우수 사례 작성 양식 · 컨설팅 일지(고객관리 시스템이 있을 때는 온라인 작성)
알선	· 구직 신청서　　　　　　　　· 구인 신청서 · 기업 회원 데이터베이스　　· 동행 면접 계획 및 결과 보고서 · 기업 협력 계획 및 결과 보고서
교육	· 교육생 명부/ 출석부　　　· 명찰 · 교육 불참 보고서　　　　　· 만족도 설문 조사지 · 교육 계획 및 결과 보고서　· 특강 계획 및 결과 보고서 · 수료증
사후관리	· 추천서　　　　　　　　　　· 사후관리 방문 및 결과 보고서
보고	· 최초/ 중간/ 최종 보고서　　· 수시 보고서 · 정기 보고서(일간, 주간, 월간: 필요시 운용)
비용 처리	· 서비스 예산 총괄서　　　　· 서비스 운영비 · 거래처 지급 청구서(시설 임대료, 외부 강사료 등) · 개인 지급 청구서(컨설턴트 등의 비용 사용 시)
기타	· 서비스 운영 매뉴얼 · 서비스 사전 교육 계획 및 결과 보고서 · 회의록 등

[서비스 행정 서류 목록]

= 생각의 발산과 수렴을 위한 질문 모음 =

1. 서비스 마케팅 시 사용하는 판매 기법 2가지는?
2. 관계 판매에 대해서 이야기해보면?
3. 서비스 마케팅 접근법에 대해서 아는 바를 이야기해보면?
4. 서비스 마케터 운영 방법 3가지는?
5. 마케터에게 요구되는 스킬 3가지는?
6. 서비스 집중 교육 시 교육장에 구비해야 할 물품은?
7. 사업 예산의 주요 구성 요소는?
8. 서비스와 관련하여 필요한 행정 서류 목록을 아는 대로 이야기해보면?

제9장
미래 전직지원

제 9 장

미래 전직지원

📌 본 장에서는 기존의 공공 및 민간 전직지원 시장 상황을 간략히 이야기해보고, 그 미래에 관한 여러 가지 이야기를 해보고자 한다. 전직지원의 미래가 중요한 이유는 기업이 지속적으로 존재하면서 재화와 서비스를 제공하고, 그 일을 하는 근로자가 존재하는 한 전직지원은 어떠한 형태로든 계속될 것이기 때문이다. 더불어 시간이 지남에 따라 필수적으로 서비스의 질도 향상되어야 하기 때문에 분야 종사자뿐만 아니라 이해 당사자 모두는 전직지원의 미래에 관한 관심을 가져야 한다. 희망퇴직과 그에 따른 전직지원은 필수적으로 우리가 사는 사회에 정치적, 경제적, 그리고 사회적으로 긍정적인 영향을 미치기 때문이다.

전직지원의 미래는 크게 2가지 차원으로 나누어서 이야기하고 싶다. 첫째는 제도적 차원으로 희망퇴직 방법론과 퇴직 선진화 방법론을 제시해보고, 둘째는 현장 중심적 차원으로 앞의 제2장에서 제시한 서비스 구성 요소인 5C를 중심으로 발전 사항을 제시하는 순이다.

1. 제도적 차원의 미래 발전

제도적 차원에서는 희망퇴직과 관련된 정책을 중심으로 살펴보는데, 현재 정부에서는 '기업신용위험상시평가시스템'(채권 은행 협약)과 「기업구조조정촉진법」을 구축하여, 구조조정(워크아웃) 체제를 마련하고 있다. 금융 기관으로부터 빌린 채무액이 총 500억 원 이상 (대)기업의 경우에는 「기업구조조정촉진법」의 적용을 받고, 500억 원 미만 기업의 경우에는 '기업신용위험상시평가시스템'에 의거한 '채권 은행 협약'에 따라 워크아웃을 추진한다.

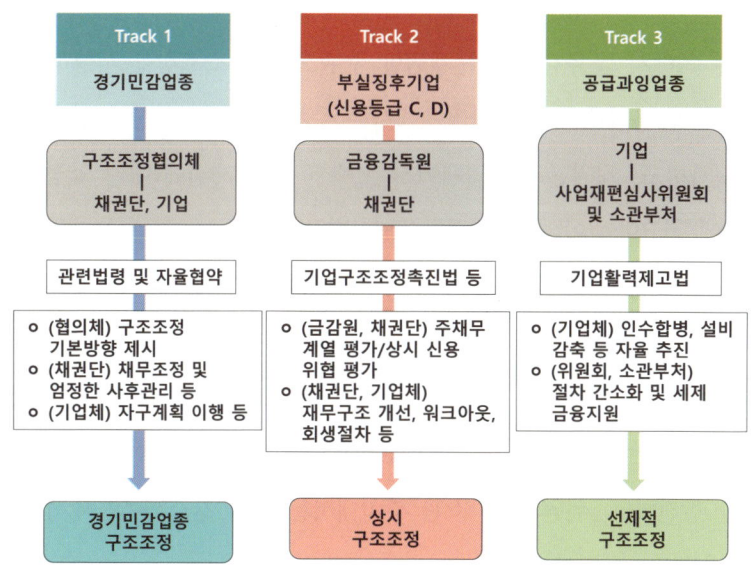

[정부의 구조조정 협의체 3트랙(track) 전략]

여기에서는 희망퇴직 방법론을 3가지로 나눈 사례를 제시해보고자 한다. 2016년 4월 정부에서는 여러 가지 희망퇴직 문제를 3가지로 분류하고, 대응하는 정책을 결의하였는데, 경기 민감 업종, 부실 징후 기업, 그리고 공급 과잉 업종을 각각의 상황에 맞게 대응하는 정책이었다. '구조조정 협의체 회의 3트랙 전략'으로 제시된 정책 방향은 아래와 같으며, 이후에도 유사한 내용이 정책에 지속해서 잘 반영되었으면 하는 희망과 서비스 수행자의 이해를 도모하는 차원에서 소개해본다.

첫째, 경기 민감 업종 구조조정이다. 이는 구조조정 협의체, 채권단과 기업이 주관이 되어 관련 법령 및 자율 협약에 따라 구조조정의 기본 방향을 제시하는 방법이다. 채권단에서는 채무조정 및 엄정한 사후 관리 등을 실시하고, 기업체는 자구 계획을 이행하는 방안이다.

둘째, 부실 징후 기업 상시 구조조정이다. 이는 상시로 구조조정하는 개념으로서 신용등급 C, D급 기업에 대해서 「기업구조조정촉진법(기촉법)」에 의해서 금융감독원과 채권단 주관으로 구조조정을 시행하는 방법이다. 금융감독원이나 채권단에서는 주채무 계열 및 상시 신용 위험을 평가하고, 채권단과 기업체에서는 재무 구조 개선에 대한 약정을 한 이후에 워크아웃이나 회생 절차 등을 밟는다.

셋째, 공급 과잉 업종 선제적 구조조정이다. 이는 특이하게 사전에 구조조정을 시행하는 개념으로서 「기업활력제고법」에 따라서 기업과 사업 재편 심의 위원회 및 소관 부처의 주관으로 구조조정을 선제적으로 실시하는 방법이다. 기업체에서는 인수 합병(M&A), 설비 감축 등을 자율 추진하고, 위원회 및 소관 부처에서는 절차 간소화 및 세제 금융 지원을 하는 방법이다.

미래에도 위와 같은 방법론을 적용하여 시기를 놓치지 않는 구조조정이 되면 상생하는 사회적 기반을 조성할 수 있다고 본다. 종종 구조조정 시점을 잘못 판단하여 시기를 놓치면서 심각한 사회적 문제를 낳은 모습을 많이 보았기 때문이다.

퇴직 선진화 방법론

아직 일부 대기업을 제외한다면 여러 가지 형태로 퇴직하는 근로자에 대한 전직지원 서비스가 미흡한 상태이다. 다행히 2020년 재취업(전직)지원 의무화와 관련된 법안의 발효에 따라서 여러 가지 경력 개발 및 퇴직 지원이 강화되었다. 그와 관련하여 아래와 같은 3가지 퇴직 선진화 방법론을 제시하고 싶다.

첫째, 적어도 50대를 전후한 기업 재직자를 대상으로 실시하는 직업 향상 교육뿐만 아니라 미래의 다른 직업에 안착할 수 있는 새로운 직업 능력의 배양을 목표로 하는 직업 전환 교육 혹은 직업 계속 교육이 필요하다. 이런 교육은 일종의 전직을 위한 것으로, 현재 일부 대기업에서는 경력 개발 등의 이름으로 교육을 하고 있으나 좀 더 확대할 필요가 있다. 어떤 의미에서는 평생교육의 확대이다. 이를 통해서 개인의 성취감을 높임과 동시에 전직에 대한 인식 증대 및 정보 제공의 기회가 될 것이다.

둘째, 현재 대부분의 경력 개발이나 커리어 이론은 젊은 층을 중심으로 한 이론이다. 이제는 성인의 진로설계 및 커리어 개발을 더욱 세밀히 조명할 이론이 필요한 입장이다. 아래와 같은 질문을 한 번 해보고, 방향을 설정해보자.

- 성인은 어떻게 새로운 직업이나 커리어를 선택하는가?
- 성인의 진로설계는?
- 성인이 중년에 들어 커리어 전환 결정을 내리는 데 고려하는 요소는 무엇일까?
- 실직 경험은 미래의 커리어 기획에 어떤 영향을 미칠까?

등이다.

셋째, 이해 당사자의 공동 준비이다. 기존의 희망퇴직 기업 주도형의 전직지원 서비스가 아닌 관련된 이해 당사자, 즉 정부 부처, 지방자치단체, 희망퇴직 기업, 희망퇴직자, 관련 직업 교육 훈련 전문가, 그리고 전직지원 전문 업체가 함께 참여하는 서비스가 되어야 한다. 희망퇴직 사업 전체 혹은 희망퇴직자 개개인에 대한 서비스 질을 향상하기 위해서 협업체를 구성하여 대응하자는 개념이다. 이 사례는 이미 해외에서 시험되었고, 우리나라의 '조선업희망센터' 사업이 대표적인 사례라고 본다. 미래에도 그런 개념으로 서비스를 발전시켜야 한다.

2. 현장 중심적 차원의 미래 발전

현장 중심적 차원은 앞서 이야기한 전직지원 서비스 구성 요소 5C인 컨설턴트(Consultant), 콘텐츠(Contents), 전직지원센터(Center), 운영 리더십(Captain), 그리고 상호 협업(Co-working)을 중심으로 전개해보고자 한다.

현장 중심이라는 제목을 사용한 이유는 실제 서비스에 필요한 5C를 적용하였기 때문이다. 여기에서는 저자의 주관적 입장에서 발전 방향을 이야기해보고자 하는데, 독자 여러분은 각자의 생각을 가감하여 바람직한 방향을 가늠해보았으면 한다.

컨설턴트(Consultant)

전직지원 컨설턴트와 관련한 주요 이슈는 자격 부여, 연령층 확대, 다양화 및 국제화 추구, 그리고 자신의 역량 향상을 이야기해보고자 한다.

첫째, 컨설턴트 자격 부여와 관련된 문제이다. 이미 공공에서는 국가기술자격으로 직업상담사 1, 2급이 존재하고 공공사업 시에는 필수 자격 조건으로 요구한다. 그러나 민간 전직지원 컨설턴트 채용 시에는 필수 조건은 아니며, 현재 민간 전직 분야에서 일하는 컨설턴트 일부는 소지하고 있지만, 소지하지 않은 컨설턴트도 많다. 그런 컨설턴트는 기업 근무 경력이나 유관 경력을 인정받고 자신의 역량에 기초하여 채용되어 일하고 있다. 현재 한국직업능력개발원에 등록한 전직지원 컨설턴트 민간 자격증은 일부 존재하지만 아직 국가 자격증은 없다.

둘째, 컨설턴트 연령층의 확대와 관련된 문제이다. 1990년대 말, 2000년대 초기에는 컨설턴트 구성이 주로 기업 퇴직자 출신의 40대, 50대와 일부 HR관련 분야 출신 컨설턴트가 주를 이루었다. 그때 출발한 일부 컨설턴트는 현재 70대에 이르렀다. 이렇듯 미래에는 컨설턴트 연령층의 확대 즉, 고령화에 대비해야 한다. 계속되는 베이비붐 세대의 고령화 그리고 50대에 희망퇴직하거나 60세를 전후해서 퇴직하는 정년 퇴직자를 고려 시 다소 나이가 많은 컨설턴트를 일정 비율 이상으로 채용해야 한다고 본다. 이전과 달리 50대, 60대 컨설턴트가 활발히 활동하고 있음을 그냥 개인의 역량으로 볼 것이 아니라 고객층의 이동 혹은 확대, 그리고 연령층에 맞는 컨설턴트 배치라는 시각으로 볼 필요가 있다. 그런 컨설턴트는 현재 젊은 컨설턴트의 미래이기도 하다.

셋째, 다양화 및 국제화에 대비해야만 한다. 현재 국내에는 결혼 이민자들이 많이 유입해있고, 자녀도 이제는 성인층에 진입하고 있고, 이미 일부 지방자치단체에서는 지역 내 결혼 이민자를 위한 다양한 프로그램을 시행하고 있다. 그들의 자녀를 중점적으로 교육하는 기숙형 기술 고등학교도 있다. 이제 그들의 전직을 대비한 준비도 차근차근히 해 나가야 한다. 더불어 대한민국의 브랜드를 가진 전직지원 서비스의 해외 진출도 고려해볼 때이다. 먼저 대한민국의 기업이 진출해있는 일부 동남아 국가에 진출할 수 있는 충분한 명분이 있다. 이는 어떤 의미에서는 HR 서비스라는 좀 더 큰 개념으로 접근할 필요가 있다.

넷째, 역량 향상과 관련된 부분이다. 앞서 이야기한 국제화, 평생교육 등 여러 가지 차원의 문제를 고려해보면 컨설턴트는 평생학습 차원으로 지속해서 역량향상을 해야 할 필요가 있다. 특히 다양한 계층에 대한 이해를 자신의 역량 부분으로 흡수하고 싶은 컨설턴트는 지속해서 직무를 바꾸어가면서 다양한 계층을 경험하고, 그에 관한 학습을 해야 한다. 더불어 역량 향상은 근무하는 전직지원 전문 업체의 책임이 아니라 자신의 책임이라는 능동적인 생각을 가질 필요가 있다.

콘텐츠(Contents)

콘텐츠에 관한 한 컨설턴트 개인의 역량도 중요하지만 전문 업체에서 보유한 콘텐츠는 서비스의 질 향상에 직결되고, 서비스 회사를 선택하는 요인이기도 하다. 여기에서는 콘텐츠의 한계, 표준 콘텐츠, 그리고 워킹그룹(working group) 운영에 관해서 이야기해보고자 한다.

첫째, 아시아 재정 위기 이후 한국에 도입된 최초의 기본 프로그램은 이제 시간이 지남에 따라서 여러 가지로 변형되어 운영되고 있다. 이제 우리 분야 내부에서 기본 콘텐츠가 발전하는 시기는 지났다고 보는데, 유사 분야 혹은 다른 분야의 콘텐츠를 도입하여 우리 분야에서 적극적으로 활용해야 한다. 예를 들면, 생애설계, 디자인씽킹, 퍼실리테이션, 기획 및 관리 기법, 그리고 AI 관련 새로운 기법 등을 우리가 일하는 분야에 적극적으로 융합시켜야 한다.

둘째, 표준 콘텐츠의 마련이다. 국가에서는 한국고용정보원을 중심으로 많은 공공 표준 콘텐츠를 개발하여 공공이나 민간에 공급하여 각종 서비스나 그 프로그램의 발전에 크게 이바지하고 있다. 그러나 그 콘텐츠의 중심은 주로 재취업에 머물고 있다. 공공에서도 이제는 '전직'이라는 명칭을 사용하는 콘텐츠의 제작이 필요한데, 전직은 재취업만이 아닌 다양한 출구를 지향하는 서비스이기 때문이다. 부가적으로 정년퇴직자는 물론이고 특히 희망퇴직자의 심리 안정과 관련된 프로그램도 추가 발전시켜야 한다. 다수의 현장 컨설턴트가 심리적으로 불안정한 고객 때문에 간혹 애로를 겪는 경우를 본다. 심리 전문가를 배치하거나, 컨설턴트 구성 시 자격을 지닌 특정 컨설턴트를 포함하고 그에게 심리 안정과 관련된 고객을 할당하면 좋다. 콘텐츠는 서비스 수주나 우수 컨설턴트를 유인하는 요인이라는 점을 명심하여, 지속해서 발전시켜야 한다.

셋째, 더불어 AI 시대에 대비해서 화상 면접, 화상 컨설팅, 챗봇 그리고 전직지원과 관련된 각종 시뮬레이션 등의 도입을 적극적으로 고려해야 한다. 그런 조치가 없다면 서서히 전직지원 서비스가 전문 업체의 손에서 다른 콘텐츠를 가진 업체로 넘어갈 수 있다는 우려도 드는 빠르게 발전하는 세상이다. 이미 그런 조짐이 보이는 만큼 유의해야 할 사항인데, 역량 향상, 면접과 관련된 우리 분야의 전문성이었고 수익원이었던 부분이 AI 프로그램을 내세우는 회사에 넘어가고 있다. 물론 사람을 대면하는 부분에서는 아직도 우위를 차지하고 있지만, 방심할 문제가 아니기 때문이다.

넷째, 워킹그룹(working group) 운영이다. 각종 콘텐츠 개발은 콘텐츠 전문가만의 영역이 아니라고 이야기하고 싶다. 정작 현장의 엄청난 경험을 통해서 콘텐츠를 발전시킬 역량 있는 컨설턴트는 많다. 그들을 별도의 특정 주제를 위한 워킹그룹으로 구성해서 콘텐츠를 개발하는 것도 좋다. 워킹그룹을 통해서 나온 콘텐츠는 탁상에서 만들어지거나, 설문 조사를 통해서 만들어지는 콘텐츠와 질적으로 다른 현장의 콘텐츠이다. 워킹그룹은 5명 내외의 인원으로 구성해서 격주 간격으로 2~3시간 일정 장소에서 운영하면 좋다.

전직지원센터(Center)

대한민국에 전직지원 서비스가 도입될 당시에 특이하였던 점은 전직지원센터의 설치였는데, 전직하는 고객에게 임시 사무실을 제공하는 개념이었다. 저자도 최초 전직지원센터의 구성에 관해서 관심을 기울인 바 있었다. 이는 '경력전환센터' 혹은 '경력개발센터'로도 불린다. 여기에서는 전직자의 전환을 위한 교육이나 컨설팅, 그리고 사무실 역할을 해주는 전직지원센터를 살펴보고자 한다. 시설의 고급화, 거점 마련, 그리고 유연화에 관해서 이야기해보고자 한다.

첫째, 최초에 관심을 끌던 전직지원센터의 시설은 이제 너무 일반적인 시설이 되어버렸다. 2000년대 초반에 일본에서는 '잡카페(Job Cafe)'라는 개념으로 재취업 등을 위한 시설이 전국적으로 설치되었고, 우리도 당시 그런 시설을 벤치마킹하여 공공과 민간에서 많은 시설을 개선하거나 설치하였다. 센터는 희망퇴직자의 전환을 위한 사무실로 사용하는 만큼 그 이용의 편의성을 고려하고, 시설의 고급화를 도모해서 시설 사용의 횟수를 늘려야 한다. 센터를 자발적으로, 자연스럽게 방문하는 기회를 늘림으로써 전직을 위한 준비를 더 잘할 수 있다고 보기 때문이다.

둘째, 시설의 고급화는 최근 국내에 유행하는 여러 형태의 임대 사무실을 보면 좋다. 여러 종류의 온라인 환경, 휴게 공간, 그리고 제반 시설이 고급화를 통해서 고객의 편의를 최대한 제공하고 있다. 전직자가 활동할 수 있는 거점을 마련하고, 전직을 위한 워크스테이션으로 사용하기에 적합하다. 따라서 각종 플랫폼을 운영하거나, 사용하기에 필요한 첨단 장비도 갖추어야 한다. 전직지원센터가 편리한 것이 아니라면 고객은 방문하지 않을 것이다. 노후되거나 뒤떨어진 전직지원센터의 시설을 대폭 개선할 필요성이 있다는 말을 하고 싶다.

셋째, 시설에 관한 한 다른 시설과 융합하는 방안도 고려해봄 직하다. 임대 사무실과 협업, 멋진 카페와 같은 시설과 융합도 해봄 직하다. 럭셔리한 임대 사무실 회사와 협업하여 시설을 활용하는 방법도 센터 설치로 인한 고정 시설비를 줄이는 방안이 될 수 있다. 더불어 휴게 공간으로는 인근에 있는 카페를 센터 시설에 융합시키는 방법도 생각해 볼 수 있다.

운영 리더십(Captain)

현재 다수 전직지원 전문 업체의 리더십에 위치한 관리자는 대부분 전직지원 서비스 초기 혹은 중기부터 이 분야에 종사하였다. 리더십의 위치에 있는 것은 힘들고, 기본적으로 업체의 수익을 지향해야 하지만 아래와 같이 수익과 복지의 균형 유지 노력, 협회 구성, 그리고 인력 풀 운영 등 다양한 방안에 대해서 고려해볼 필요가 있다.

첫째, 수익과 직원, 특히 컨설턴트 복지의 균형이다. 리더십 입장에서는 수익향상이 첫 번째 과업일 수 있으나, 그 수익을 창출해주는 구성 요소 중 가장 중요한 것은 바로 직원이다. 따라서 직원은 수익 창출원이라는 논리로 사업을 운영하면 좋다. 아직까지 큰 수익을 남기지 못하는 처지에서 복지라는 이야기는 남의 이야기 같을 수는 있으나, 수익 우선이 아닌 복지 우선이라는 정책을 한 번 시도해볼 필요도 있다. 많은 기업이 그런 방법을 사용해서 수익을 확대하는 결과를 보면서도 남의 이야기라고 생각할 필요는 없다. 한번 시도해보자.

둘째, 전문 업체 간의 협회 구성이다. 이미 일부 전문 업체 협회가 정기적 혹은 수시로 관련 정책 건의 사항이나 애로 사항을 논하고 있다. 그러나 협회 구성 전문 업체가 과연 같이 단합해서 전직지원 서비스 정책 개선이나 문제점 해결을 위해 노력하는지는 의문이다. 숟가락만 얹혀놓고 기다리는 것은 아닌가? 발전지향적인 한목소리를 내는 명실상부한 협회의 발전을 도모해야 한다.

셋째, 컨설턴트 인력 풀(pool) 운영과 인력 운영이다. 현장에는 많은 컨설턴트 인력이 존재한다. 서비스 사업 수주가 임박해서 인력을 선발하기보다는 평소에 인력 풀을 유지하고, 일정한 공간을 제공하는 등 편의를 제공하면서 전문가 풀을 유지해두는 방법도 고려해봄 직하다. 더불어 현장에서 자격은 획득하였으나, 경험 축적의 기회를 찾기 힘든 무경험 컨설턴트를 위한 일정 기간의 수련도 제도적으로 고려하여 실시해 볼 만하다. 이는 기업의 사회적 책임 부분에도 해당할 수 있다. 인력 풀 운영이나 수련 시에는 노무 문제의 고려도 필요하나, 평소에 교감을 계속 유지하는 가운데 사업 수주 등에 활용하면, 서비스의 질 향상 및 수익 창출에 도움이 된다.

상호 협업(Co-working)

5C의 마지막은 상호 협업이다. 이에 해당하는 세부 구성 요소는 전직지원 전문 업체와 컨설턴트라고 볼 수 있다. 상호 협업을 제시하는 이유는 전직지원 서비스의 궁극적인 발전과 컨설턴트의 안녕을 위한 복지 차원이다.

첫째, 위의 운영 리더십에서는 전문 업체의 협회 구성을 이야기했지만, 여기서 이야기하고자 하는 것은 컨설턴트라는 전문가의 협회 구성이다. 해외에서는 오래전에 전문가가 모여 협의체를 구성해서 한목소리를 내면서 회원의 희망 사항이나 이익을 대변하였다. 이미 직업 상담 협회, 그리고 일부 컨설턴트 중심의 소규모 협회가 다소 존재하지만 대체로 재취업이나 직업 상담 중심이다. 그런 기본적인 협회에 추가하여, 전직을 중심으로 한 차원 높은 역량 발전이나 서비스 제공을 지향하는 전문가협회 구성이 필요하다. 전문가가 협회를 구성할 시에는 개인의 이익을 내려놓고 장기적인 관점으로 접근해야 한다.

둘째, 역량 향상과 프로그램 발전을 위한 워킹그룹의 형성이다. 컨설턴트는 항상 역량 향상에 대해서 의문을 가지고 차별적 콘텐츠에 목말

라한다. 이런 욕구를 해소하기 위해서 소그룹의 교육 및 콘텐츠 발전을 위한 워킹그룹의 운영도 전문 업체뿐만 아니라 컨설턴트 그룹 내에서 필요하다. 통상적인 독서 모임, 콘텐츠 발전 워킹그룹을 좀 더 조직 속에 다수 전파한다면 업체나 컨설턴트, 그리고 궁극적으로 우리 분야의 발전에 이바지할 수 있다.

셋째, 컨설턴트의 연령 확대 즉, 고령화에 대비한 상호 협업이다. 누구라도 나이가 들어간다. 그리고 최근에는 50대, 60대 컨설턴트의 진출이 많아졌다. 다수의 고령 컨설턴트는 일자리를 찾기 힘들고, 찾더라도 젊은 컨설턴트와 다소 유리되어 일한다. 그래서 고령 컨설턴트가 험한 일까지 해가면서 경험과 경력을 축적하기 위해 노력하는 모습도 본다. 젊은 컨설턴트의 입장에서는 고령 컨설턴트가 확대된다는 것은 좋은 신호로 보아야만 한다. 고령화 시대에 즈음해서 자신도 오래 일할 기반을 마련할 수 있다는 생각을 해보면 고령 컨설턴트의 진출을 지원해야 한다는 결론에 이른다. 자신의 미래를 위해 고령 컨설턴트의 안착을 지원해야 한다.

전체적으로 제도적 차원과 현장 중심적 차원에서 전직지원의 미래에 관해서 이야기해보았다. 기업이 존재하는한 미래에도 전직지원은 우리에게 많은 일자리, 일거리를 제공해줄 수 있다고 확신한다.

= 생각의 발산과 수렴을 위한 질문 모음 =

1. 정부 정책으로 규정한 3가지 희망퇴직(구조조정) 방법론은?
2. 기업 구조조정과 관련된 법령의 명칭은?
3. 자신이 생각하는 전직지원 분야의 미래 발전 방향은?
4. 자신이 생각하는 5C의 미래 발전 방향은?
5. 자신이 생각하는 바람직한 전직지원센터의 모습은?

별지 A. 전직지원 컨설턴트 역량 표준

컨설턴트의 역량 표준은 크게 5가지로 구분하여 이야기해보고자 한다. 기업 조직 컨설팅, 전직지원 서비스, 서비스 평가, 전직탐색 교육 훈련, 그리고 전직 컨설팅이다. 일부는 희망퇴직 기업이나 전직지원 전문 업체의 역할이거나 역량일 수는 있으나, 컨설턴트가 서비스를 제공하는 전직지원 전문 업체에서 소속되어 일하거나, 아니면 파트너로 일한다는 차원에서 같이 제시한다.

역량 구분 1: 기업 조직 컨설팅
- 산업 동향과 비즈니스 이슈에 관한 해석
- 희망퇴직 기업 관리자를 대상으로 해고 처리에 관한 교육
- 희망퇴직 가이드라인 및 '해고 사유' 공지에 대한 컨설팅
- 전직지원 서비스 속으로 기업 고객의 조직 및 인적자원을 인도
- '잔류 근로자' 이슈와 관련된 서비스 컨설팅 및 제공
- 전직지원센터 관리 혹은 운영
- 희망퇴직 기업에 대해 전직지원 서비스 상황 및 결과에 대해 보고
- 법적 범위 내에서 비밀 유지 및 서비스 윤리 범위 내에서 업무 수행

역량 구분 2: 전직지원 서비스

▶ 개인 서비스 운영

- 의존도가 높은 고객들과 같은 특별한 상황 관리
- 희망퇴직 등으로 인한 정신적 충격 및 스트레스 컨설팅
- 고객의 문제 해결 및 전직 동기 부여
- 고객에게 타 지원 자산을 추천하고, 효율적으로 사용하도록 컨설팅
- 전직탐색 활동 종료 및 미래의 과업에 대한 고객 준비 지원
- 법적인 범위 내에서 비밀을 유지하고 서비스 윤리 범위 내에서 업무 수행
- 고객과의 관계 관리

▶ 집단 서비스 운영

- 집단 프로그램 조직 및 관리
- 집단에 대해서 적절한 권한 및 통제 유지
- 집단의 상황에 맞게 프로그램을 각색하거나 유지
- 전직지원 서비스와 관련된 특정 주제를 다룰 프로그램 제시
  (예: 생존 방법, 경력 전환, 창업, 생애설계 등)

역량 구분 3: 서비스 평가

- 서비스 프로세스 적합성 검토
- 프로그램 참여 절차 및 효과성 향상
- 고객의 서비스 경험의 분석 및 평가
- 표준 평가 지침의 적용 및 보고
- 고객의 가치, 핵심 스킬 및 성취 업적 식별

역량 구분 4: 전직 교육 훈련

- 경제 및 비즈니스 트랜드 이해
- 전직 활동 전략 수립 및 기획
- 전직탐색 방법 및 기회 개발, 시장 정보 해석
- 네트워킹 및 기타 탐색 기법
- 전직 서류 및 기타 서류 발전
- 면접 기법 및 개인 예절 발전
- 채용 제안 평가 및 보수 협상
- 전직에 필요한 자산 활용
- 특정 잠재 고용주를 위한 마케팅 자료 발전 및 활용
- 각종 플랫폼 운영

역량 구분 5: 전직 컨설팅

- 개인의 목표에 맞는 계획 발전
- 기업 문화 및 구조 해석
- 일-가정 양립 기획
- 경력 변경 및 대안 수립 컨설팅
- 경력 결심에 영향을 미치는 개인적, 환경적 이슈 식별
- 경력 목표를 지원하는 교육 계획 발전
- 경력 지원 자산 습득 및 활용
- 다양하게 일할 수 있는 방식 식별 및 탐색

별지 B. 전직지원 컨설턴트 윤리 표준

컨설턴트의 윤리 표준은 5가지로 구분하여 이야기해보고자 한다. 서비스의 전문적 시행, 희망퇴직 기업과의 관계, 고객과의 서비스 관계, 검사, 그리고 비즈니스의 시행과 관련된 내용이다.

컨설턴트는 희망퇴직 기업이나 고객을 위한 전직지원 서비스의 능동적인 결과를 지향하는 모든 전문적인 활동을 할 때 아래와 같은 윤리 표준을 준수해야 한다.

모든 전직지원 컨설턴트는 기본적으로 아래 사항을 준수한다.

1. 희망퇴직 기업 및 서비스를 받는 고객을 대상으로 가장 높은 수준의 서비스를 제공할 수 있는 전문적 지식, 스킬, 그리고 태도를 지속해서 발전시킨다.
2. 전직지원 서비스 과정 간, 그리고 전직 전 기간에 걸쳐서 발생하는 모든 결심에 대한 책임을 고객이 지도록 격려 및 지원한다.
3. 비즈니스 시행과 희망퇴직 기업 및 고객에게 영향을 미치는 모든 법령 및 규정을 준수한다.
4. 희망퇴직 기업이나 고객에게 제공할 서비스 내용을 명확하게 정의하고, 자신의 지식, 능력의 범위 내에서 그 약속을 준수하고 부응한다.
5. 전문적 시행 과정에서 잠재적 갈등과 관련된 모든 요인을 공개한다.

6. 자신 혹은 비즈니스를 위한 특별한 이득을 보기 위한, 영향력, 혹은 지식의 사용을 금지한다.
7. 자신과 고객 간의 컨설팅 관계에 대한 비밀을 유지한다.
8. 다른 사람에 관한 관심과 존경, 고객 개인의 자존감 발전, 개인의 존엄함, 정직과 도덕성에 대한 가치를 유지한다.
9. 개인에 대해서 차별적인 요인을 배제하고 존중한다.

전직지원 서비스의 전문적 시행

1. 서비스를 홍보하거나 마케팅할 시에 컨설턴트는 어떤 전문적 서비스가 가용 한지에 대해서 정확하게 알리는 방법을 사용해야 한다.
2. 컨설턴트는 소속된 조직과의 지원 관계 혹은 자격 부여 관계를 명확하게 알려야 한다.
3. 컨설턴트는 윤리 표준을 위반하는 결과를 낳을 것으로 의심되는 서비스 관계가 있을 시에는 그 관계를 종결해야 할 의무를 지닌다.
4. 컨설턴트는 서비스 참여자가 발전시킨 비즈니스 아이디어나 계획에 투자하거나 그 계획을 활용해서는 아니 된다.
5. 컨설턴트는 같은 고객으로부터 전직지원 및 탐색, 혹은 알선과 관련된 비용을 받을 수 없다.

희망퇴직 기업과의 관계

1. 컨설턴트는 서비스 관계에 들어가기 전에 먼저 자신의 가치, 지식, 스킬, 제한 사항, 그리고 욕구에 대해 다시 한 번 생각해본다.

2. 컨설턴트는 희망퇴직 기업과 함께 문제의 정의, 목표, 그리고 결과에 대한 이해를 도모하고, 상호 합의해야 한다.
3. 컨설턴트는 희망퇴직 기업 조직이 필요로 하는 종류의 지원을 하면서, 자신과 자신이 대표하는 조직이 가진 필요 역량과 자원에 대한 확신을 가져야 한다.
4. 컨설턴트는 희망퇴직 기업의 주도적 역할을 고무시키는 서비스 관계를 유지해야 한다. 컨설턴트는 자신의 역할을 지속해서 유지하지만, 희망퇴직 기업조직을 위한 의사결정권자가 되어서도 안 되고, 희망퇴직 기업도 컨설턴트에게 미래의 일을 의존하지 말아야 한다.
5. 컨설턴트는 긍정적인 영향을 미칠 가능성이 없거나, 없을 것 같은 기업 컨설팅 업무를 의도적으로 수용해서는 아니 된다. 예를 들면, '저성과자 프로그램' 같은 것이다.
6. 컨설턴트는 자신이 제공하는 서비스의 전문적 수준과 통합성을 위해서 공식적이고도 효과적인 수단을 사용해야 한다. 그런 수단을 한정하는 것은 아니지만, 전직지원 서비스의 제공 중 혹은 이후에 상급자 혹은 동료에 의한 내부 인터뷰, 그리고 고객 만족도 조사도 포함된다.

고객과의 서비스 관계

1. 컨설턴트는 고객과 개인적인 혹은 집단적인 관계의 유지와 관계없이 고객을 존중하고 그들의 안녕을 촉진해야 할 의무를 지닌다.
2. 컨설턴트는 적용 가능한 법적인 제한 사항에 따라 기록의 생성, 보관, 그리고 처리에 관한 보안 유지를 해야 한다. 더불어 그로 인해서 생성되는 컨설팅 관계 및 정보는 고객의 서면 동의가 없는 한 비밀로 유지해야 한다.

3. 고객의 서면 동의 혹은 법적으로 요구될 때만 개인 정보를 공개할 수 있다.
4. 고객의 상태가 고객 자신 혹은 다른 사람에게 명백하고 매우 급한 위험이 될 정도일 경우에 컨설턴트는 이상적으로 고객의 인지 혹은 허가하에서 합리적인 조치를 하거나 책임 있는 기관에 통지해야 하나, 필요하면 고객의 인지나 혹은 허가를 받지 않을 수도 있다. 심각한 위협이 존재할 시에는 심리학자, 정신과 의사 혹은 법정 기관에 상담을 의뢰해야 한다.
5. 컨설턴트는 전직지원 서비스 시작 이전이나 시작 시에 고객과 희망퇴직 기업 조직에 상호 관계와 관련된 목적, 목표, 기법, 절차 관련 사항, 그리고 제한사항에 대해 통지해야 한다.
6. 만약에 컨설턴트 자신이 고객에게 전문적 지원을 할 수 없다고 판단할 시에는 전직지원 서비스 관계의 시작을 회피하고 신속하게 관계를 종결시켜야만 한다. 그리고 컨설턴트는 적합한 대안을 제시해야 한다.
7. 컨설턴트는 어떤 고객과도 항시 전문성을 가진 상황에서 관계 유지를 할 수 있다는 확신을 가져야 한다.
8. 서비스 관계는 고객의 자기 주도적인 성장을 고무시켜야만 한다. 컨설턴트는 자신의 역할을 지속해서 유지하지만 고객을 대신하는 의사결정권자가 될 수 없으며, 고객도 컨설턴트에게 자신의 미래를 의존하지 않도록 조치해야 한다.

검사

검사의 주목적은 객관적인 해석을 할 수 있는 설명 수단을 제공하는 것이다. 컨설턴트는 검사 기법의 모든 범위를 적용하는 방법으로 결과를 해석해야 한다. 실제 검사 결과는 경력 기획과 결심을 지원할 수 있는 다양한 정보 중 일정 부분만 제공한다는 사실을 이해해야 한다. 컨설턴트가 검사 분야의 전문성을 가지고 있지 않으면 적합한 전문 훈련을 받은 컨설턴트가 서비스를 제공해야 한다.

1. 검사의 종류가 다를 경우에는 행정 처리, 점수 처리, 그리고 해석 시에 다른 역량 수준을 요구한다. 컨설턴트는 자신이 지닌 역량의 한계를 인식해야만 하며, 자신이 인증을 받은 혹은 자격을 부여받은 혹은 교육을 받아서 사전 준비가 된 기능만을 나타내 보여야 한다. 그리고 검사 이전과 이후에 각각 특정한 검사 방향과 피드백을 제공해야 한다. 검사의 목적과 결과의 사용에 대해서는 검사 이전에 피검사자에게 알려야 한다. 컨설턴트는 검사 결과를 해석할 책임이 있으며, 검사 자격과 검사에 대한 이해 능력을 보유해야 한다.
2. 특정한 고객에게 사용할 검사를 선택할 때에 컨설턴트는 검사의 타당성, 신뢰성, 그리고 적합성을 세심하게 고려해야 한다.
3. 검사 행정 및 점수 채점을 위한 수단으로 컴퓨터가 사용되는 상황에서 컨설턴트는 행정 처리 및 채점 프로그램이 정확한 검사 결과를 제공하고, 적절한 기능을 발휘하는지를 확인할 책임을 진다.
4. 검사는 검사 지침에 규정된 내용과 같은 상황에서 실시되어야 한다. 메일을 통한 검사와 같이 감독이 없는 혹은 부적절하게 감독 되는 검사의 실시는 비윤리적인 검사로 보아야 한다(검사 소유권자가 감독이 없는 검사 시행을 인정할 때는 가능).
5. 경력 기획 및 컨설팅을 위해서 사용되는 검사 결과의 유의미성은 검사의 특정 요소에 대한 피검사자의 비친밀성에 기초한다. 검사에 대한 어떠한 형태의 사전 컨설팅 혹은 검사지의 사전 전파는 검사 결과를 무효하게 만든

다. 그래서 검사 보안은 전직지원 컨설턴트의 의무 사항 중의 하나가 된다.
6. 검사 결과 수신자의 결정 시에는 피검사자의 안녕을 고려해야 하는데, 컨설턴트는 개인 혹은 집단의 검사 자료 노출에 대해 유의해야 한다. 그리고 검사자료의 해석은 피검사자의 특정한 관심과 연계시켜야 한다.
7. 컨설턴트는 불충분한 기술적 자료에 기초한 검사 도구를 통해 산출되는 결과의 해석 시에 주의를 기울여야 한다.
8. 컨설턴트는 언제 검사 결과가 무용한지를 인식해야만 하며, 무용한 검사 결과의 오용을 회피하고 방지해야 한다.
9. 컨설턴트는 검사 저작권 소유권자의 인정 및 허가 없이 검사의 전부 혹은 일부를 전용, 재생산, 혹은 변형하는 일을 방지해야 한다.

서비스 비즈니스의 개발 시행

1. 컨설턴트나 서비스 책임자가 아닌 사람에 의한 서비스 홍보는 사실적이면서도 서비스의 목적에 부합해야 한다.
2. 컨설턴트는 희망퇴직 기업의 책임자에게 비즈니스 추천과 관련된 비용, 리베이트, 수당을 지불하거나, 혹은 선물을 제공하지 않는다.
3. 컨설턴트는 전직지원 서비스를 마케팅 혹은 홍보하면서 다른 컨설턴트나 전직지원 전문 업체에 대한 경멸적인 언행이나 서면으로 된 의견을 제시하지 않는다.
4. 컨설턴트는 전직지원 서비스가 기업 조직 혹은 고객에게 제공할 서비스 내용을 잘 대변해야 한다.

별지 C. 전직 서류 작성 사례 모음

자유형 이력서:

재취업, 전직지원, 생애(경력)설계, 퍼실리테이션 전문 강사

XXX-XXXX-XXXX

이름:	표성일
생년월일:	19XX. 11. XX(만 XX세)
주소:	서울시 XX구 XX동 XX아파트 XX동 XXX호
연락처:	(H/P)010-XXXX-XXXX
	(E-mail)captainXXX@naver.com
학력:	창원대 행정대학원 일반행정학과 졸업 ('XX년, 석사)
	* 논문 「군 전직지원프로그램 발전 방안에 관한 연구」

경력 요약

- 현재 '라이프앤커리어디자인스쿨' 대표로 재취업, 전직지원, 생애(경력)설계 프로그램, 각종 프로그램 양성자 교육 및 집단 상담 퍼실리테이션 전문 강사 업무 수행 중
  * 한국고용정보원 베이비부머 퇴직 설계 프로그램 및 서울일자리플러스센터 장년 취업지원 전문 강사
  * 직업상담협회, 인지어스(유) 등 5개 기관 '전직지원전문가' 전문 강사('XX~'XX년 총 3,300여 시간)
- 인지어스(유) 수석컨설턴트로 경찰관 퇴직 지원 사업 기획 및 수행(*'14. 5. 종료)
- (주)제니엘 전직지원 실장 및 잡스카이컨설팅 센터장('XX~'XX년, X년 X개월간)으로 제대 군인 사업 최초 수주, 노동부 각종 취업지원 프로그램 책임 수행 및 각종 지자체 취업지원 프로그램, 일자리센터 운영 사업 기획 및 수행(*신용불량자, 북한 이탈 주민, 경력 단절 여성, 제대 군인 등 다수 계층 강의)

※ 이하 생략 ※

경력 사항 (총 XX년 4개월)

'XX. 1.~'XX. 3.   국방부 보건복지관실 전직지원정책과 직업보도교육담당
(X년 X개월)

- ○ 국방부 전직지원교육 정책 기획 및 시행
  - 연 8천여 명에 대한 취업 및 창업 지원 교육 정책 수립 및 시행 감독
  - 전 군 전역 예정 간부를 대상으로 한 교육 및 취업/창업 상담
- ○ 전역 예정 간부 전직 컨설팅(outplacement) 아웃소싱 및 프로그램 발전
  - 민간 전문 컨설팅 업체의 수행 능력 파악 및 프로그램 발주/발전 자문
  - 민간 교육 훈련 기관, 기업에 대한 제대 군인 우수성 홍보 및 취업 협력
- ○ 전직 컨설팅 업체 및 국가보훈처 제대군인지원센터 컨설턴트 교육
  - 민간 전문 컨설팅 소속 컨설턴트 및 제대군인센터 컨설턴트 교육 및 자문
  - 국방부 전직지원 정책, 교육 및 프로그램 개선 발전 요구 사항 등

※ 이하 생략 ※

자격증

자격	일자	발급기관
디자인 유어 라이프(Design Your Life) 코치	2019. 01.	미국 디자인 유어 라이프 그룹
한국퍼실리테이터협회 인증 퍼실리테이터	2017. 04.	한국퍼실리테이터협회
NCS 기업활용컨설팅 전문가 인증	2015. 11.	한국산업인력공단
사무직 베이비부머 프로그램 전문 강사	2014. 10.	한국고용정보원
협상전문가 1급	2011. 10.	한국조정중재협회
직업상담사 2급	2009. 06.	한국산업인력공단

※ 이하 생략 ※

교육 사항

디자인 유어 라이프 인증 워크숍	2019. 01.	미국 디자인 유어 라이프 그룹
디자인 유어 라이프 인텐시브 과정 (Designing Your Life Intensive)	2017. 08.	미국 디자인 유어 라이프 그룹
성취 프로그램	2017. 04.	한국고용정보원
NCS 정책 전문가	2015. 04.	경기대학교 평생교육원
베이비부머 사무직 전문 강사 과정	2014. 10.	한국고용정보원
퍼실리테이션 양성 과정	2014. 04.	한국퍼실리테이션센협회
민간기관 상담사 과정	2011. 10.	한국직업상담협회
컨설턴트 양성 과정	2010. 10.	(주)인지어스
직업분류 교육	2010. 09.	통계청 통계교육원
성취 프로그램	2010. 02.	노동부 강남고용지원센터
고객 감동 스킬 교육	2009. 11.	큰나무서비스아카데미
공인 프로젝트 관리사	2009. 10.	한국생산성본부
직업상담사 2급 과정	2009. 04.	한국직업상담협회
커리어 컨설턴트 과정	2008. 11.	라이트매니지먼트코리아(주)
커리어 코치 전문가 과정	2007. 07.	한경닷컴
코칭 포 유	2007. 05.	인코칭
교육 기획 및 운영 실무	2007. 03.	한국생산성본부

저서(*번역서)

전직지원 전문가 가이드 북	2016. 11.	생각나눔
생애설계 워크북	2017. 11.	생각나눔

위의 내용은 사실과 틀림이 없습니다.
20XX년 X월 X일
작성자 X X X

마케팅 이력서:

표 성 일
(PYO, SEONG IL)

쏠잡
대표 컨설턴트

인지어스(유)
수석 컨설턴트
/경찰관 퇴직컨설팅
프로젝트 매니저

㈜제니엘
전직지원실장
/잡스카이컨설팅센터장

㈜ 라이트매니지먼트
수석컨설턴트
/제대군인지원센터 PM

대한민국 국방부
/전직지원교육담당관

연락처 : 010-XXXX-XXXX
이메일 : captainXXX@XXXX.com

경력 목표
- ❖ 문제해결 중심의 서비스 마인드를 갖춘 생애(경력)설계 전문가/강사
- ❖ 대한민국 제일의 전직지원 사업관리, 프로그램 개발 및 제안 전문가

핵심 역량
- ❖ 각종 전직지원, 생애설계 프로그램 기획, 관리 및 시행 능력
- ❖ 전 계층 전직지원 관련 변화관리 및 컨설턴트 역량강화 강의 능력
   (제대군인, 경찰관, 경력단절여성, 북한이탈주민, 중장년층 등)

주요 업적
- ❖ 「제대군인 커리어컨설팅(MCC)」 시행 : 전역 2-3년전, 6회 심층상담
- ❖ 「제대군인 커리어컨설턴트 양성과정」 기획 : 현재 150여명 활동 중
- ❖ 「경찰관 퇴직지원컨설팅」 최초 PM : 경찰관 커리어컨설턴트 양성
- ❖ 「전직지원전문가 양성교육」 강사(15개 기수, 500여명, 연 3,300시간)
- ❖ 「생애설계 워크북」 번역 및 과정개설로 생애설계 컨텐츠 발전 기여

경력사항(*XX년차)
- ❖ 현, 쏠잡 대표 : 전직지원전문가 양성, 전직지원 및 생애설계 교육
- ❖ 인지어스(유) 수석컨설턴트(11개월)
   o 경찰관 퇴직지원컨설팅 프로젝트 매니저(*전국 5개 센터 운영)
- ❖ ㈜제니엘 전직지원실장/잡스카이컨설팅센터장(2년 5개월)
   o 사업제안 및 관리, 상담사 선발/교육/관리, 각종 프로그램 개발 등
- ❖ 라이트매니지먼트 코리아 수석컨설턴트(1년)
   o 서울제대군인지원센터 PM, 각종 프로세스 개발, 상담사 교육 등
- ❖ 국방부 직업보도교육담당관(3년)
   o 사업예산 관리/통제, 전직지원교육 총괄, 전직 프로그램 개발 등
- ※ 해군중령 전역(*XX년 XX개월 근무)
   o 구축함 함장, 국방부/합참/연합사령부/미 태평양사령부 등 근무

학력, 교육, 자격증
- ❖ 해군사관학교 조선공학과 졸업(학사, 1979년)
- ❖ 창원대학교대학원 일반행정학과 졸업(석사, 2006년)
- ❖ 직업상담사, 라이프앤커리어디자인코치, DiSC/MBTI 일반강사 등

논문, 번역서
- ❖ 「군 전직지원프로그램 발전방안에 관한 연구」(2007년)
- ❖ 「전직지원전문가 가이드 북」(2016년)
- ❖ 「생애설계 워크북」(2017년)

영문이력서(혼합형):

Ted L. Harrison
XXX N. Highway, Los Angeles, CA XXXXX
(XXX)XXX-XXXX; harrison@gmail.com

Profile
World-renowned writer, speaker, and consultant known for consistently exceeding expectations throughout his career in consulting, marketing, and executive management.

Accomplishments
XX Corporation
- ▶ Authored five books: one ranked #1 "Most Popular" on Amazon.com
- ▶ "National Leadership Award," Small Business Advisory Council
- ▶ As a lecturer at the University of California, received rating of 4.7/5.0

San Diego Power Conversion
- ▶ Met and exceeded 100% of sales quota each and every year on quota
- ▶ Won the 1998 "Top Team Award" in North America
- ▶ Named "Top Presenting Partner" at 1997 IBM Europe Sales Meeting

Whirlpool Corporation
- ▶ Won five "Branch Manager Awards" and the "General Manager's Award"
- ▶ Attained the "100% Club" every year on quota
- ▶ Ranked in the "Top 100%" of all IBM Employees in 19XX

University of California
- ▶ Graduated with honors

Expertise

- Keynote speaking
- Sales management coordination
- Personnel
- Cross selling
- Sales training
- Compensation design
- Global strategy
- Market analysis
- Career coaching
- Resource
- Hiring
- Negotiation

Education

- University of California, San Diego, CA(1990)- Bachelor of Science, Marketing
- Miller Heiman: Strategic Selling, Conceptual Selling & LAMP
- Acclivus- Coaching and Base Training
- Rodger Dawson- Power Negotiating
- IBM- IBM Advanced Sales School
- NCR- Sales School

Executive Management Experience

PRESIDENT, XX Corporation(20XX-Present)
Founded company focused on sales training, consulting, and career coaching. Authored several books including one ranked "most popular" in the category by Amazon.com.
Guest lecturer at the University of Chicago's Graham School. Instructor and developer of an online, job-hunting course available to over 500 U.S. colleges. Trained and coached scores of individuals and companies on improving productivity, enhancing selling skills, and improving results.

Director, OEM, San Diego Power Conversion (19XX-19XX)
In charge of OEM division focused on global, strategic partnerships with leading computer manufacturers such as Dell, Gateway, HP, IBM and Sun. Managed more than a dozen employees in U.S. and coordinated additional indirect staff in Europe and Asia.
Grew revenue more than 1000% from 1995 to 1999 while only increasing the number of direct reports by 200%. Additional achievements included increasing attach rates, profitability, customer satisfaction, and market share.

CHANNEL MANAGER, F1000 ACCOUNTS, SPC (19XX-19XX)
Managed a Fortune 1000 Channel, responsible for growing the SPC presence in large accounts. Key accomplishments included more than tripling the average territory sales while simultaneously increasing customer satisfaction and SPC market share. Contributors to this success included : revamping the sales compensation plan, extensive sales training, joint territory customer calls, creation of a vertical channel support team, development of a select major account program, and enhancing sales tools including creating proposal and presentation databases.

Corporate Sales Experience

DISTRICT MANAGER, MIDWEST REGION, SPC (19XX-19XX)
Sold power protection equipment to a Midwest, F1000 territory. Increased territory revenues by more than double in 1992 and triple in 1993. Secured the largest, single
sale in the history of the Midwest Region at that time.

ACCOUNT SALES REPRESENTATIVE, WHIRLPOOL Corporation (1989-1992)
Sold PS/2, AS/400, RS/6000 and consulting to a new-business territory. More than doubled territory sales each year on quota. Sold the first RS/6000 minicomputer in the
Chicago Finance Branch of IBM.

References are available upon request.

자기소개서:

자기소개서
(경험, 전문 역량, 그리고 관리 능력도 보유!)

1. 신념 및 성격
* 발전적, 미래지향적 그림을 그리는 적극적인 성격의 소유자
  ○ 항상 '**유비무환(有備無患)**'이라는 믿음을 가지고 업무를 추진하였습니다. 이 신념은 제가 업무를 대하는 기본적인 방식입니다. XXX의 '전직지원교육' 담당관 업무와 국가보훈처 '제대군인지원센터' 및 경찰관 퇴직지원 컨설팅 프로젝트 매니저 업무를 수행하면서 더욱 다져진 생각입니다. 항시 고객을 위한 현재의 상담, 교육, 기업협력, 취업처 발굴 및 사후관리 등의 방법론에 대한 의견 수렴과 교훈을 피드백하여 **문제가 발생하기 전에 능력 향상 등의 발전을 도모하는 방식**입니다. (생략)
  ○ **적극적인 성격으로 많은 성과도 낳았습니다.** 매사를 적극적으로 추진하는 성격 탓에 여러 가지 성과도 낳을 수 있었습니다. 예를 들면, 제대 군인, 퇴직 경찰관들은 기본적으로 보안/ 경비 업무에 전문성을 가지고 있는바 관련 **00사업 아웃소싱에 입찰할 것으로 예정된 기업들과 사전에 채용을 협력하여 취업률 향상에 기여**한 바 있습니다. 또한 제대 직전에 집중적으로 실시하는 '군 직업보도교육'이 실효성이 떨어지는 문제점을 식별하여, **제대 3~4년 전에 실시하는 '군 경력 상

담(military career coaching)'이라는 누구도 생각하지 못했던 프로그램을 최초로 구상 및 시행을 건의하여 제대가 예정된 군인들이 충분한 시간을 두고 준비하여 귀중한 국가 인적자원의 낭비를 방지한 바도 있습니다.

2. 경력 사항
 * 고객 중심 맞춤식 프로그램 개발, 상담, 강의 및 기업협력을 통한 성과 달성
- ○ **기업 협력 및 프로그램 관리를 통해 고객사가 요구하는 취업/ 창업 성과를 초과 달성하였습니다.** 전직 컨설팅 전문 업체인 XXXXXXXX 코리아(주)의 수석 컨설턴트 자격으로 **국가보훈처 XX제대군인지원센터 프로젝트 매니저로 1년간 근무**하면서 제대 군인 고객 1만 5천여 명과 가족/ 자녀에 대한 각종 취업/ 창업 지원 업무를 총괄하였습니다. 특히 '고객에 맞춘 창의적 프로그램의 시행이 우선이다.'라는 표어 아래 '**취업 동아리(Job Club)**''**직업 체험 훈련(Job Tour)**'과 같은 실질적인 프로그램을 개발하여 시행하였습니다.(생략)
- ○ **새로운 프로그램 개발로 고객들의 취업률 향상에 기여**하였습니다. 국방부 보건복지관실 전직지원정책과 전직지원 교육 담당관으로 X년간 근무하면서, '제대 군인의 복지는 현역 군인들의 사기에 큰 영향을 미친다.'라는 캐치프레이즈 아래 **매년 군에서 전역하는 8천여 명의 전역 예정 간부들에 대한 직업 보도 교육을 통한 취업률 향상**을 위해 각종 취업 유망 교육과정을 개발하고, 이를 분석 평가하여 피드백하면서 명실상부하게 국방부 **전역 예정 간부들의 취업률을 45% 이상**

으로 유지하는 데 기여할 수 있었습니다. (생략)

o 각종 취업지원 교육 프로그램 디자인, 교재 제작 및 취업지원 강의를 실시하였습니다. 제대 군인, 경찰관, 신용 회복 대상자, 경력 단절 여성, 북한 이탈 주민, 중장년층 등 다양한 계층에 대하여 수행하는 모든 프로그램에서 변화 관리를 포함하는 다양한 강의 및 워크숍을 실시하여, 취업 역량을 향상시킨 바 있습니다. (생략)

3. 지원 동기 및 포부

* 실질적이고, 남다른 방법으로 성과를 낳아 보람을 느끼고 싶습니다!

o 현재 제가 가지고 있는 경험, 역량 및 네트워크를 기초로 하여 퇴직 경찰관과 채용 기업이 서로 윈-윈(Win-Win)을 도모하는 취업 지원 업무를 하고자 지원하게 되었습니다. 이를 위해 아래와 같은 포부로 업무를 추진하고자 합니다.

o 첫째, 경찰관과 구인 기업들의 미스매칭(mismatching) 최소화로 취업률이 향상되도록 할 것입니다. 퇴직 경찰관에 대한 초기 상담 및 집단 상담을 통해 각 개인의 흥미와 요구 사항, 부족한 소질 등을 심층 파악하고, 특히 경찰관들이 선택할 수 있는 구인 기업들의 채용 조건을 분석하여 상호간의 매칭 방안을 강구하는 것입니다. (생략)

o 둘째, 관련 프로그램과 네트워크의 개발 및 발굴을 통해 궁극적으로 경찰관 퇴직지원 컨설팅의 발전을 이룰 수 있도록 노력하겠습니다. 구직 활동에 약점을 지닌 퇴직 경찰관들을 중심으로 적합한 상담 및 교육 프로그램의 개발 및 지원을 실시하면서 취업률 향상을 통해 그

들의 발전을 도모토록 하겠습니다. 특히, **기업의 네트워크 개발 및 협력, 그리고 사전에 해당 기업에서 며칠 간의 '직업 체험 훈련(Job Tour)'을 실시하여 직장 안착률을 향상시키는 방안 등을 강구**하겠습니다. (생략)

※ 항상 마음속에 품고 있듯이 **인간관계나 업무 관계를 '한결같은 성실함과 책임감' 으로 이어나가면서 소속된 조직의 발전을 우선시**하겠습니다.

위의 사실과 틀림없음을 증명합니다.
20XX년 X월 XX일

X X X (서명)

직무수행계획서 :

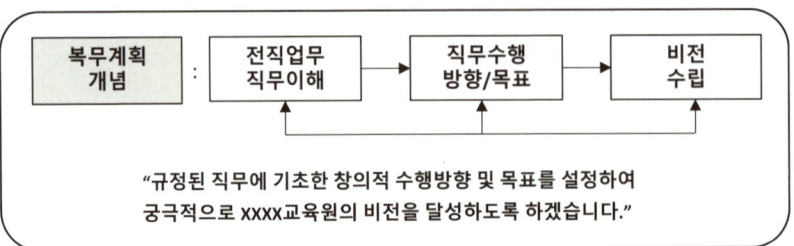

"규정된 직무에 기초한 창의적 수행방향 및 목표를 설정하여 궁극적으로 xxxx교육원의 비전을 달성하도록 하겠습니다."

1. 전직업무 직무이해

> ☆ 전역 예정 군인의 원활한 재취업과 사회 복귀 지원 업무! ☆
>
> ○ 군 인사법 제46조의2(전직지원교육), 시행령 제60조의2(전직지원 교육 대상 등), XXXX교육원법에 의한 직무 수행
>
> ○ 국방부훈령 제1762호(군 전직지원 업무에 관한 훈령)에 따른 세부적 직무 실행 및 보고
> ※ 법령 및 훈령에 기초한 전직 업무 관련 직무의 세부적 수행

1) 전직업무

가. 군 인사법 제46조의2(전직지원교육) : "군 복무후 전역자에 대한 취업 지원 목적의 전직지원교육을 실시할 수 있음"

나. 전직지원의 정의 : "취업을 원하는 전역예정자에게 지식·기술·기능 습득 및 자격획득에 필요한 교육·훈련을 실시하며, 정보제공은 물론 적합한 직업을 추천·알선하는 등 취업지원과 관련되는 전반적인 활동" - 국방부 훈령 -

2) 직무수행 프로세스

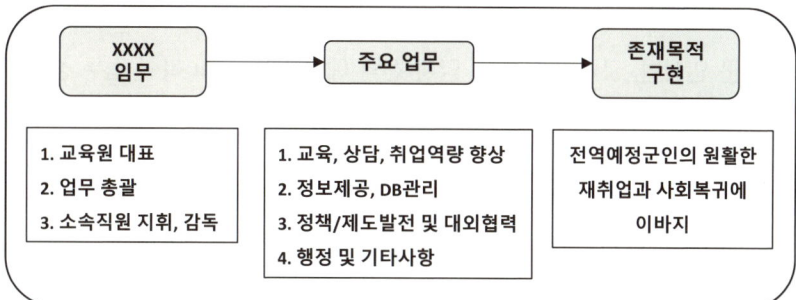

2. 직무 수행 방향/목표

☆ 기관의 목적과 개인의 욕구에 부응하는 맞춤형 전직지원! ☆

고려 요소

○ XX교육원장 임무(교육원법 제9조. 임원의 직무)
  1. 교육원 대표 2. 교육원 업무 총괄 3. 소속 직원 지휘 및 감독

○ XX교육원 사업/ 업무(교육원법 제6조 사업, 훈령 제25조 업무)
  1. 전직 관련 교육 및 취업 역량 제고를 위한 사업
  2. 취업 정보의 제공, 채용 박람회 개최 등 취업 촉진 관련 사업
  3. 취업 희망자 데이터베이스 관리 및 관련 통계 유지, 분석
  4. 전직지원 관련 정책 및 제도 발전 등에 필요한 연구 사업
  5. 전직지원 관련 국가, 지자체 및 공공기관의 장이 위탁하는 사업
  6. 전직지원 관련 홍보
  7. 국방부 지시 사항 수행 및 그 밖에 교육원 목적 달성 업무

○ XX교육원 사업 관련 핵심 이해 당사자
  1. 국방부 2. 전직교육원 3. 전역 예정 군인 4. 각 군 본부
  5. 책임 부대 6. 유관 기관 및 기업
  ※ XXXX의 임무 3가지를 중심으로 교육원 사업/ 업무 내용과 이해 당사자들과의 관계를 융합하여 3가지 직무수행 방향을 도출하였으며, 방향에 부응하는 9가지 추진목표를 설정함.

1) 전역 예정 군인의 사회 복귀에 이바지

1-가: 상부 기관 지시, 정책 수명 및 이행
- 군 인사법, 교육원법, 훈령 명시 전역 예정 군인 사회 복귀 업무 성실 수행
- 국방부 지시 사항(*정책 및 계획 수립, 예산 수립 및 집행, 성과 평가 협력 업무 등)에 대한 보좌 및 지시 이전의 선제적 업무 수행 자세 유지

1-나: 유관 기관 및 기업 업무 협력
- 군내·외 업무 관련 기관 및 기업 네트워크 관리 및 확대(*연 20%이상)
- 채용 박람회, 간담회, 사업 설명회, 자문단/ 멘토단 임명 등을 통해 유지
  * 실질적 운영을 통한 성과 제고 기여
- 전역 군인 채용 우대 구인처, 군 특성화 일자리 보유 기업 등 발굴 및 협약 강화

1-다: 업무 이해 당사자 소통 유지
- XX교육원 사업의 성공을 지원할 이해 당사자들의 유연한 협력 및 관리
- 이해 당사자들의 소통 창구(*가칭 '상호 이해 창구') 설치 및 운영
  * 국방부 등 6개 핵심 이해 당사자 등
  * 기존 소통창구들의 정리, 일원화를 통한 효율화 달성 및 노력 손실 방지
- 이해당사자 소통 내용은 상부 보고 및 내부 공지를 통해 업무 성과 제고
  * 'XX원장 업무 메모' 등 운영: 문서를 통한 의사소통. 역량 향상 내용 등 포함

2) 기본을 중시하는 융합형 업무 수행

2-가: 교육원 기본 업무 성숙화 추진

- 교육원 설립 이후 3년이 경과한 현시점에서 업무의 완숙화 점검 필요
  * 비즈니스 라이프사이클 4단계(요람기-성장기-성숙기-쇠퇴기/재성장)를 준용 시 성숙기에 접어들었다고 판단되므로, 설치 목적에 비추어보는 별도의 '바톰업(bottom-up)' 발전 계획 검토 및 수립 필요
    * 점검 내용: 전직지원 교육, 취업 촉진, 재취업 및 운영 방향의 적합성
- '질문형 업무 점검 목록'의 예
  ① 전직교육은 양적인 면과 질적인 면의 균형을 이루고 있는가?
  ② 취업지원을 위한 역량 제고 사업은 맞춤형 전직을 지향하고 있는가?
  ③ 각종 취업 촉진 사업은 목적에 부합하고, 타 기관과 긴밀히 협력하는가?
  ④ 교육, 취업지원 및 재취업 등 업무 성과 측정 수치는 적합한가?
  ⑤ 성숙기의 안정을 위한 기본 업무의 재점검 및 추가 도입 요소는?
- 성장을 통한 성숙기(*5년차 즈음)에 효율성에 대한 연구 용역 의뢰
  * 교육원의 객관적 운영 효율성 검토 등을 위한 외부 전문 기관 용역 건의

2-나: 우수 정책 및 제도 도입 융합

- 융합/ 통섭의 시대에 기본 업무를 고수하는 가운데 외부의 우수한 전직 정책 및 제도를 도입하여 융합할 필요성 대두
- 국내 민간 전직 컨설팅 사업 전개 노하우 및 해외의 우수 기고문(article) 등 ₩을 벤치마킹하여 전직 교육 및 컨설팅 발전 도모
  * 민간 전문 업체 수행 노하우 및 '비즈니스 리뷰' 등의 HR 관련 내용 참고
  * 직원 역량 향상 도모 및 전역 예정 군인들을 위한 사업의 질 향상에 직결

2-다: 외부 지원 최대한 활용 협력

- 교육원법 제22조(유관 기관과의 협조)에 따른 고용노동부, 국가보훈처 지원 등 활용
    - * 고용노동부: 일학습병행제에 추가하여, 가용 직업 훈련 종목 발굴 예산 협력
    - * 국가보훈처: 지방 제대 군인지원센터 공간을 활용하는 방안 등 협력
    - * 교육부/ 여성가족부: 교육 차원의 협력 방안/ 여군의 확대에 따른 협력 방안
- 외부 지원 및 협력 시 전역 예정 군인들의 사회 복귀의 저해요인 파악 해결
    - * (예) 전역 예정 군인 구직 카드 국가보훈처 공유 방안, 업무 중복 문제 등

3) 창의적, 효율적, 윤리적 업무 수행 독려

3-가: 관점의 변화를 통한 업무 수행

- 현업 프레임을 유지하면서, '버드스 아이 뷰(Bird's Eye View)' 확보 유지
    - * 외부 전문가에 의한 색다른 역량 향상 추진 (예) 액션러닝, 퍼실리테이션 등
- 가칭 '전직 업무 개선 제안 제도' 추진으로, 창의적/ 효율적 업무 발굴 도모
    - * 근무 평정 가점 부여 혹은 국방부 표창 등 건의
- 내부적으로 각종 '역량 향상 이벤트' 추진으로 매너리즘 해소
    - * '교육원 컨설턴트 스쿨(Consultant's School)' 등 다양한 역량 향상책 강구

3-나: 윤리 규정 내용 재정비 및 준수

- 소속 직원들의 업무 수행과 복지의 출발점은 교육원 윤리 규정임을 명심
- '직무 수행', '(고객)관계 유지' 및 '비밀 준수' 3개항에 대한 윤리 규정 정비
  * 액션러닝, 디자인씽킹, 퍼실리테이션 등 기법을 활용한 정기적 숙지 활동 추진

3-다: 소속 직원 복지 향상
- 근로기준법 준수 등을 통해 '항상 출근하고픈 즐거운 직장' 구현
- 업무 분장 재정비 등을 통한 업무 간에 발생 가능한 내부 갈등 해소
- 각종 필수 교육 실시: 공직자윤리법, 성희롱 예방 등 추진
  ※ 소속 직원의 윤리 및 복지는 업무 수행 역량 및 업무의 질에 영향을 미침을 인식

3. 비전 제시

XXXX교육원 설치 목적

『전역예정군인의 원활한 재취업과 사회복귀에 이바지』

- 전직 관련교육
- 취업역량 제고
- 취업정보 제공
- 취업촉진
- 정책 및 제도연구
- 외부 위탁사업

비전

『대한민국 최고의 전직 교육 벤치마킹 표준 기관 구축!』

※ 국방부는 정부 기관 최초로 2004년 '전직 컨설팅'을 도입한 기관으로서, 역사적으로 대규모 공공 전직 사업을 주도한 기관이었음. 그 전통적 배경에 기초하여, 추후 각 기관에서 벤치마킹을 해야만 할 수준을 지닌 '대한민국 최고의 표준기관 구축'을 비전으로 설정.

직무 수행 방향

1. 전역 예정 군인의 원활한 재취업과 사회 복귀에 이바지
2. 기본을 중시하는 융합형 업무 수행
3. 창의적, 효율적, 윤리적 근무 자세 독려

복무 방침

"XX여년에 걸친 공공/민간 전직지원 경력과 경험을 바치겠습니다!"

1. XXXX교육원의 설치 목적에 부합한 노력 투자
2. 업무 수행상의 매너리즘 최소화를 위한 다양한 창의적, 혁신적 업무 추진
3. 교육원 성숙기의 지속을 위한 군내 및 외부의 제도 연구 및 도입 추진
4. 창의적 생각과 사업의 질 향상에 기여할 수 있는 직원들의 복지 향상
5. 추진 사업 및 업무 이해 당사자들과의 원활한 소통

참고문헌

고용노동부(2012). '12년 자영업자 전직지원사업 시행지침(안), 세종: 고용노동부
고용노동부(2016). 전직지원사업표준모듈, 세종: 고용노동부
고용노동부(2020). 사업주의 재취업 지원 서비스 제공에 관한 규정 제정안 행정예고(고용노동부 고시 제2020호, 세종: 고용노동부
강갑원(2008). 알기 쉬운 상담이론과 실제, 서울: 교육과학사
기영화(2012). 평생교육방법론, 서울: 학지사
김병숙(2008). 직업상담심리학, 서울: 시그마프레스
김세준·홍자윤(2012). 슈퍼 신입사원: 경기도파주: 나비흐름
김윤희 역(2006). 콜드리딩, 서울: 웅진윙스
김정인·김병선·김성회·김홍수. 경력개발과 적응, 서울: 청목출판사
김정환 역(2012). 생각정리 프레임워크 50, 서울: 스펙트럼북스
김지영(2019). 가르치지 말고 경험하게 하라, 경기도화성: 플랜비디자인
김태영 역(2004). 연봉협상의 기술, 서울: 씽킹트리
노안영·송현종(2018). 상담실습자를 위한 상담의 원리와 기술, 서울: 학지사
노영란 외(2007). YES프로그램 운영매뉴얼(업무역량편), 서울: 한국고용정보원
마이다스아이티·마이다스인(2020). AI역량검사의 이해와 활용사례 교육교재, 경기도성남: 마이다스인
원은주 역(2007). 나를 명품으로 만들어라, 서울: 북플래너
오알피연구소(20190. 면접전문가양성과정 교육교재, 서울: 오알피(ORP)연구소
이동근(2014). 팀장의 성과관리, 서울: BG북갤러리
이성호(2013). 교육과정 및 교육평가, 경기도파주: 양서원
이진원 역(2010). 읽고싶은 보고서·제안서, 서울: 미래프린팅
이재규 역(2000). 프로페셔널의 조건, 서울: 청림출판
이태복·최수연(2011). 질문파워, 서울: 패러다임컨설팅
정봉수(2018). 실무자를 위한 인력구조조정 매뉴얼, 서울: 강남노무법인 출판부

정봉수(2019), 실무자를 위한 해고매뉴얼, 서울: 강남노무법인 출판부
정성호 역(2004), 최고의 인맥만들기, 서울: 현대미디어
정순둘(2010), 사례관리 실천의 이해, 서울: 학지사
최종옥 역(2004), 나만이 커리어를 디자인하라, 서울: 시아출판사
표성일 역(2016), 전직지원 전문가 가이드북, 서울: 생각나눔
표성일(2006), 군 전직지원프로그램 발전방안에 관한 연구, 창원대학교 행정대학원 석사학위논문

2016년도 거제시 조선업일자리희망센터 프로그램 운영기관 모집공고(2016.7.14), 사단법인 한국커리어 경남지사 대표이사
2016년도 목포시 조선업근로자일자리희망센터 프로그램 운영기관 모집공고(2016.7.15.), 목포시장
2016년도 창원시 조선업퇴직자지원 프로그램 운영기관 모집공고(2016.7.15.), 경남경영자총협회장
2016년 조선업희망센터 프로그램 운영기관 모집공고(2016.7.17.), 울산시 동구청장

데일리뉴스, 제3차 정부 구조조정협의체 회의 3트랙 전략 제시, 2016.4.26

Alan J. Pickman, (1995),『The Complete Guide to Outplacement Counseling』, New York: Lawrence Eribaum Associates, Inc.
COUSERA online course, (2014),『Enhance Your Employability』, University of London.
Harding, C.F., (1991),『Uniting your family during a job search』, National Business Employment Weekly
Howard Figler & Richard Nelson Bolles, (2007),『The Career Counselor's Handbook』, New York: Ten Speed Press.
James J. Kirk, (1994),『Outplacement In Its Place』, Journal of Employment Counseling.
Richard J. Mirabile, (1985),『Outplacement As Transition Counseling』,

Journal of Employment Counseling.

Jay Conrad Levinson & David E. Perry, (2011),『Guerilla Marketing for Job Hunters 3.0』. New Jersey: John Wiley & Sons, Inc.

Tara M. Aquilanti & Janice Leroux, (2011),『An Integrated Model of Outplacement Counseling』. Journal of Employment Counseling.

The Pensylvania State University, (0000),『The Elements of a Proposal』. The Department of Architectural Engineering.

Todd Bermont, (2016),『10 Insider Secrets to Job Hunting Success』. Troy: Business News Publishing.

https://www.vnet.go.kr/ 국가보훈처 제대군인지원센터 홈페이지
http://www.g2b.go.kr/ 국가종합전자조달 나라장터 홈페이지
https://www.junsungki.com/ 라이나 전성기재단 홈페이지
https://www.randstadrisesmart.com/ 라이즈스마트사 홈페이지
https://www.right.co.kr/ 라이트매니지먼트코리아사 홈페이지
http://www.dbm.co.kr/lhh.php 리헥트해리슨사 홈페이지
https://ieumgil.com/ 이음길사 홈페이지
http://www.indexroot.co.kr/ 인덱스루트코리아사 홈페이지
http://ingeus.kr/ 인지어스사 홈페이지
https://www.work.go.kr/ 워크넷 취업성공패키지
http://jmcareer.co.kr/ 제이엠커리어사 홈페이지